왜
세계는
존재하지
않는가

왜 세계는 존재하지 않는가

마르쿠스 가브리엘 지음
김희상 옮김

WARUM ES DIE WELT NICHT GIBT
by MARKUS GABRIEL

이 책은 실로 꿰매어 제본하는 전통적인 사철 방식으로 만들어졌습니다.
사철 방식으로 제본된 책은 오랫동안 보관해도 손상되지 않습니다.

차례

1장
세계라니, 그게 대체 무엇인가?   31

2장
존재란 무엇인가?   83

철학을 새롭게 생각하다

인생, 우주, 나머지 모든 것……. 인생을 살아가는 동안 누구나 한 번쯤은 이 모든 게 대체 무엇인지 의문을 품으리라. 우리는 어디에 있는 걸까? 우리는 우주라는 거대한 통 안에 들어 있는 입자 덩어리에 불과한 게 아닐까? 혹은 우리의 생각과 희망과 소원이 정말로 실체를 가질까? 그렇다면 그건 대체 어떤 걸까? 우리의 존재 또는 심지어 존재 전체를 이해할 수 있을까? 그리고 우리는 도대체 어디까지 알 수 있을까?

나는 이 책에서 아주 기본적인 생각에서 출발하여 새로운 철학 원리를 다듬어 볼 생각이다. 아주 단순한 생각, 곧 세계는 본래 없다는 생각 말이다! 독자 여러분이 곧 알게 될 테지만, 이 말이 아무것도 없다는 걸 뜻하지는 않는다. 지구, 내 꿈, 진화, 화장지, 탈모, 희망, 입자 그리고 심지어 전설의 일각수도 얼마든지 존재한다. 세계가 존재하지 않는다는 기본 원칙은 역설적으로 다른 모든 게 존재한다는 의미를 함축한다. 바로 그래서 앞으로 나는 이 책에서 모든 게 존재한다는 주장을 펼칠 것임을 미리 밝혀 둔다.

이 책이 담은 두 번째 기본 생각은 새로운 리얼리즘이다. 새로운 리얼리즘은 이른바 〈포스트모던〉을 넘어선 시대를 특징적으로 나타내는 철학적 태도다. 내 자전적 경험에 비추어 이야기하자면 2011년 여름, 정확히 말해서 2011년 6월 23일 오후 1시 반쯤 나폴리에서 이탈리아 철학자 마우리초 페라리스와 함께 점심을 먹다가 떠오른 게 새로운 리얼리즘이다[1]. 그러니까 새로운 리얼리즘이란 일단 포스트모던 이후의 시대를 부르는 이름이다.

포스트모더니즘은 인류의 위대한 구원의 약속, 곧 종교에서 근대 과학을 거쳐 좌파와 우파의 전체주의라는 정치 이념에 이르기까지 모든 구원의 약속이 처참하게 좌절한 이래 모든 것을 처음부터 완전히 새롭게 시작하려는 시도였다. 그리하여 전통과의 단절을 선언하고, 우리 모두가 추구해야만 하는 인생의 의미가 존재한다는 환상으로부터 우리를 해방시키고자 했다[2]. 우리를 이 환상으로부터 풀어 주기 위해 포스트모더니즘은 또 다른 새로운 환상을 만들어 냈다. 우리가 환상에 꼼짝없이 사로잡혀 있다는 생각 말이다. 포스트모더니즘은 인류가 선사 시대 이후 하나의 거대한 집단적 환각, 곧 형이상학에 시달려 왔다고 우리를 가르치려 들었다.

가상과 존재

형이상학은 전체로서의 세계를 다루는 이론을 만들어 내려는 시도로 정의할 수 있다. 형이상학은 우리에게 나타나는(우리가 보는 세계가 아니라) 그 자체로 있는 세계를 기술하려 안간힘을 쓴다. 그러나 형이상학의 이런 방식은 오히려 세계를 발명해 냈다. 우리는 〈세계〉를 말하며 그 자체로 있는 모든 것을 세계라고 생각한다. 이런 등식, 곧 〈세계 = 그 자체로 있는 모든 것〉이라는 공식에서 빠져나오는 게 중요하다. 우리에게 나타난 것과 그 자체로 있는 것 사이에 어떤 차이가 존재한다는 가정부터가 잘못이다. 그 자체로 있는 게 무엇인지 알아내려면 인식 과정에서 인간이 만들어 낸 모든 것을 빼버려야만 한다. 그럼 우리가 알지 못하는 그 자체로 있는 것, 이게 대체 무엇인가? 이로써 우리는 이미 무릎 깊숙이 철학에 빠지고 말았다.

반대로 포스트모더니즘은 우리가 보는 것만 존재한다는 반론을 펼친다. 그 배후에는 아무것도 없으며, 그 자체로 있는 건 없다는 논리다. 물론 미국의 철학자 리처드 로티와 같은 좀 덜 과격한 포스트모더니즘 이론가들은 우리가 보는 것 뒤에 뭔가 있을 수 있다고 주장하기도 한다. 그러나 이 무엇은 인간에게 아무 의미가 없다.

포스트모더니즘 역시 형이상학의 한 변종에 지나지 않는다. 정확히 말해서 포스트모더니즘은 구성주의라는 아주 흔히 볼 수 있는 주장 가운데 하나다. 구성주의는 그 자체로 있는 것은 없다는 전제에 기초한다. 오히려 모든 사실은 우리의 다양한 논의나 학문적 방법으로 지어낸 것, 곧 구성해 낸 것에 지나지 않는다는 주장이다. 이런 전통의 가장 중요한 대변인은 이마누엘 칸트다. 칸트는 그 자체로 있는 세계를 우리는 알 수 없다고 주장했다. 우리가 아는 것은 그게 무엇이든 간에 인간이 만들어 놓은 것일 뿐이란 얘기다.

이런 맥락에서 흔히 등장하는 예, 곧 색깔을 살펴보자. 늦어도 갈릴레오 갈릴레이와 아이작 뉴턴 이래 색채라고 하는 것은 그 자체로 존재하지 않는다는 의심을 받았다. 이런 가정은 색에 민감한 괴테 같은 인물을 화나게 만들어 『색채론*Farbenlehre*』을 집필할 마음을 먹게 했다. 물론 색깔은 어떤 특정한 길이를 가지는 파장에 불과하며, 우리의 시각이 포착할 때만 보이기 때문에 그 자체로 존재하지 않는다고 생각할 수도 있다. 그러니까 세계 그 자체는 완전히 무색이며, 오로지 서로 중력 관계로 안정을 이루는 입자 덩어리라고 말이다. 그런데 바로 이 주장은 이미 형이상학이다. 형이상학은 그 자체로 있는 세상이 우리가 보는 세상과 완전히 다르다고 주장하지 않던가. 다만 칸트는 훨씬 더 철저했을 뿐이다.

칸트는 이런 입자 역시 시간과 공간이라는 틀, 곧 세계가 우리에게 나타나는 방식에 불과하다고 주장했다. 칸트가 보기에, 그 자체로 있는 세계가 무엇인지 우리는 도통 알아낼 수 없다. 우리가 아는 모든 것은 바로 우리가 만든 것이며, 우리가 만들었기 때문에 알 수 있을 따름이다. 독일의 극작가 하인리히 폰 클라이스트는 자신의 약혼녀 빌헬미네 폰 쳉에에게 보낸 유명한 편지에서 칸트의 구성주의를 그림에 빗대어 설명해 준다.

만약 모든 인간이 눈 대신 푸른 렌즈로만 세상을 본다면, 이로써 보는 모든 게 푸르다고 판단할 수밖에 없을 거요. 그러니까 눈에 보이는 게 있는 그대로의 대상인지, 아니면 눈의 특성에서 비롯한 것인지 절대 알 수가 없지요. 우리의 지성도 마찬가지랍니다. 우리가 진리라고 부르는 게 정말 있는 그대로의 진리인지, 아니면 그저 그렇게 보이는 것인지 우리는 알 수가 없답니다.[3]

칸트의 구성주의는 〈푸른 렌즈〉를 믿는다. 포스트모더니즘은 한 걸음 더 나아가 우리가 단 하나의 렌즈가 아니라, 무수히 많은 렌즈를 끼고 세상을 본다고 주장한다. 학문, 정치, 사랑의 말장난, 시, 사회적 관습 등 우리가 끼는 안경은 헤아릴 수도 없이 많다는 주장이다. 그러니까 이 주장에 따르면 우리 인생의 모든 게 숱한 환상들이 복잡하게 어우러지는 연극일 뿐이다. 우리는 이 연극 무대를 실제 인생인 줄 알고 착각하며 살아간다. 아니, 더 간단하게 말하자면 우리 인간은 프랑스 장편영화에 나오는 등장인물과 같다. 이 영화에서 인물들은 서로가 서로를 유혹하며, 권력으로 상대방을 장악해 자기 뜻대로 조작하려 혈안이다.

실제 이런 문제를 탁월한 아이러니로 다룬 프랑스 영화가 적지 않다. 이를테면 장클로드 브리소 감독의 「남자들이 모르는 은밀한 것들Choses secretes」이나 카트린 브레야 감독의 「지옥의 체험Anatomy of Hell」과 같은 작품이 그 좋은 예다. 반면 데이비드 러셀 감독의 「아이 하트 헉커비스 I ♥ Huckabees」라는 영화는 포스트모더니즘의 이런 세계 해석을 유쾌한 방식으로 꼬집으며 거부하기도 한다. 이 영화는 「매그놀리아Magnolia」라는 고전의 반열에 오른 작품과 더불어 새로운 리얼리즘을 웅변하는 최고의 증거다.

그러나 인간의 존재와 인식은 집단적 환영이 아니며, 우리가 어떤 그림이나 개념 안에만 사로잡혀 그 배후에 있는 그 자체의 세계를 모르는 것도 아니다. 오히려 새로운 리얼리즘은 우리가 아는 세계가 곧 그 자체로 있는 세계라고 보고, 거기서부터 출발한다. 물론 우리는 속을 수 있다. 경우에 따라서는 환상에 사로잡히기도 한다. 그러나 우리가 항상 또는 거의 매번 속는다는 주장은 말이 되지 않는다.

새로운 리얼리즘

새로운 리얼리즘이 세계를 바라보는 새로운 태도를 어떻게 이끌어 내는지 이해하기 위해 간단한 예를 하나 들어볼까 한다. 지금 아스트리드라는 이름의 한 여성이 소렌토에서 베수비오 화산을 바라보고 있고, 공교롭게 우리(그러니까 친애하는 독자 여러분과 나)는 나폴리에서 베수비오 화산을 구경한다. 그러니까 이 시나리오에는 베수비오 화산 자체와 아스트리드가 본 베수비오 그리고 우리가 바라본 베수비오가 있는 셈이다. 형이상학은 이 시나리오에서 단 하나의 진짜 대상, 곧 베수비오 화산 그 자체만 있다고 주장한다. 하나의 동일한 화산을 우연치 않게 한 번은 소렌토에서, 다른 한 번은 나폴리에서 본 것일 뿐, 화산 자체는 변함이 없다는 것이 형이상학의 입장이다.

반대로 구성주의는 이 시나리오에 세 개의 대상이 있다고 전제한다. 아스트리드가 본 베수비오, 당신의 베수비오, 내 베수비오, 이렇게 세 개의 화산이! 그 배후에는 아무런 대상이 없거나, 설혹 있다 할지라도 그게 뭔지 우리는 전혀 알 수 없다.

반면, 새로운 리얼리즘은 적어도 네 개의 대상이 있다고 가정한다.

1. 베수비오 화산
2. 소렌토에서 바라본 베수비오 화산(아스트리드의 관점)
3. 나폴리에서 바라본 베수비오 화산(당신의 관점)
4. 나폴리에서 바라본 베수비오 화산(나의 관점)

왜 이것이 최선의 선택인지는 쉽사리 알아볼 수 있다. 베수비오가 지구 상의 어떤 특정한 지점, 곧 현재 이탈리아에 속하는 지역에 있는 화산이라는 것만이 사실은 아니다. 소렌토에서는 이러저러하게, 나폴리에서는 또 다른 모습으로 보인다는 것 역시 사실이다. 그리고 화산을 바라보면서 품는 은밀한 내 느낌도 사실이다(생각을 스캔하고 온라인에 올려놓을 〈아이폰 1000플러스〉를 위한 앱이 나올 때까지는 은밀하게 남으리라). 그러니까 새로운 리얼리즘은 우리가 사실을 두고 하는 생각 역시 그 생각의 대상인 사실 못지않게 똑같은 권리를 가지고 존재한다고 인정한다.

형이상학이든 구성주의든 양자 모두 근거를 제시하지 못하면서도 현실을 지나치게 단순화하는 오류를 저질러왔다. 한쪽에서는 구경꾼이 없는 세계만을, 다른 쪽에서는 구경꾼의 세계만을 현실이라고 받아들인 탓이다. 그러나 우리가 아는 세계는 언제나 구경꾼의 세계인 동시에 우리가 관심을 가지지 않는 사실과 관심을(그리고 지각, 느낌 등을) 가지는 사실이 맞물린 세상이다. 세계는 구경꾼이 없는 세계가 아니며, 오로지 구경꾼만의 세계도 아니다. 새로운 리얼리즘이란 바로 이것이다. 옛 리얼리즘, 곧 형이상학은 오직 구경꾼 없는 세계에만 관심을 가진 반면, 구성주의는 정말 자기도취에 빠져 〈나〉라는 사람이 지각하고 느끼고 상상하고 공상하는 모든 것이 세계라고 주장해 왔다. 두 이론 모두 문제를 전혀 해결하지 못한다.

그러니까 우리가 풀어야 할 문제는, 늘 그리고 어디에나 구경꾼이 있는 것이 아닌 세계에서 구경꾼은 어떻게 되는가를 규명하는 것이다. 이 과제를 나는 새로운 존재론으로 풀어 보고자 한다. 존재론Ontologie이라는 말은 전통적으로 〈존재자의 이론〉으로 이해되어 왔다. 고대 그리스어 분사 〈토 온to on〉은 말 그대로 〈존재자〉이며 〈로고스logos(-logy)〉는 〈이론〉이다.

결국 존재론의 핵심은 존재의 의미다. 예를 들어 귀신이 있다는 말로 우리는 무슨 주장을 하려는 걸까? 사람들은 흔히 이런 물음을 물리학 혹은 아주 일반적으로 자연 과학이 해결해 줄 것으로 믿는다. 존재하는 모든 것을 물질이라고 보기 때문이다. 자연 법칙을 멋대로 무시하고 우리 주위를 떠다니는 유령을 진지하게 믿는 사람은 별로 없다. 대다수의 사람들은 유령을 믿지 않는다. 그러나 이러한 이유로 자연 과학으로 연구할 수 있는 것만, 곧 메스로 해부해 현미경으로 들여다보거나 스캐너로 영상을 찍어볼 수 있는 것만 존재한다고 주장한다면, 상당히 빗나간답이 된다. 그런 주장에 따른다면, 연방 공화국 독일도, 미래도, 숫자도, 내 꿈도 존재하지 않기 때문이다. 의미 문제를 풀고자 한다면, 물리학자에게 존재 물음을 온전히 내맡기는 일은 재고해야 마땅하다. 앞으로 얘기하게 될 테지만 물리학 역시 선입견을 가졌기 때문이다.

무수히 많은 세계들

아마도 독자 여러분은 이 책을 읽기 시작하면서부터 세계가 존재하지 않는다는 주장이 정확히 무엇을 뜻하는지 알고 싶었으리라. 여러분을 오래도록 궁금증에 시달리게 하고 싶지는 않다. 여기서 미리 속 시원히 밝혀 주겠다. 물론 내 주장의 골자는 뒤에 가서 생각 실험과 사례와 역설로 증명해 보이겠다. 우리는 흔히 세계란 우리가 없이도 존재하는 어떤 것, 혹은 우리를 둘러싼 모든 것의 영역이라고 여긴다. 이를테면 오늘날 우리는 의미심장하게 〈우주〉를 이야기하면서 무수한 태양과 행성이 각기 궤도를 도는 무한한 세상을 염두에 둔다. 인류는 이 무한한 우주의 은하계에서, 그것도 한적한 곁가지에 조촐한 문명을 건

설했을 뿐이다. 그렇다. 우주는 실제로 존재한다. 은하계나 블랙홀 같은 게 없다고 주장할 생각은 조금도 없다. 그러나 우주가 그 전부는 아니라는 주장은 하련다. 정확히 말하자면 우주는 상당히 촌스럽다.

흔히 우리는 우주라는 말로 자연 과학의 실험으로 연구할 수 있는 대상 영역을 떠올리곤 한다. 그러나 세계는 우주보다 훨씬 크다. 국가, 꿈, 실현할 수 없는 가능성, 예술 작품, 그리고 세계가 무엇인지 고민해 보는 우리의 생각 등, 이 모든 것이 세계다. 지금 내가 선보이는 세계 생각을 따라온다고 해서 여러분이 사라지는 것은 아니다. 말하자면 밖에서 보는 것처럼 세계 전체를 바라볼 뿐이다. 그러니까 우리의 세계 생각은 세계 안에 머문다. 바깥에서 보는 양 생각한다고 해서 쉽사리 이 뒤죽박죽의 세계로부터 빠져나올 수는 없는 것이다.

국가, 꿈, 실현할 수 없는 가능성, 예술 작품 그리고 특히 세계가 무엇인지 고민해 보는 우리의 생각이 모두 세계에 속한다면, 이 세계는 자연 과학의 대상 영역과 같을 수 없다. 어쨌거나 나는 물리학이나 생물학이 사회학이나 법학 혹은 문학까지 연구하는 게 아닌 것으로 안다. 또 「모나리자」가 그 어떤 화학 실험실에서 분석되었다는 말도 들어 보지 못했다. 어쨌거나 그런 분석은 상당히 비싼 비용이 들어가는 작업일 뿐 아니라, 분명 어처구니없는 짓임에 틀림없다. 그러니까 세계는 모든 것을 포괄하는 것, 모든 영역의 영역으로 표현하는 게 가장 의미 있는 정의다. 그렇다면 세계는 우리 없이도 존재하는 물건과 사실만이 아니라, 우리와 더불어서 존재하는 물건과 사실 모두를 포괄하는 영역이다. 결국 세계는 모든 것, 인생과 우주와 아무튼 어떤 식으로든 있는 모든 것을 포괄하는 영역이어야 하기 때문이다.

그렇지만 정확히 이 모든 것을 포괄하는 세계는 존재하지 않으며, 존재할 수도 없다. 이런 주된 논제로 나는 세계가 존재한다는 환상을 깨뜨릴 뿐만 아니라, 동시에 이로써 긍정적인 깨달음을 이끌어 내고자 한다. 그러니까 세계가 존재하지 않는다는 주장은, 세계 외에는 모든 게 존재한다는 확인이기 때문이다.

기묘하게 들리기는 하겠지만 세계 외에 모든 게 존재한다는 주장은 우리의 일상 경험으로 놀랍도록 쉽게 설명할 수 있다. 저녁 식사를 하려고 친구들과 함께 레스토랑을 찾았다고 가정해 보자. 이 경우 모든 다른 영역을 포괄하는 하나의 영역이라는 게 있을까? 말하자면 레스토랑 외식에 속하는 모든 것을 포괄하는 원을 그려 볼 수 있을까? 그럼 상상해 보자. 아마도 우리가 레스토랑의 유일한 손님은 아니리라. 저마다 이야기꽃을 피우며 좋아하는 음식을 즐기는 다양한 모임이 있을 게 분명하다. 그 밖에도 서

비스 직원, 레스토랑 주인, 요리사는 물론이고 거미 같은 곤충과 눈에 보이지 않는, 레스토랑에 흔한 박테리아 등 다양한 세계들이 있다. 더 나아가 소화 장애, 호르몬 이상 분비, 세포 분열과 같은 미시적인 세계도 존재한다. 몇몇 이런 사건과 대상은 서로 맞물려 연관을 이루거나 전혀 맞물림 없이 별개로 남기도 한다. 천장 대들보에 거미줄을 친 아무도 알아차리지 못한 거미가 내 좋은 기분이나 좋아하는 음식을 어찌 알까? 그럼에도 거미는, 대부분이 그 존재를 알아채지 못한다 할지라도 레스토랑이라는 세계의 일부다. 누구도 주목하지 않는 소화 장애의 경우도 마찬가지다.

그러니까 레스토랑 외식에는 수많은 대상 영역들이 존재한다. 말하자면 서로 격리된 작은 세상들이다. 더욱이 대개는 서로 아무런 연관성도 없다. 곧 수많은 작은 세계들이 존재한다고 말할 수 있다. 그렇다면 이 모든 세계들이 속하는 단 하나의 세계도 존재할까? 아니다. 그렇게 보기는 힘들다. 수많은 작은 세계들은 단 하나의 커다란 세계를 바라보는 관점의 차이가 아니다. 유일한 사실은 수많은 작은 세계들이 존재한다는 것뿐이다. 이런 작은 세계들은 내 상상 속에서뿐만 아니라 실제로 존재한다.

세계가 존재하지 않는다는 나의 주장은 정확히 이런 뜻에서 이해되어야 한다. 모든 게 모든 것과 연관을 맺는다는 말은 사실이 아니다. 브라질에서 한 마리 나비가 날갯짓을 하면 텍사스에 토네이도를 불러일으킬 수 있다는 흔히 듣는 주장은 한마디로 말이 되지 않는다. 많은 게 많은 것과 연관을 가지기는 하지만, 모든 게 모든 것과 연관된다는 주장은 잘못이다(심지어 정확히 말해 불가능하다!).

물론 우리는 저마다 계속해서 연관을 빚어낼 수는 있다. 이런 식으로 우리는 내 모습과 내 주변의 그림을 그리며, 자신의 관심사를 주변 환경에 적절히 위치시킨다. 가령 배가 고프면 주변의 먹이 지도를 그린다. 이럴 때 세계는 먹이통이 된다. 다른 순간에는 주의 깊게 생각의 흐름을 따르기도 하며(지금 독자들이 바로 그런 순간이길 바란다), 또 다른 때에는 전혀 다른 목표를 갖기도 한다. 그때마다 우리는 늘 자신이 같은 세상에서 활동한다고 여긴다. 이는 자신이 중요한 존재라고 생각하는 바탕이다.

그렇게 우리는 일상에서 치르는 일을 어린아이처럼 무한히 특별하게 받아들인다(어떤 면에서는 실제 그렇기도 하다). 우리는 오직 단 한 번뿐인 인생을 살며, 이 인생은 시간적으로 매우 제한된 사건의 지평을 무대로 가지기 때문이다. 우리는 분명히 기억한다. 오늘날 우리가 하찮게 여기는 것들이 어린 시절에는 무한히 중요했다는 사실을! 훅 불어 주면 꽃씨가 날리던 민들레의 신기함을 생각해 보라. 그렇다. 우리의 인생 안에서도 이 연관은 지속적으로 옮겨 간다. 우리는 자기 자신에 대한 상과 주변 그림을 바꾸어 가며 매순간 이전에는 결코 겪어 보지 못한 새로운 순간에 적응한다.

전체로서의 세계도 비슷하다. 전체로서의 세계는 모든 연관을 포괄하는 단 하나의 연관만큼이나 존재하기 힘들다. 모든 것을 설명하는 단 하나의 규칙이나 세계 공식 같은 것은 없다. 우리가 지금껏 그런 것을 찾아내지 못해서가 아니다. 그냥 그런 규칙이나 공식은 존재하지 않기 때문이다.

없음보다 못한

다시 형이상학과 구성주의와 새로운 리얼리즘의 구분으로 돌아와 보자. 형이상학자는 모든 걸 포괄하는 법칙이 있다고 주장한다. 또 그 가운데 용감한 이는 마침내 그런 법칙을 찾아냈다고 큰소리치기도 한다. 그렇게 해서 서양에서는 이미 3천 년도 넘게 모든 것을 단 하나의 이론으로 설명하는 세계 공식이 꼬리에 꼬리를 물고 이어져 왔다. 밀레투스의 탈레스로부터 시작해 카를 마르크스와 스티븐 호킹에 이르기까지.

반대로 구성주의는 우리가 그런 법칙을 알 수 없다고 주장한다. 우리가 어떤 환상을 인정하면 좋을지 일종의 권력 투쟁을 벌이거나 협상 테이블에 마주 앉아 타협점을 찾으려 시도한다는 게 세계를 바라보는 구성주의의 관점이다.

반면 새로운 리얼리즘은 일관되게 그런 법칙이 실제로 존재하는지 물음을 던져 가며 진지하게 그 답을 찾으려 시도한다. 이 물음의 답을 찾는 일은 또 다른 구성이 아니라 그 이상의 것이다. 새로운 리얼리즘은 구성을 꾸며 내는 대신, 일상에서 진지하게 받아들여야 하는 물음과 응답처럼 있는 그대로의 사실을 확인하려는 요구를 가진다. 버터가 냉장고에 있느냐는 물음에 누군가 다음과 같이 대답한다면, 그거야말로 기묘하기 짝이 없는 일이지 않을까. 「응, 하지만 버터와 냉장고는 원래 환상에 지나지 않아. 인간이 지어낸 구성물일 따름이지. 실제로는 버터도 냉장고도 없어. 적어도 우리는 그런 게 있는지 알지 못해. 어쨌거나 맛있게 먹어!」

왜 세계가 존재하지 않는지 이해하려면, 먼저 뭔가 있다는 게 도대체 무얼 의미하는지 알아야만 한다. 뭔가 존재한다면 세상에 나타나는 것이라야만 하리라. 우리가 전체라고 이해하는 것, 일어나는 모든 것을 포괄하는 영역이 이 세상에 나타나지 않는다면, 도대체 그런 게 어디에 있단 말인가? 전체로서의 세계 그 자체는 이 세상 안에 나타나지 않는다. 나는 적어도 절대 그런 걸 보거나 느끼거나 맛보지 못했다. 설혹 그런 세상을 두고 우리가 생각할 수 있다손 치더라도, 우리가 알고자 하는 세계가 그 안에서 우리가 생각하는 세계와 동일할 수는 없다. 내가 세계를 두고 생각을 한다는 것은 이 세계 안에서 이루어지는 매우 작은 사건, 곧 나의 작은 세계 생각일 뿐이다. 이 생각 외에도 무수히 많은 다른 사건과 대상, 이를테면 소나기, 치통 그리고 수상 관저 같은 게 있다.

우리가 세계를 두고 생각하면서 파악하는 것은 우리가 파악하고자 원하는 것과는 전혀 다른 어떤 것이다. 전체라는 것은 결코 파악되지 않는다. 그런 전체는 원리적으로 생각에 담기에 너무 크다. 우리 인식 능력이 부족하거나 세계가 무한해서 그런 것이 아니다(무한한 것은 부분적으로, 이를테면 미적분이나 집합으로 파악할 수 있다). 세계 안에 나타나지 않기 때문에 원칙적으로 존재할 수 없는 것이다.

한편으로 나는 기대했던 것보다 적은 게 존재한다고 주장한다. 왜냐하면 전체로서의 세계가 존재하지 않기 때문이다. 반복하지만 그런 세계는 존재하지 않으며, 존재할 수도 없다. 이로써 나는 오늘날 미디어와 정치를 통해 널리 퍼진 과학적 세계관에 반대하는 중요한 결론을 이끌어내고자 한다. 정확히 말해서 나는 모든 세계관에 반대한다. 존재하지 않는 세계를 두고 그림을 그릴 수 없는 마당에, 무슨 세계관을 이야기하는가?

다른 한편으로 나는 기대했던 것보다 훨씬 더 많은 게 존재한다고 주장한다. 그러니까 세계를 제외한 모든 것이 존재한다. 나는 달의 뒤편에 경찰 제복을 입은 일각수가 있다고 주장한다. 이 생각은 경찰 제복을 입은 일각수라는 상상과 함께 이 세계에 존재하기 때문이다. 물론 우주에는 내가 아는 과학 지식에 비추어 경찰 제복을 입은 일각수는 등장하지 않는다. 일각수의 사진을 찍겠다고 나사NASA의 달나라 여행에 한 자리를 예약한들 일각수를 찾을 리 만무하다. 역시 흔히 없다고 여겨지는 것, 이를테면 요정이나 마녀, 룩셈부르크의 대량 살상 무기 따위도 세상에 등장한다. 예를 들어 동화 또는 미치광이의 헛소리에 곧잘 나온다.

내 대답은 이렇다. 현실에 존재하지 않는 것이라 할지라도 분명 있다. 다만 이 모든 게 같은 영역에 속하는 것은 아니다. 요정은 동화에 나오지 함부르크에서 만날 수 있는 게 아니며, 대량 살상 무기는 미국에 있지 내가 아는 한 룩셈부르크에는 없다. 그러니까 뭐가 있느냐는 물음은 결코 간단한 게 아니며, 언제나 그게 어디에 있느냐 하는 것을 함께 따져 물어야 한다. 존재하는 모든 것은 그 어딘가에, 그게 다만 우리의 상상뿐일지라도, 특정 영역에 속한다. 유일한 예외는 다시 저 전체로서의 세계다. 이 세계를 우리는 상상조차 할 수 없다. 우리가 이 세계를 믿으며 상상하는 것은 저 반항아 같은 스타 철학자 슬라보이 지제크의 책 제목과 마찬가지로 〈없음보다 못한less than nothing〉[4] 것이다.

이 책에서 나는 독자 여러분에게 새롭고, 현실에 맞는 존재론의 근본 특징을 선보이고자 한다. 그러니까 내게 다른 이론의 핵심과 대강을 정리해 설명하는 일은 일차적인 관심사가 아니다. 그런 일은 배경이 되는 역사를 알아야 이해에 보탬이 될 때에만 해볼 생각이다. 다시 말해서 이 책은 철학이나 인식론의 역사를 소개하는 일반적인 입문서가 아니다. 되도록 일반인이 이해하기 쉽도록 새로운 철학을 소개하려는 시도다. 독자들은 이 책이 다루는 문제를 알기 위해 거의 이해하기 힘든 철학의 고전들을 먼저 곱씹어 읽을 필요가 없다. 가급적 어떤 배경 지식이나 전제가 되는 이해 없이도 자유롭게 읽을 수 있도록 쓰고자 했다.

모든 철학 이론이 그러하듯, 이것은 원점에서 출발한다. 그래서 무엇보다도 내가 쓰는 중요한 개념들을 되도록 명확하게 정의했다. 이 개념은 고딕체로 표시해 언제라도 그 뜻을 부록에서 찾아볼 수 있게 해두었다. 독자 여러분께 제 명예를 걸고 약속드리건대 〈통각의 선험적 종합〉이라는 부풀려진 철학 용어 괴물은 이 책에서 쓰지 않을 거라고 약속한다.

루트비히 비트겐슈타인은 언젠가 이런 말을 했다. 〈말

해질 수 있는 것은 명료하게 말하라.⟩[5] 나는 이런 이상적인 의견에 전적으로 동의한다. 철학은 엘리트나 즐기는 신비의 학문이 아니라, 폭넓게 열린 작업이어야 하기 때문이다 (비록 분명히 하고자 번거롭게 꼬치꼬치 따지고 드는 일을 피할 수는 없을지라도). 바로 그래서 나는 가장 위대한 철학 물음이라는 미로를 헤쳐 나갈 참된 길을 찾는 일에만 매달려 볼 생각이다. 우리는 어디서 왔는가? 우리는 지금 어디에 있는가? 그리고 이 모든 것은 대체 무엇인가?

인류가 품은 이런 물음에 무언가 진정 새로운 것을 말할 수 있었으면 하는 소망은 아마도 순박해 보이리라. 그렇지만 다른 한편에서 보면 이 물음은 그 자체로 순수하다. 이런 물음은 드물지 않게 아이들이 던진다. 그리고 바라건대 그 아이들이 이런 물음을 품는 일을 결코 멈추지 말아 줬으면 한다.

내가 품었던 첫 번째 철학 물음 두 가지는 초등학교 때 하굣길에 떠올린 것으로, 이후 단 한 번도 놓아 본 적이 없다. 한번은 빗방울이 눈에 떨어져 가로등 불빛이 이중으로 보였다. 그래서 나는 저게 원래 하나인지 아니면 두 개의 불빛인지 의문을 품었다. 그리고 내 감각을 믿어도 좋은지, 믿을 수 있다면 어디까지 그럴 수 있는지 자문했다. 또 다른 물음은 돌연 시간이 허망하게 흘러가 버린다는 것을 명확히 깨달으면서, ⟨지금⟩이라는 단어로 완전히 다른 상황들을 나타낼 수 있다는 것을 자각했을 때 엄습했다. 그 순간 내가 도달한 생각은 세계란 존재하지 않는다는 것이었다. 이런 생각을 철저히 철학으로 곱씹어, 모든 게 그저 환상에 지나지 않는다는 생각과 구별하기까지 내게는 20년이라는 시간이 필요했다.

그동안 나는 몇 년 전부터 여러 대학교의 철학과에서 강의를 하며, 전 세계의 연구자들과 함께 인식 이론과 〈철학적 회의(懷疑)〉(나의 핵심 연구 주제)라는 문제를 두고 토론할 수 있는 많은 기회를 누렸다. 바라건대, 앞으로 내가 마주친 거의 모든 것을 의심한다고 해서 독자 여러분이 너무 놀라지 않았으면 한다(내가 가장 많이 의심한 것은 나의 확신이다). 그러나 한 가지만큼은 갈수록 더 명확해진다. 철학의 과제는 언제나 처음부터 다시 시작한다는 것이다. 그것도 매번.

1장

세계라니, 그게 대체 무엇인가?

다시 처음부터 시작해 보자! 전체라는 게 뭘까? 이것은 그 자체로 철학의 근본 문제다. 어느 날 우리는 어디서 와서 어디로 가는지 전혀 모른 채 세상에 태어났다. 그런 다음 관습과 교육을 통해 이 세상에 맞추어졌고, 일단 이 세상에 길들여지자마자 전체가 뭘까 하는 물음을 잊어버렸다. 세계라니, 그게 대체 무엇인가?

우리 인생에 의미를 부여하는 것은 일반적으로 만남과 희망과 소원이다. 예를 들어 보자. 지금 나는 덴마크에서 열차에 타고 있다. 옆에서는 누군가 문자 메시지를 주고받고 있으며, 열차 승무원이 오르내리는 가운데 나는 덴마크어 안내 방송을 듣는다. 나는 이 모든 상황을 이해한다. 나는 덴마크 북쪽의 도시 오르후스로 여행을 가고 있고, 기차를 이용함으로써 열차 여행에 속하는 모든 것을 경험하고 있기 때문이다. 그렇지만 이제 이런 상상을 해보자.

키가 7미터에 녹색의 액체로 이루어진 외계인이 지상으로 내려와 지금 이 열차에 올라탔다. 이 외계인은 모든 게 이상해 보인다는, 아마도 심지어 전혀 모르겠다는 표정을 지으리라. 내가 탄 열차 칸의 좁은 통로를 기어 지나가며 받는 모든 새로운 인상에 놀랄 게 틀림없다. 특히 객실 의자에 앉아 손가락으로 작은 모니터 화면을 어지럽게 문질러 대는 털북숭이 동물이 기이해 보일 것이다.

말하자면 철학자는 세계를 마치 외계인이나 어린아이처럼 바라본다. 모든 게 항상 완전히 새롭다. 이들은 확고히 뿌리 내린 판단을 불신하며, 심지어 전문가의 지식 자랑을 믿지 않는다. 철학자는 일단 아무것도 믿지 않는다. 그런 점에서 우리는 위대한 철학 영웅의 본보기를 따른다. 철학 영웅 소크라테스를! 소크라테스는 아테네 법정에서 했던 유명한 변론에서 이렇게 선포했다. 〈나는 안다, 내가 아무것도 모른다는 사실을.〉[6] 적어도 이런 태도 면에서 철학자가 변한 것은 전혀 없다.

그럼에도 철학으로부터 배울 것은 참 많다. 특히 세계가 우리에게 보이는 모습과는 완전히 다를 수 있다는 점을 결코 잊지 말아야 한다는 걸 가르쳐 준다. 철학은 항상 모든 것을 의문시하며, 철학 자체를 문제 삼기도 한다. 그리고 단지 이런 방식으로만 전체라는 게 무엇인지 이해할 수 있는 길이 열린다. 철학과 그 중요한 질문을 집중적으로 다루면서 우리는 지금껏 당연하다고 여겨 온 것을 시험하는 법을 배울 수 있다. 그 어떤 것도 당연하다고 받아들이지 않고 묻고 또 묻는 이런 자세야말로 인류의 거의 모든 위대한 성과를 낳은 원동력이다. 우리가 어떻게 함께 어울려 살아야 하는지 누구도 묻지 않았다면, 민주주의와 자유 공동체라는 이상은 결코 얻어질 수 없었을 것이다. 우리가 사는 곳이 도대체 어디인지 아무도 의문을 품지 않았다면, 지구가 둥글다는 사실과 달이 지구 주위를 도는 돌덩이에 지나지 않다는 사실을 알 수 없었을 것이다. 그리스 철학자 아낙사고라스는 지구는 둥글고 달은 돌덩이에 불과하다고 주장함으로써 신을 모독했다는 죄를 물어 재판에 시달려야 했다. 위대한 이탈리아 철학자 조르다노 부르노는 외계인이 존재하며, 우주는 무한하다는 이야기를 했다는 이유로 이단 심판을 받아 화형장의 이슬로 사라져야 했다. 인간과 지구는 신이 가장 아끼는 것이며, 신이 우주를 어떤 특정 시점에 창조했다(바로 그래서 우주는 무한해서는 안 된다)고 가르치는 기독교 신학이 부르노의 주장을 도전으로 받아들였기 때문이다.

이 책을 관통하는 물음은 전체라는 게 대체 뭐냐는 것이다. 인간의 삶, 인간의 역사 그리고 인간의 인식이 도대체 어떤 의미를 가질까? 우리는 그저 우주의 숱한 별들 가운데 하나인 지구에서 살아가는 동물, 말하자면 일종의 우주 개미나 돼지와 다를 바 없지 않을까? 우리는 그냥 저 영화 「에일리언Alien」에 나오는 기괴한 외계인처럼 다른 외계인이 보았을 때 섬뜩한 느낌을 받는 기묘한 존재에 지나지 않는 게 아닐까?

전체라는 게 대체 무엇인지 그 답을 알아내고자 한다면, 먼저 안다고 믿는 모든 것을 깨끗이 잊어버리고 처음부터 다시 시작해야 한다. 르네 데카르트는 인간이 인생을 살아가며 적어도 한 번쯤 자신이 믿는 모든 것을 의심하는 게 철학의 근본 태도라고 매우 정확하게 짚었다. 습관처럼 굳어진 익숙한 생각일랑 옷걸이에 걸어 두고 외계인이나 어린아이처럼 한번 물어보자. 도대체 우리는 어디에 있는가? 전체라는 게 대체 무엇인가 하는 물음을 다루기 전에 먼저 전체라는 게 대체 존재하는지부터 답하는 게 필요할 것 같다.

현대 러시아 소설에서 즐겨 읽히는 작품인 빅토르 펠레빈의 『부처의 작은 손가락』(2009)에서 표트르 푸스토타라는 독특한 이름을 가진 인물*은 이런 고민을 한다. 모스크바는 러시아에 있다. 러시아는 두 대륙 사이에 걸쳐져 있다. 대륙들은 지구 위에 있다. 지구는 은하계에 있다. 은하계는 우주에 있다. 그럼 우주는 어디에 있는가? 위에서 언급한 모든 게 위치하는 영역은 어디인가? 혹시 이런 문

* 푸스토타Pustota는 공허, 진공, 무의미 등을 뜻한다.

제를 두고 고민하는 우리의 생각 속에 그 영역이 있는 게 아닐까? 그렇다면 우리의 생각은 어디에 있는가? 우주가 우리의 생각 속에 있다면, 생각이 우주 안에 있을 수는 없지 않은가? 혹시 그래도 우주 안에? 소설의 두 주인공이 소크라테스처럼 나누는 대화를 귀담아 들어 보자.

　잔을 들어 건배하고 마셨다. 「지구는 어디에 있지?」 「우주에.」 「그럼 우주는 어디에 있어?」

　나는 한순간 생각했다. 「그 자체 안에.」 「〈그 자체〉라는 건 어디에 있어?」 「내 의식 속에.」 「그럼 말이야, 페트카, 네 의식은 네 의식 안에 있다는 결론이군.」 「말하자면 그렇지.」

　「좋아.」 차파예프는 수염을 쓰다듬었다. 「그럼 잘 들어봐. 의식은 어디에 있지?」

　「무슨 말인지 잘…… 장소 개념은 의식이 가지는 하나의 범주이기도 하지, 그래서……」

　「어디가 장소야? 장소 개념은 어디에 있지?」

　「말하자면 그 어떤 장소도 아니야. 더 낫게 말하자면, 실……」

　나는 말을 맺지 못했다. 〈말이 이렇게 꼬이는군!〉 나는 속으로 중얼거렸다. 내가 〈실재〉라는 단어를 쓴다면 그는 다시 나에게 그건 어디 있냐고 묻겠지. 그럼 이렇게 대답할 거야. 〈실재〉는 머릿속에 있다고……. 거참 끝없이 주고받

는 핑퐁이군.[7]

대화를 나눈 뒤, 표트르는 세계는 존재하지 않는다는 현기증 나는 생각에 사로잡혔다. 결국 모든 것은 그 어디도 아닌 곳, 하나의 거대한 무(無)에서 일어나는 게 아닐까. 소설의 원제는 글자 그대로 옮겨 놓으면 〈차파예프와 공허함〉으로, 그동안 세계적인 명성을 얻은 러시아 작가 펠레빈은 이 제목으로 우리가 어디 있는지 하는 물음의 답을 준다. 우리는 우주에 있다. 그리고 이 우주는 그 어디도 아닌 곳, 곧 〈공허함〉에 있다. 모든 게 거대한 허공에 둘러싸여 있을 따름이다. 미하엘 엔데의 『끝없는 이야기 Die unendliche Geschichte』가 자연스레 떠오르는 대목이다. 아이들의 판타지 세계, 꿈결같이 그려지는 상상은 익히 알려졌듯 끊임없이 허무함에 잡아먹힐 위협에 놓인다. 모든 게 오로지 우리의 판타지 안에서만 일어나며, 이 판타지 바깥에는 우리의 상상을 위협하는 허무만이 있을까? 바로 그래서 소설은 우리가 아이의 판타지 세계를 자신의 것으로 삼아 가꾸고 돌보라는 메시지를 보낸다. 그러니까 성인이 되어서도 꿈꾸는 것을 멈추어서는 안 된다. 그렇지 않으면 우리는 허무함에, 아무런 의미를 가지지 못하는 현실에 사로잡히고 만다. 물론 이런 허무함 속에서는 의미라는 것을 생각조차 할 수 없다.

철학은 『부처의 작은 손가락』이나 『끝없는 이야기』, 또는 크리스토퍼 놀란 감독의 「인셉션Inception」이나 「매트릭스 The Matrix」에 비교를 허락하지 않을 정도로 탁월한 방송 드라마인 라이너 파스빈더의 「줄 위의 세계Welt am Draht」 등이 던져 주는 물음을 다룬다. 이런 물음들은 20세기와 21세기의 포스트모던 소설이나 팝문화가 처음으로 제기한 것이 아니다. 현실이 그저 일종의 거대한 환상, 단순한 꿈에 지나지 않을까 하는 물음은 인간의 정신사에 뚜렷한 족적을 남겨 놓았다. 누천년 이래 종교, 철학, 문학, 회화, 학문이 있는 곳이면 어디서나 인간은 이런 물음과 씨름해 왔다.

자연 과학 역시 현실의 대부분을, 그러니까 우리가 감각적으로 경험하는 그런 현실을 문제 삼아 왔다. 이를테면 이단으로 심판받은 또 다른 이탈리아인 갈릴레오 갈릴레이는 근대 초에 이미 우리의 감각과 무관하게 색깔이 존재한다는 것을 의심해, 현실은 무색이며, 수학 공식으로 나타낼 수 있는 물질적 대상과 그 공간적 위치 변화로 이루어졌다고 주장했다. 심지어 현대의 이론 물리학은 더욱 과격하다. 이른바 〈끈 이론〉 물리학자들은 물리적 현실이라는 게 결국 우리 감각에 친숙한 의미에서의 시공간을 가지지 않는다고 보았다. 이론 물리학은 현실이 최소한 4차원을 가지는 시공간으로 일종의 홀로그램과 같은 것일 수 있다고 설명한다. 이 홀로그램은 더 높은 차원에서 투사해 주는 것으로, 그 투사 과정을 특정한 물리학 공식으로 나타낼 수 있다는 게 이론 물리학의 입장이다.[8]

현실이 우리에게 보이는 것과 다르다는 사실은 현대인에게 익숙한 생각이다. 초등학교를 다닐 때 숫자 없이 x와 y 같은 알파벳을 가지고 계산할 수 있다는 것을 알고 우리는 얼마나 놀랐던가. 또는 여행을 다니며 얼마나 자주 우리가 뿌리 깊은 선입견에 사로잡혀 있음을 깨닫게 되었던가. 조금만 더 자세히 관찰하면 참으로 많은 게 의아하고 의심스럽기만 하다. 마치 모든 지식은 일종의 커다란 무지의 장막으로 둘러싸인 것만 같다. 그렇다면 어떻게 우리에게 나타나는 현실을 전적으로 믿을 수 있을까? 우리가 그 안에서 살아가는 것처럼 보이는 세계를 말이다.

당신과 우주

지금부터 나는 모든 게 대체 어디에서 일어나는지 보다 더 정확히 살피고, 철학으로 그 답을 찾아보고자 한다. 이 물음을 이성적으로 답하기 위해 우리는 일단 두 개념을 구별해야만 한다. 이 두 개념은 오늘날 과학과 일상생활은 물론이고 철학에서도 상당한 혼란을 빚고 있다. 그것은 곧 세계와 우주라는 개념이다.

우주부터 시작해 보자. 이 개념에는 종교와 신비의 너울이 드리워져 있다. 예를 들어 신비주의 책『우주의 소원 배달 서비스Bestellung beim Universum』*나 오늘날의 숱한 영화와 드라마(특히 대중에게 높은 인기를 누린 시트콤「내가 너희 엄마를 어떻게 만났냐면How I Met Your Mother」**에서 보듯)는 우주를 운명의 현장으로 간주한다. 그러니까 이런 식으로 이해된 우주는 우리에게 특정 태도를 갖출 것을 요구하거나, 뭔가 심오한 뜻을 알려 주는 운명의 신이다. 이런 우주는 우리가 그 안에서 살아가는 최대한의 전체다. 그럼에도 우리가 현실, 세계, 코스모스나 우주가 정작 무엇이냐고 자문한다면, 이 전체라는 게 도대체 무엇인지 몰라 그 애매함에 흠칫 놀라 떨 수밖에 없다.

인생의 의미를 묻는 물음과 전체라는 게 도대체 무엇이냐는 물음은 분명 아주 밀접하게 맞물린다. 전체라는 게 그저 지극히 작은 입자들이 엉킨 거대한 덩어리라거나 뭐가 뭔지 알 수 없는 기묘한 구조, 이를테면 열 개의 공간 차원과 하나의 시간 차원으로 진동하는 이른바 〈끈〉이 무수히 엉켜 그 주파수에 따라 전자나 아무튼 다른 그 무엇으로 나타나는 것이라고 본다면, 이런 설명에서 그 어떤 의미를 길어 올리기는 매우 어려운 일이다. 그냥 입자들이

* 독일의 여성 작가 베르벨 모어Bärbel Mohr가 펴낸 책. 긍정적인 사고와 태도로 우주에 소원을 빌면 꿈이 이루어진다는 주장을 담은 자기계발서다.
** 미국의 시트콤. 주인공 테드 모스비가 2030년에 자녀들에게 어떻게 엄마를 만나게 되었는지 설명해 주는 방식으로 전개된다.

엉켜 나타날 뿐 그 안에 어떤 정신도 발견할 수 없다면, 우리 인생은 환상, 곧 입자들이 빚어내는 가상 효과에 지나지 않기 때문이다. 그저 진동할 뿐인 끈으로 이루어진 인간이 특별한 관심을 가지고 계획을 세우며 소망을 키우거나 두려움에 떤다니 이 얼마나 가소로운 이야기인가. 벌써 나는 저 『끝없는 이야기』의 허망함에 사로잡혀 버린 것만 같다.

우리가 우주를 거론할 때, 우리는 이미 전체라는 게 대체 무엇인가 하는 물음에 은연 중에 대답을 한 셈이다. 대다수의 신비주의자들과 달리 우리는 일반적으로 우주를 성단들의 거대한 모임이나 검은 배경에서 빛나는 별들의 무리가 담긴 천문학 사진으로 떠올린다. 그러니까 우리가 그리는 우주의 그림은 일종의 허블 망원경으로 촬영한 거대한 사진이나 다름없다. 그리고 이 우주에서도 우리는 특정한 점, 정확히 말해 태양계의 세 번째 별을 벗어날 수 없는 존재일 뿐이다. 은하계의 4천억 개 별들과 함께 태양계를 이루는 세 번째 별, 곧 지구의 주민이라는 게 우리의 조촐한 현주소다.

일견 이런 공간 인식은 비교적 문제가 없어 보인다. 이를테면 너는 지금 어디 있냐는 물음에 내 주소를 일러 주며 집 안 거실에 있다고 말할 수 있다. 그러나 이런 것을 두고 공간 인식이라고 말하는 것은 착각이다. 거실과 행성 사이에는 근본적인 차이가 있기 때문이다. 행성과 은하계는 말하자면 천문학의 연구 대상이면서 곧 물리학의 대상이지만, 거실은 아니다. 거실은 그곳을 꾸미고 거기서 식사를 하거나 텔레비전을 시청하는 곳인 반면, 행성은 아주 수고로운 실험을 통해 그 화학적 성분을 측정하거나, 다른 행성과의 거리를 계산하는 대상이라는 게 둘 사이의 근본적인 차이다. 물리학은 거실에 관심을 가지는 게 아니라, 기껏해야 거실에 있는 물건들, 그러니까 낙하라는 자연 법칙이 적용되는 물건을 연구할 따름이다. 다시 말해서 물리학에 행성은 등장하지만, 거실은 아니다.

거실과 행성은 같은 대상 영역에 속하지 않는다. 대상 영역은 공통의 규칙이 성립하는 특정한 종류의 대상들을 포함하는 영역이다. 정치라는 대상 영역을 예로 들어 보자. 이 대상 영역은 유권자, 선거, 정당의 이른바 진성 당원, 세금 등을 포함한다. 수학에서 소수라는 대상 영역은 일종의 근본 규칙이 적용되는 5와 7을 포함하는 숫자들로 이루어진다.

대상 영역이라고 해서 반드시 공간적인 경계를 가져야만 하는 것은 아니다. 베를린 시장(市長)은 주말에 베를린 시장이기를 그만두지 않고 런던으로 여행을 떠날 수도 있다. 대상 영역을 나누는 것은 특정한 규칙이나 법칙이다. 예를 들어 내 왼손의 다섯 개 손가락은 나의 왼손이라는 대상 영역에 속한다. 만약에 본Bonn으로 돌아오면서 오르후스Århus에 손가락 두 개를 남겨 놓아야 한다는 법칙이 있다면, 오르후스에 남은 두 개의 손가락은 이내 내 왼손의 대상 영역에서 제외된다. 대상 영역의 특징을 다시 정리해 보자.

첫째, 모든 대상은 저마다의 대상 영역 안에 등장한다. 둘째, 대상 영역은 무수히 많다. 거실 역시 하나의 대상 영역이다. 이 영역에는 특정한 대상들, 이를테면 창문, 소파, 램프, 커피 얼룩 등이 속한다. 은하계도 마찬가지로 하나의 대상 영역이다. 이 영역에서 램프나 커피 얼룩은 찾아볼 수 없으며, 대신에 혹성과 행성과 블랙홀과 암흑 에너지 등이 등장한다. 시청은 다시금 다른 대상들을 품는다. 공무원, 서류철, 법, 예산 그리고 지루함이 그 예이다.

그러니까 대상 영역은 무수히 많다. 일상생활에서 우리는 이 영역을 구분하는 데 별다른 어려움을 겪지 않는다. 시청을 찾아갈 일이 있을 때, 우리는 거기서 벌어질 일들을 대강 짐작한다. 먼저 번호표를 뽑아야 하며, 대기자들 사이에 섞여 차례가 오기를 기다려야 한다. 특정 시간대에는 다른 때보다 더 오래 지루함을 참아 가며 기다린다. 그놈의 중요한 서류는 왜 번번이 깜박 잊고 집에다 두고 오는 걸까.

반면, 시청 방문이라는 대상 영역에서는 엄밀한 의미에

서의 물리적 대상이 등장하지 않는다. 시청을 찾아가 원자가 어떻고 화학 결합이 어떤지 따지는 일은 거의 없다. 물론 시청을 화학적으로 분석하거나, 두 점 사이의 거리를 정확히 계산하거나, 공간에 놓인 물건의 속도를 측정하는 일(이를테면 시곗바늘이나 바퀴 달린 의자의 속도)은 가능하다. 하지만 어쨌거나 그런 연구는 시청 방문과는 다른 차원의 것이다. 시청 사무실 안 특정한 시공간의 한 지점을 물리적·화학적으로 분석하는 것은 사무실 업무가 아니다. 사무실에서 처리해야 하는 일은 물리학이나 화학과는 전혀 다른 종류의 것이다. 물리학은 클럽이나 공무원을 연구하지 않는다. 물리학이 관심을 두는 것은 운동과 속도와 인과관계이지, 공무원이나 매일 사용하는 클럽의 정확한 개수가 아니다. 바로 그래서 물리학이나 화학은 문자 그대로 모든 것을 연구하는 학문이 아니다. 누군가 괴테의 『파우스트』를 물리학적으로 연구하고자 하는 사람은 독일 학술 단체에서 연구 기금을 얻어 내는 데 곤란을 겪을 게 틀림없다. 그 이유는 물리학이 『파우스트』의 내용이 아니라, 기껏해야 내용을 담고 있는 책이나 종이를 이루는 대상(원자와 분자 등)에 관심을 가지기 때문이다.

우주에서 우리가 차지하는 위치 문제로 돌아와 보자. 거실은 우주에 있다고 우리는 생각했었다. 그러나 이게 맞는 말은 아니다. 엄밀하게 말해서 우주는 자연 과학의 대상 영역일 뿐이기 때문이다. 그러니까 일차적으로 우주는 자연 과학의 방법으로 실험을 통해 연구하는 모든 게 등장하는 영역이다. 아마도 우주는 4차원의 시공간이리라 (물론 진짜 그런지 어떤지는 확실하게 알 수 없는 노릇이지만). 바로 그래서 나는 우주의 문제를 우선적으로 물리학자에게 맡겨야 한다고 본다. 하지만 철학자로서 우주가 전부는 아니라는 판단은 내릴 수 있다. 우주는 물리학의 대상 영역 혹은 연구 영역일 뿐이기 때문이다. 물리학자는 모든 다른 분과 학문과 마찬가지로 그 연구 대상이 아닌 것에는 맹인이나 다름없다. 바로 이런 관점에서 우주는 전체보다 작다. 우주는 전체의 한 부분일 뿐, 전체 그 자체는 아니다.

우주는 물리학의 대상 영역이기 때문에, 우리는 〈우주〉를 말하며 끝없이 뻗어 나가는 무한함을 떠올리기도 한다. 그러나 이 무한함이란 말만 나왔다 하면 우리는 곧장 길을 잃고 갈팡질팡 헤매게 마련이다. 듣기만 해도 현기증이 나 마치 디딜 바닥을 잃어버리고 허공에 붕 뜰 것만 같다. 그저 우리를 잡아당기는 특정 자연 법칙 덕분에 지구 위에 서 있는 게 고맙게 여겨질 따름이다. 그런데 지구는 우주라는 광활한 공간을 무서울 정도로 빠른 속도로 운동한다. 그때그때 우리가 정확히 어디에 있는지 전혀 가려볼 수 없을 정도로 빠른 속도다. 어째 더 어지러워지지 않는가?

중심과 변방이라는 개념은 시공간을 나타내는 좋은 표현이 아니다. 우주에는 중심도 변두리도 없기 때문이다. 그래도 자신이 우주의 중심이라고 생각하는 사람은 저 고대의 세계관에 사로잡혀 있을 뿐이다. 마치 은하계가 중심이며, 우주의 변두리로 가면 굴러떨어질 위험이 도사리고 있다고 믿는 환상이 그런 세계관이다. 염세적인 철학자 아르투어 쇼펜하우어는 우주에서 우리가 처한 처지를 다음과 같이 묘사했다.

무한한 공간에서 빛나는 무수한 구슬들이 저마다 대략 열두 개 정도의 훨씬 더 작은 구슬에 둘러싸여 자신을 밝히며 굴러다닌다. 작은 구슬은 그 안은 뜨겁지만, 차갑고 딱딱한 껍데기로 덮여 있다. 그 하나의 구슬 위에는 생명을 가지고 인식하는 존재가 마치 피어오른 곰팡이처럼 살아간다. 이게 경험이 말해 주는 진리이며 현실이자 세계다. 그렇지만 생각할 줄 아는 존재에게 경계도 없는 공간에서, 무수히 자유롭게 떠도는 구슬 위에 서서, 어디서 와서 어디로 가는지도 모른 채 시작도 끝도 없는 시간 속에서, 마찬가지로 헤아릴 수 없이 많은 비슷한 존재들과 더불어 서로 밀치고 싸우며 고통을 주고받고 욕정을 풀어 가며 쉼 없이 떠돌면서 빠른 속도로 생겨났다가 사라지는 상황은 참으로 비참한 지경이 아닐 수 없다. 지속하는 것은 아무것도 없으며 오로지 물질만이, 다만 그때그때 나타나는 형식과 유기적인 형태만 다른 동일한 물질만이 늘 되풀이되는 이 무한한 공간에서는, 물질이 나타나는 통로와 경로마저 그 저 일회적일 뿐이다.[9]

　모든 생명과 모든 의미가 우주에서 차지하는 입지를 정리해 본다면, 인생의 의미는 자신이 대단한 존재인 양 으스대는 개미의 환상만도 못한 것으로 졸아들고 만다. 우주의 관점에서 보면, 우리 인간과 그 생활세계야말로 대단히 특별하다는 상상은 그저 살아남기 위해 하루하루 안간힘을 쓰는 개미가 시건방을 떠는 것과 다르지 않다. 우주에서 우리는 중심을 차지하는 존재가 아니다. 방금 우리에게 빛을 보내온 별은 이미 오래전에 소멸하고 지금은 존재하지 않을 수도 있다. 내가 오늘 아침 식사를 했든 아니든 우주에서 벌어지는 일은 조금도 상관하지 않는다. 우주에서 우리는 기껏해야 수많은 생물 종 가운데 하나이며, 고픈 배를 움켜쥐고 물질의 세상을 허청거리며 헤매고 다니다가 살아남을 기회를 높이기 위해 다른 사람과 협력하는 법을 터득한 정도의 동물에 지나지 않는다.
　우주에서 인생의 의미가 찾아지지 않는 이유는 우리가 실제로 빛나는 구슬 위를 기어 다니는 개미이기 때문이 아니다. 사소함과 무의미함을 경험하는 진짜 이유는 오히려 우리가 지극히 다양한 대상 영역들을 마구 뒤섞기 때문이다. 우주는 그 자체로 하나의 개념일 뿐만 아니라, 동시에 특별한 관점이기도 하다. 우주가 전체를 지시하기 위한 달리 대안이 없는 유일하고도 당연한 이름은 아니다. 오히려 우주는 복잡한 생각이 얽혀 빚어낸 결과물이다. 우주가 무한할 정도로 크다 할지라도 어디까지나 전체의 한 단면에 지나지 않는다.

프리드리히 니체는 그 수많은 적확한 경구 가운데 하나에서 이런 확인을 한다. 〈영웅 주변의 모든 것은 비극이 되고, 반인반신을 둘러싼 주변의 모든 것은 사티로스 연극*이 된다. 그럼 신을 둘러싼 모든 것은 그게 곧 《세계》란 말인가? 어째서?〉[10] 그럼 마찬가지 논리로 과학자를 둘러싼 주변의 모든 것은 우주라거나, 군인 주변의 모든 것은 전쟁이 된다고도 말할 수 있지 않을까? 존재하는 모든 게 우주 안에 등장한다거나, 모든 사건은 우주에서 일어난다고 생각하는 사람은 수많은 대상 영역 가운데 하나를 전체로 간주하는 실수를 범한다. 그것은 마치 식물학을 공부한다고 해서 세상에는 식물만 있다고 생각하는 것이나 다름없다.

거실의 현주소를 우주 안으로 잡는 것은 그 전환을 전혀 눈치채지 못한 채로 하나의 대상 영역에서 다른 대상

* 고대 아테네의 디오니소스 축제에서, 비극 작품 상연 뒤에 공연된 풍자적인 희극.

영역으로 넘어가는 것을 뜻한다. 우리가 우주라는 개념을 평소보다 더 정밀하게 정의한다면, 우주, 그러니까 자연 과학의 대상 영역에 속하지 않는 수많은 대상들이 있음을 확인할 수 있다. 방송 드라마 「슈트롬베르크Stromberg」나 토마스 만의 소설 『마의 산』은 어떤 자연 과학도 연구하지 않지만 거실의 대상 영역에는 등장한다. 이로부터 우리는 적응해야만 할 사실 한 가지를 확인한다. 우주에는 그 안에 등장하지 않는 수많은 대상 영역이 있다. 그러니까 우주는 우리가 짐작하는 것보다 훨씬 더 작다. 비록 우주가 수천억 개의 성단과 이루 헤아릴 수도 없이 많은 아원자 입자로 이루어졌다 할지라도 전체와는 비교도 할 수 없을 만큼 작다. 무시무시한 에너지를 자랑하며, 아직 연구되지 않은 사실이 광범위할지라도 우주는 어디까지나 수많은 지역들 가운데 하나, 말하자면 전체의 존재론적 지역에 지나지 않는다. 우주는, 바로 그 우주 안에 등장하지 않는 수많은 것이 존재하기 때문에 존재론적으로 지역일 뿐이다. 다시 말해 우주와 더불어 나란히 수많은 대상 영역들이 존재한다.

물론 그렇다고 해서 이 대상 영역들이 우주 바깥에 존재한다는 뜻은 아니다. 이런 문제는 전혀 다른 차원에서 다뤄져야 하며, 바로 그래서 잘못된 문제 제기일 따름이다. 토마스 만의 소설 『마의 산』이나 연방 공화국 독일은 우주와는 다른 어떤 장소에 존재하는 게 아니다. 말하자면 은하계의 뒤나 위는 존재하지 않는다. 〈메타 은하계〉니 〈하이퍼 은하계〉니 하는 표현은 말장난일 뿐이다.

더 나아가기 전에 잠시 숨을 고르고 가능한 반론부터 검토해 보도록 하자. 이를테면 지금껏 위에서 꼽아 본 모든 대상은 결국 물질로 이루어진 것이기에 물리학의 연구 대상이며, 이로써 우주에 속한다는 주장이 그 반론이다. 실제로 정상적인 거실에 놓인 모든 평범한 소파는 물질로 이루어졌다. 그러나 이 소파를 꿈에서 본 경우라면 어떨까? 꿈속에 나온 거실의 소파는 물질이 아니며, 머릿속으로 간절히 그려 본 100유로 지폐 역시 물질은 아니다. 그렇지 않다면 빳빳한 100유로 지폐 3백만 장을 떠올리며 이 돈으로 궁궐 같은 집을 산다고 생각하는 것만으로 간단하게 부자가 될 수 있지 않겠는가. 계속 상상으로 통장 계좌에까지 돈을 꽉 채운다면 아무 걱정 없이 평생을 살 터. 기억도 마찬가지다. 어제저녁에 먹은 것을 오늘 다섯 번 기억한다고 해서 내 체중이 느는 것은 아니다. 저녁 식사의 기억, 더 정확히는 저녁 식사를 즐기던 장면의 기억이 우리를 뚱뚱하게 만들 수는 없다.

기억한 대상과 장면은 물질의 방식으로 존재하지 않는다. 다시 말해서 그런 것은 우주 안에 등장하지 않는다. 꿈과 상상과 기억으로 떠오른 것이 물질과 닮았다 할지라도 물질이라는 대상 영역에 속하는 것은 아니다.

유물론

이 대목에 이르러 물리주의와 유물론을 구별하는 일이 필요할 것 같다. 물리주의는 존재하는 모든 것이 우주 안에 있으며, 바로 그래서 물리학으로 연구할 수 있다고 주장하는 이론이다. 반면, 유물론은 물질로 이루어진 것만 존재한다고 강변한다.

여기서 유물론을 좀 더 들여다보자. 고전적인 원자론, 그러니까 고대 그리스 때부터 익히 알려진 원자론의 논리에 빗대 유물론은 진짜로 존재하는 것은 오로지 원자이며, 곧 현현하는 〈신의 입자〉가 물질의 기초라고 주장한다. 유물론은 이 입자 그리고 입자를 둘러싼 허공만이 있다고 본다. 물론 유물론 중에는 전혀 다른 내용을 앞세운 주장도 있다. 그러니까 유물론이라는 표현은 서로 일치하지 않는 다양한 이론을 포괄하고 있다. 그러나 나는 여기서 유물론이라는 개념을 오로지 두 가지 의미로 썼다.

첫째, 존재하는 모든 것은 우주에서만 등장한다. 둘째, 우주 안에 등장하는 모든 것은 물질이거나 최소한 물질이라는 기초를 갖는다. 유물론은 모든 존재자가 그것을 이루는 몇몇 근본 입자로 이루어졌다고 본다. 그러니까 수소 원자에서 알프스 산맥 그리고 내 생각에 이르기까지 모든 것은 마치 레고 블록으로 쌓아 가듯 입자로 이루어졌다고 보는 게 유물론이다. 유물론이 보는 생각이란 두뇌 안의 물질이 일으키는 작용의 결과이며, 생각이란 그런 식으로만 존재할 수 있다.

유물론자는 기억이나 상상이 두뇌 상태에 불과하며 물질에서 비롯되었다고 전제한다. 비록 기억하고 상상하는 대상이 물질과는 판이하게 다르더라도 이 사실을 유물론자는 인정하지 않는다. 참으로 기묘한 이야기가 아닐 수 없다. 예를 들어 물질적인 두뇌 상태가 어떻게 상상이라는 형태로 나타나는 비물질적인 대상을 다룰 수 있을까? 대체 어떻게 물질이 어느 모로 보나 물질이 아닌 것을 다룰 수 있을까? 두뇌 상태가 물질이 아닌 어떤 것을 다룬다고 유물론자가 인정한다면, 결국 물질이 아닌 것도 존재한다고 인정하는 셈이다. 머리가 세 개 달린 녹색의 끈적끈적한 외계인이 마침 〈왜 인간은 존재하지 않을까?〉라는 제목의 책을 쓴다고 상상해 보자. 우리가 아는 한 우주에 이런 상상과 맞아떨어지는 것은 없다. 그렇지만 이런 상상으로 우리는 얼마든지 의미 있는 대화를 나눈다. 이처럼 두뇌 상태로 그려 본 내용이 결국 물질적 기초를 가지는지 아닌지 무한히 많은 사례를 일일이 확인할 수 없는 노릇이지만(우리의 인식 능력이 안타깝다), 그래도 물질이 아닌 의미라는 대상 영역이 존재한다는 사실은 부정될 수 없다.

게다가 두 번째 문제도 따라붙는다. 유물론자는 비물질적인 대상을 가지는 우리의 상상은 오로지 우리가 비물질적인 대상을 다루는 물질적인 상태에 있기 때문에 가능하다는 의견을 포기하지 않는다. 그렇다면 〈오로지 물질의 상태만 있다〉고 하는 유물론자의 생각은 그가 특정한 물질 상태에 있기 때문이라는 결론이 나온다. 우리는 이미 몇몇 물질적 상태(상상과 같은 두뇌 상태)가 어떤 식으로든 비물질적인 대상을 다룬다는 사실을 알고 있다. 그렇다면 유물론자는 〈오로지 물질의 상태만 있다〉는 자신의 생각이 상상이 아니라는 것을 어떻게 알까? 자신이 염두에 두는 물질의 상태라는 게 상상이 아니며, 그래서 정말 물질적이라고 유물론자는 어떻게 확신할까?

모든 게 물질적 상태라고 확인하려면 유물론자는 실험을 통해 귀납적으로 접근해야만 한다. 다시 말해서 유물론자는 모든 대상과 생각을 하나도 빠뜨리지 않고 낱낱이 연구하고, 물질적이라고 증명해야 한다. 이런 작업은 대단히 수고로울 뿐만 아니라, 시간이 턱없이 부족해 달성 불가능한 일이다. 인간의 짧기만 한 인생으로 어찌 그 모든 걸 살펴보랴. 한마디로 검토해야 할 데이터의 양이 너무 많다. 〈오로지 물질적 상태만 있다〉는 생각이 참이라는 주장은 모든 대상(더불어 모든 생각)을 살펴보고 그게 하나도 남김없이 물질적인지 검토해야 가능한데 세상 누구도 그렇게 할 수는 없다. 그럼에도 유물론자는 모든 대상이 물질적 상태라는 결론을 어떻게 내릴 수 있었을까? 유물론자가 그 근거를 우리에게 제시할 수 없다면, 우리가 유물론에 동조해야 할 이유는 전혀 없다.

유물론은 자연 과학으로 검증할 수 있는 진술이 아니다. 또 단적으로 틀렸다. 유물론이 가진 두 개의 특히 어려운 문제만 보아도 이 이론이 틀렸다는 게 분명해진다. 유물론자는 겉보기에 비물질적인 모든 것을 물질의 부록쯤으로 여긴다. 이런 주장이 세계에 대한 완벽한 설명을 제공해 줄 설득력을 가진다는 게 유물론자의 입장이다. 우리의 생각까지 포함해 존재하는 모든 것은 물질일 뿐이며, 우리의 생각이라는 것은 두뇌 안의 물질(뉴런)이 빚어내는 상태라는 게 유물론이 내세우는 논리적 근거다. 그러니까 겉보기에 비물질적인 모든 것은 그저 두뇌가 지어낸 환영에 지나지 않는다는 얘기다.

유물론이 가지는 첫 번째 문제는 확인의 문제다. 유물론은 커피 얼룩이 묻은 소파를 떠올리는 나의 상상이 가능한 이유가 소파와 커피 얼룩이 물리적 대상, 곧 아원자 입자로 이루어졌기 때문이라고 주장한다. 그러나 커피 얼룩이 묻은 소파를 확인해 줄 아원자 입자를 다른 모든 아원자 입자로부터 정확히 가려내려면 우선 우리가 소파의 입자(소파 위에 놓인 리모컨의 입자가 아니라)를 찾아내야만 한다. 결국 우리는 이미 소파의 존재를 인정하고 들어가야 한다. 그 입자를 찾을 수 있게 해주는 것은 오로지 그 소파이기 때문이다. 상상을 두고도 똑같은 이야기가 적용된다. 우리는 상상과 그 비물질적인 내용의 존재를 인정해야만, 그 근거가 되는 입자 그룹을 확인할 수 있다. 더 일반적으로 말하자면, 유물론은 먼저 상상의 존재를 인정해야만, 다음 단계에서 이 존재를 부정할 수 있다. 이것은 분명 모순이다.

유물론의 두 번째 문제는 더욱 치명적이다. 곧 유물론이라는 주의가 그 자체로 물질적이지 않다는 것이다. 유물론은 모든 게 단 하나의 예외도 없이 물질적 대상(입자든 무엇이든 간에 물질의 특성을 가지는 것)으로만 이루어져 있다고 주장하는 이론이다. 이게 참이라면, 유물론의 진리 역시 입자들로 형성된 것이라야 한다. 그러니까 예를 들어 유물론자의 두뇌 뉴런의 결합이라는 형태로 이론의 모습이 드러나야 한다. 물론 어떤 이론이 두뇌 상태라고 해서 참이 되는 것은 아니다. 그렇지 않다면 누군가 두뇌 상태로 생각을 가졌다는 사실 하나만으로 모든 이론은 참이 되기 때문이다. 이론의 진리는 누군가 신경 형태로 이론을 떠올렸다는 것과 같을 수 없다. 더 일반적으로 말하자면, 진리나 인식이라는 것을 신경 상태와 동일시하는 유물론의 주장이 어떤 근거를 가지는지 전혀 분명하지 않다. 진리 그 자체는 입자도 아니며, 입자로 이뤄질 수도 없기 때문이다.

자, 이제 우리는 어디에 서 있는가? 모든 것, 곧 거실, 커피 얼룩, 이웃, 시청 공무원에서 은하계에 이르기까지 모든 게 우주에 있다는 주장은 그 자체로 성립할 수 없는 모순임이 드러났다. 아무튼 모든 게 우주에 속하지 않는다는 점만큼은 분명하다. 물리주의나 유물론의 전제를 받아들일 때에만 그런 주장이 성립하나, 그 전제 자체가 모순이다. 두 이론 모두 상당히 엉성한 오류를 저질렀다. 마치 자연 과학자가 열차 승무원을 보고 당신은 전혀 존재하지 않으며 입자 덩어리에 불과하다고 이죽거리는 것처럼, 어떤 특정 대상 영역을 전체와 혼동하는 실수를 저지르고 이것을 이론으로 내세웠다(그럼에도 입자 덩어리 승무원에게 차표는 구입해야만 하리라).

〈세계는 일어나는 모든 것이다〉

우주는 세계와 구분되어야만 한다. 그런데 도대체 이 세계라는 게 무엇일까? 〈세계〉라는 표현은 정확히 무엇을 가리킬까? 오늘날 일상생활에서 우리는 이 말을 무엇보다도 우리가 살아가는 별 지구를 지시하는 형태로 쓴다. 영어에서는 우리 태양계 바깥에서 생명체가 살 가능성이 있는 별들을 나타내는 표현으로 〈세계들〉이 쓰이곤 한다.

더 나아가 문학 작품은 〈세계〉라는 단어를 원주민의 세계, 행복한 사람들의 세계, 로마인의 세계 하는 식으로도 사용한다. 말하자면 우리는 자연스럽게 세계를 존재하는 모든 대상의 총합과 동일시하는 경향을 갖고 있다. 그러나 그런 총합이 있으려면, 이 전체를 함께 묶어 주는 규칙이나 법칙이 없어서는 안 된다. 로마인의 세계는 당시 로마 제국에 있었던 모든 대상의 전체에 그치는 게 아니라, 이 대상들이 서로 가지는 관계와 대상들을 다루는 방식, 곧 로마 문화와 윤리와 풍습까지 포괄한다. 루트비히 비트겐슈타인은 그의 『논리 철학 논고』의 서두 문장들에서 처음으로 세계라는 단어가 가지는 결정적인 특징에 주목했다.

1. 세계는 일어나는 모든 것이다.
1.1 세계는 사실들의 총체이지, 사물들의 총체가 아니다.[11]

이게 무슨 말인지 어떤 특정한 물건, 한 알의 사과를 예로 들어 설명해 보겠다. 이 사과는 과일 접시에 담겨 있다. 일단 세계를 사과와 과일 접시와 이 물건들이 자리를 차지하는 공간이라고 가정해 보자. 이 경우 세계는 세 개 항의 총합과 동일하다.

1. 사과
2. 과일 접시
3. 사과와 과일 접시가 차지한 공간

물론 이 경우 사과가 과일 접시보다 더 커서 거기 담기지 못한다거나 혹은 사과가 과일 접시에 담겨 있지 않다면 세계가 아니다. 여기서 세계는 과일 접시 안에 담긴 사과이기 때문이다. 그러니까 사과와 과일 접시라는 물건 외에도 이 둘이 서로 맺는 관계를 포괄하는 게 세계다.

어떤 것이 진리인지 거짓인지 판별이 가능한 것은 사물이 아니라 사실, 곧 관계를 담아낸 정황이다. 사과 따로, 접시 따로 다룬다면 참과 거짓의 문제는 생겨나지 않는다. 사과는 그냥 사과이고 접시는 그냥 접시일 따름이다. 사과가 접시에 담겨 있다는 사실을 두고만 우리는 진위를 논할 수 있다. 그러니까 적어도 세계에 있어 사실은 사물 혹은 대상 못지않게 중요하다. 아주 간단한 생각 실험만으로도 왜 사실이 세계 개념에서 중요한지 분명하게 드러난다. 사물만 있을 뿐, 사실은 없다고 가정해 보자. 그렇다면 이 사물을 두고 진리를 말하는 일은 불가능하다. 진위를 따질 수 있는 것은 사물들의 관계, 곧 사실이기 때문이다. 결과적으로 이 사물들을 두고 그 어떤 진리도 말할 수 없다는 게 이 사물들의 진리다. 이것은 너무도 분명하며 상당히 고약한 모순이다. 생각할 수 있는 모든 시나리오에는 최소한 하나의 사실이 있다. 반면 사물이 전혀 등장하지 않는 시나리오는 많기만 하다. 또다시 아주 간단한 생각 실험만으로도 이게 무슨 이야기인지 이해할 수 있다. 전혀 아무것도 없다고 상상해 보자. 시공간도, 땅강아지도, 양말도, 별도, 태양도 아무튼 있는 것이라고는 전무하다. 이런 말할 수도 없이 삭막하고 황량한 상황에서 사실이란 아무것도 존재하지 않는다는 것이며, 이 경우에 아무것도 없다는 생각은 진리로 보인다. 그러나 이 삭막한 전무함에서 적어도 하나의 사실, 곧 삭막한 전무함이라는 사실이 존재한다는 결론만큼은 이끌어 낼 수 있다. 그리고 이 사실 자체는 결코 없는 게 아니다. 오히려 반대로 이 사실은 절대적인 황량함의 진실을 말해 주는 결정적인 단서다. 그러니까 삭막한 무(無)에서조차 이 삭막한 무의 진리를 말해 주는 사실이 존재한다. 그렇다면 절대적으로 아무것도 없다는 말은 해서는 안 된다는 결론이 나온다. 최소한 아무것도 없다는 사실만큼은 존재하기 때문이다.

사실이 없는 세계란 존재하지 않는다. 최소한 아무것도 없다는 사실만큼은 존재한다. 이를테면 점심에 먹을 게 없다는 것은 하나의 사실이다. 심지어 매우 짜증나는 사실일 수 있다. 한마디로 무(無)는 없다. 항상 그 어떤 경우를 떠올릴 수 있으며, 이 경우를 두고 그 진위를 따질 수 있다.

누구도, 그 어떤 것도 이 사실로부터 빠져나갈 수 없다. 이는 아무리 전지전능한 신이라도 마찬가지다.

반대로 사물이 없는 세계는 쉽사리 생각할 수 있다. 내가 꾸는 꿈에는 시공간적인 연장성을 가지지 않는, 그저 꿈꾼 대상만 있을 수도 있기 때문이다(이게 대상과 사물의 핵심적인 차이이기도 하다. 사물은 언제나 구체적이고 물질적이지만, 대상은 반드시 그렇지는 않다). 꿈에 등장하는 대상이 시공간에 놓인 사물과 닮을 수는 있지만, 그렇다고 사물은 아니다. 꿈속에서 몸을 빠져나와 우주를 두루 떠돌아다닌다고 해보자. 이 꿈에서 보는 게 사물을 닮기는 했을지라도 사물은 아니다. 물론 나는 개인적으로 그런 꿈을 거의 꾸지 않지만.

이제 세계는 하나의 전체 연관이라는 주장을 떠올려 보자. 우리는 세계가 대상들이나 사물들의 총체일 뿐만 아니라, 사실들의 총체라는 점도 안다. 이 지점에서 비트겐슈타인은 분석을 멈춘다. 그는 세계를 정의해 주는 사실들의 총체라는 게 존재한다는 확인에 만족했기 때문이다.

그러나 우리는 비트겐슈타인보다 이미 더 많은 것을 안다. 사물들과 대상들과 사실들에 그치지 않고 대상 영역들도 존재한다는 것을 알기 때문이다. 바로 그래서 우리는 지금 이렇게 말할 수 있다. 〈세계〉는 영역들의 영역, 곧 모든 대상 영역들을 포괄하는 대상 영역이다(이 점이 자연 과학의 대상 영역만 수용하는 우주와 다르다). 우리는 또 부분적으로 서로 배척하지만, 또 다양한 방식으로 서로 포섭하는 아주 많은 대상 영역이 있다는 것도 안다. 예술사라는 대상 영역은 르네상스의 예술 작품을 실험실에서 화학적으로 해체한 다음 다시 새롭게 조합하는 것을 배제한다. 이런 일은 예술사의 대상을 파괴하는 행위에 지나지 않기 때문이다. 수학에서 소수라는 대상 영역은 짝수라는 대상 영역을 배제한다. 민주주의 지방 자치라는 대상 영역은 오로지 하나의 정당만이 선거에서 후보를 내는 것을 배제한다. 일당 독재가 출현하는 것을 막으려 하기 때문이다. 그러나 동시에 다른 대상 영역, 이를테면 지역의 볼링 클럽은 포섭한다.

사실들이라고 해서 그저 간단하게 모두 같은 성격을 가지는 것은 아니다. 오히려 사실들의 바탕은 대상 영역에 따라 나뉜다. 심지어 이런 성격에 따른 분류가 필수적이라는 점을 앞으로 우리는 알게 될 것이다. 지금 단계의 고찰에서 분명히 짚어 볼 점은 다양한 대상 영역이 존재한다는 최소한의 명백한 확인이다. 사실의 바탕은 지역, 곧 존재론의 지역에 따라 달라지는 구조를 가진다.

아마도 이 지점에서 다시 반론이 제기될 수 있다. 대상 영역이 실제로 사실을 바탕으로 한 존재론의 지역일까, 말하자면 서로 다른 현실 영역을 바탕으로 하는? 사실의 바탕이라는 게 실제로 일종의 양탄자와 같을까? 오히려 지금껏 이야기한 대상 영역이라는 게 그저 말로만 이루어진 언어 영역은 아닐까, 실체가 없는 말장난일 뿐인? 우리는 거실과 입자를, 커피 얼룩과 지역 정치를, 기린과 땅강아지를 이야기한 것일 뿐이지 않은가? 그럼에도 현실 혹은 사실이 이런 영역들로 나뉜다는 것을 어떻게 아는가? 세계를 대상 영역들로 분류하는 게 실제로 일종의 〈이야기 방식façon de parler〉 그 이상의 것일까?

이런 반론의 기초는 다음과 같은 생각이다. 즉, 수많은 대상들, 심지어 모든 대상은 다른 대상들이 모여 이루어진 것이 아닐까? 내 몸은 다양한 장기와 사지로 이루어졌다. 책은 페이지로, 알프스 꼭대기는 눈으로, 산맥은 여러 개의 산으로, 사막은 헤아릴 수도 없이 많은 모래알로 각각 이루어졌다. 이 대상들은 분류가 가능하며, 그 경계는 대개 불투명하다. 산맥의 한가운데를 〈파내어〉 새로운 계곡을 만들어 갈라놓았다고 해보자. 이제 우리는 두 개의 산맥을 가졌을까, 아니면 여전히 하나일까(작은 골을 지닌)?

또는 어떤 화가의 아틀리에로 가서 물병이 하나 놓인 테이블을 보았다고 가정해 보자. 목이 말라 테이블로 다가가 병을 들어 올리려 했다. 그러나 놀랍게도 테이블과 병은 하나로 붙은 조형물이며, 원목 테이블과 물병처럼 보이도록 화가가 솜씨를 발휘한 조형 작품이었다. 자연 과학의 맥락에서도 마찬가지다. 이를테면 물은 분자로 이루어졌으며, 분자는 다시 원자로, 원자는 또 핵자(核子)로 이루어졌다. 그러니까 우리가 현실이라고 여기는 수많은 대상 영역 역시 환상에 지나지 않는 게 아닐까? 인간적인, 너무나도 인간적인 희망이 투영된 환상? 그렇다면 대체 어떤 근거로 현실이 수많은 대상 영역으로 이루어져 있다고 할 수 있을까? 우리가 현실이라고 고집하는 것은 인간의 부족한 인식과 착각 때문이 아닐까? 어쩌면 대상 영역이라는 것은 전혀 없고, 오로지 사실들의 유일한 총체만이 있는 게 아닐까?

이런 고찰은 몇 가지 진리를 표현하기는 하지만, 그럼에도 겉으로 드러나지 않는 일련의 오류를 담고 있다. 먼저 특정 조건 아래서, 전체를 그려 보는 세계관으로부터 대상 영역을 하나씩 지워 나가면 어떻게 될까 관찰해 보기로 하자. 나는 이런 작업을 존재론적 환원이라 부른다. 존재론적 환원이란 겉보기에는 대상 영역 같았던 게 장광설에 지나지 않는 〈언어 영역〉임을 밝혀내는 일이다. 한마디로 겉보기에는 진지하고 객관적인 토론 같지만 그저 허튼소리나 주워섬기는 장광설을 찾아보는 게 존재론적 환원이다. 이를테면 근대 초에 마녀 운운하며 빗자루를 타고 날아다니는 마녀를 잡으러 다닌 사냥꾼 이야기가 그런 허튼소리로, 존재론적 환원의 대상이다. 물론 당시 이런 마녀 사냥꾼을 다룬 이야기는 마녀라는 말이 되지 않는 이야기에 약간이나마 합리성을 가미하려는 시도의 결과물이기는 하다. 그러니까 이런 텍스트는 그것이 생겨난 역사적·심리적 정황을 조사해 볼 때에만 의미를 가진다.

결국 마녀 사냥꾼 이야기는 그저 역사의 기록일 뿐, 마녀의 정체를 알려 주는 지식을 담은 기록은 아니다. 그럼에도 이런 텍스트를 가지고 마녀에 대한 정보를 얻으려는 사람은 오류에 빠질 뿐이다. 차라리 『헨젤과 그레텔』을 읽는 게 더 나으리라. 동물과 식물 세계의 분류 역시 사정은 비슷하다. 생물학은 우리에게 고래는 어류가 아니며, 딸기는 장과(漿果) 식물이 아니라 견과류의 일종이라고 가르친다. 그러니까 우리가 알고 있는 〈세계〉 가운데는 오랫동안 터무니없이 잘못 알고 있었던 탓에 존재론적 환원의 대상이 되는 게 많기만 하다.

오늘날에 이르기까지 거의 5백 년에 가까운 세월 동안 이런 오류와 착각은 정확한 사실이 무엇인지 알아내는 일에서 우리로 하여금 과학에 의지하게 만들었다. 많은 대상 영역이 그저 공허한 말장난이나 헛소리에 불과한 언어 영역임이 밝혀지면서 존재론적 환원이라는 개념이 생겨났다. 〈환원〉은 말 그대로 되돌린다는 뜻이다. 존재론적 환원을 한다는 것은 어떤 대상 영역이 언어 영역은 아닌지 그 뿌리로 거슬러 올라가 그 기원이 객관적이지 않고 그저 역사적이며 사회 생태적이거나 심리적 우연에서 비롯되었음을 밝혀내고 허위로 되돌리는 일이다. 바로 그래서 우리는 많은 대상 영역에 오류 이론을 필요로 한다. 오류 이론이란 하나의 언어 영역에 숨어 있는 오류를 체계적으로 밝혀내, 이 오류를 빚어낸 잘못된 전제를 무효로 되돌리는 것이다.

존재론적 환원을 시도한다는 것은 그 학문이 자연 과학이든 인문학이든 사회 과학이든, 실체에 기반을 둔 학문 지식을 전제로 한다. 비스마르크 전기(傳記)는, 지구가 태양의 주위를 돌며 태양계 전체는 다시금 그 어떤 것을 중심으로 궤도를 돈다는 것을 증명해 낸 사람과 똑같이, 정치라는 대상 영역을 바라보는 우리의 관점을 획기적으로 바꾸어 놓았다.

구성주의

이 모든 논의가 다양한 대상 영역에 대해 남김없이 모두 존재론적 환원을 해야만 한다는 걸 뜻하는 것은 아니다. 단 하나의 대상 영역일지라도 학문적인 근거를 갖춰 존재론적 환원을 시도하려면 우리는 이미 특정한 학문 방법을 써야만 한다. 이런 방법을 쓴다는 것 자체가 대상 영역들 사이의 차별성을 인정하는 셈이다. 그러니까 다양한 대상 영역들이 존재한다고 미리 전제하고 들어가는 게 존재론적 환원이다. 모든 것을 단 하나의 유일한 영역으로 환원한다는 것은 한마디로 너무 지나친 야심이다. 이런 시도는 어떤 식으로든 현실의 복잡함을, 또는 인간 인식 형식의 복잡함을 감당해 낼 수 없다. 다시 말해서 모든 것을 단 하나의 유일한 영역으로 되돌리는 존재론적 환원은 기껏해야 학문적 게으름의 표현에 지나지 않는다.

실제로 인간은 상당히 많은 부분에서 오류와 착각에 빠져 살아간다. 우리는 자신의 무지함이 어느 정도인지조차 가늠하지 못한다. 대개의 경우 자신이 무얼 모르는지도 알지 못한다. 그렇지만 우리가 무지하다고 해서 모든 대상 영역이 그저 인간이 편리한 대로 지어내거나 이리저리 나눈 것이라는 결론은 나오지 않는다. 현실 그 자체가 독립적이고 단일하다는 결론은 알지 못하는 것을 두고 제멋대로 지어낸 가정에 지나지 않는다. 그래도 그런 논리를 펼치는 사람은 결국 그 단일한 현실이라는 가정조차 인간이 만들어 낸 것이라는 역설적 통찰에 이를 뿐이다. 이런 통찰이 바로 니체의 저 유명한 문장이 품은 속내다.

아니, 사실이라는 것은 없다. 그저 해석만 있을 따름이다. 우리는 사실 〈그 자체〉라는 것을 확인할 수 없다. 아마도 그것을 원하는 것 자체가 말이 되지 않는 소리이리라. 〈모든 것은 주관적이다〉라고 너희는 말했다. 그러나 그 말

역시 해석이다. 〈주관〉은 주어진 것이 아니라 덧붙여 날조된 것이자 그 배후에 숨은 어떤 것이다.[12]

이 인용문에 포함된 진술 대부분이 틀렸다. 니체가 이 문장에서 선보인 생각은 오늘날 모든 학문에서 당연한 듯 받아들이는, 익히 알려진 패러다임이다. 우리는 이 생각을 구성주의라고 부른다. 그러니까 내가 도입부에서 거리를 두었던 바로 그 구성주의에서 니체도 벗어나지 못했다. 나는 구성주의를 〈사실《그 자체》를 확인할 수 없〉으며, 모든 사실은 꾸며진 것이라는 주장을 전제로 하고 있다고 이해한다.

이런 전제가 옳다고 말해 주는 어떤 게 있다면, 우리가 벌이는 학문 연구라는 것이 실제로 실험 장비와 미디어, 이론들을 통해 (다소 정도의 차이는 있겠지만) 과학적 확신을 의식적으로 부풀린다는 점일 것이다. 실험을 하고 그 결과를 수학 공식으로 다듬거나, 개구리를 해부하거나, 입자 가속기로 아원자 입자를 관찰하거나, 설문 조사를 하거나, 박사 논문으로 괴테와 실러를 비교하거나, 비스마르크에서 바이마르 공화국의 종말에 이르는 사회보장법의 역사를 쓰거나 하는 다양한 연구 활동에서 연구자가 가지는 생각이 그 결과에 영향을 미치며 어느 정도 왜곡하기는 한다. 하지만 그렇다고 사실 그 자체를 부정하는 것은 너무 나간 이야기가 아닐까.

위의 모든 연구에서 우리는 그때그때 특정한 방법을 선택하고, 특정 전제로부터 출발한다. 여기서 전제와 방법과 물질의 선택을 기록한 것을 두고 우리는 레지스트리라고 부른다. 모든 학문 연구는 지식을 생산하기 위해 특정 레지스트리를 사용한다. 그리고 실제로 인간이 의도적으로 구성해 내지 않았다면 그처럼 많은 레지스트리는 존재할 수 없다.

현미경을 예로 들어 보자. 우리는 현미경을 이용해 페스트 병원균인 〈예르시니아 페스티스Yersinia pestis〉를 관찰한다. 여기서 현미경을 만드는 데 필요한 기술적이고 과학적인 노하우는 대단히 중요하며, 그다음 관찰 과정 역시 인간의 인지적 간섭 없이는 일어날 수 없다. 아무튼 현미경으로 관찰하는 세계 영역은 전혀 다르게도 관찰될 수 있다. 이를테면 그저 육안으로만 본다거나, 현미경에서 냄새를 맡을 수도 있으며, 박테리아가 들어 있는 액체를 두고 시를 쓸 수도 있다. 이처럼 방법을 달리할 때마다 나오는 결과는 동일한 게 전혀 아니다. 그런데 이로부터 구성주의자는 우리가 관찰한 것, 곧 사실 역시 구성된 것이라는 결론을 내린다. 이런 결론은 완전히 잘못된 것이다. 구성주의는 우리가 동일한 것을 다양한 방식으로 관찰하고 이 관찰 결과의 많은 것을 참으로 받아들인다고 해서 우리가 사실 그 자체를 아는 게 아니라, 레지스트리의 도움으로 찾아낸 사실들만을 아는 것이라고 전제한다. 그러나 단지 레지스트리를 썼다고 해서 그렇게 찾아진 것만 사실이라는 결론은 나오지 않는다.

구성주의에 특히 물들어 있는 쪽은 해석을 위주로 하는 인문학이다. 인문학은 문화적 사건들 그리고 언제나 인간적이고 사회적이며 역사적으로 생겨난 구성물을 다루기 때문이다. 이를테면 횔덜린 시의 해석은 그 자체가 다시 해석(구조, 심리, 혹은 해석학적 분석 등)의 대상이 된다. 그러나 구성주의는 문화적 산물의 해석 영역에서만 널리 퍼진 게 아니다. 구성주의는, 오직 세계 모델을 만들어 낼 뿐 있는 그대로의 세계를 인식하지 못한다고 자연 과학을 비난하는 경우에도 나타난다. 그러나 이런 비난은 적절하지 못한 겸손, 곧 사실을 알 수 없다는 겸손에서 비롯되었을 뿐만 아니라, 명백히 오류다. 그리고 이런 오류는 쉽사리 찾아내 제거할 수 있다.

마침 우리가 열차 안에 앉아 탑승하는 승객들을 보고 있다고 가정해 보자. 이 경우에 〈사실〉은 승객이 열차에 탑승한다는 것이다. 가능하기는 하지만 틀림없이 예외에 해당하는 시각적 환상에 사로잡히지 않았다고 한다면, 우리의 레지스트리(우리의 눈)는 사실의 적확한 그림을 보여 준다. 이렇게 인식된 사실은 그 자체로 존재한다.

이 맥락을 풀어 보면, 승객은 열차 안의 그 누가 자신을 관찰하지 않더라도 열차에 올라탄다. 마찬가지로 괴테의 파우스트 역시 어떤 독문학자가 이 작품을 읽지 않는다 할지라도 그레첸에게 사랑을 느낀다. 프루스트의 『잃어버린 시간을 찾아서』에 등장하는 〈알베르틴 시모네Albertine Simonet〉라는 이름의 인물은 화가 모네의 인상주의를 문학으로 담아내려 한 복잡한 시도다. 비교 문학의 기초 과정에서 이 문제를 다루든 말든 프루스트의 시도는 빛을 발한다.

프루스트가 소설에서 모네와 비교하려고 지어낸 〈엘스티르Elstir〉라는 이름의 화가 역시 마찬가지다. 인류가 언젠가 모네를 잊어버린다 할지라도, 모네가 프루스트처럼 파리에서 생활한 반면, 엘스티르는 오로지 프루스트와 우리의 상상 속에서만 존재한다는 사실엔 변함이 없다. 토마스 만의 소설 『베네치아에서의 죽음Der Tod in Venedig』에서 주인공 구스타프 폰 아센바흐를 환영에 빠뜨린 게 어떤 인물인지 혹은 무슨 사건인지 의문을 품을 수는 있다. 그러나 아센바흐가 감지하는 모든 게 환영이며, 그는 실제로 함부르크의 자기 집에 앉아 너무 많은 〈엘에스디 LSD〉를 취했을 뿐이라고 한다면, 소설을 올바로 해석했다고 할 수 없다.

우리가 흔히 〈허구적〉이라고 여기는 소설이나 영화도

대개는 사실과 허구의 혼합이다. 또 소설 속의 등장인물이 상상을 즐기기도 한다. 안정적으로 여겨지는 〈허구〉와 〈현실〉의 경계를 예술 작품은 교묘하게 넘나들며 우리의 상상력을 자극하기도 한다. 이른바 페이크 다큐멘터리*라 불리는 「오피스The Office」나 「팍스 앤드 레크리에이션 Parks and Recreation」이 그 좋은 예다. 「인셉션」과 같은 영화도 마찬가지로 〈허구〉와 〈현실〉의 경계를 허문다. 「인셉션」은 우리를 꿈의 세상으로 데리고 가서 그곳을 현실이라고 여기게 만드는 과정을 다룬다. 그리고 이런 방식으로, 영화란 시각화되고 생기를 얻은 꿈의 세계라는 주제를 관객에게 선보인다.

　우리가 일반적으로 무언가를 인식한다고 할 때, 우리가 인식하는 것은 바로 사실이다. 이 사실은 대개 사실 그 자체, 곧 우리가 없이도 성립하는 사실이다. 오늘날 널리 퍼진 구성주의의 변형은 뇌 연구에 기초한 것이다. 인간이 지각하는 다채로운 4차원 현실이 뇌가 빚어낸 구성물 혹은 구성이라는 이야기는 우리가 흔히 읽고 듣는 것이다. 실제로 존재하는 것은 오로지 물리 입자 혹은 그 어떤 〈기괴한〉 현상, 이를테면 4차원 공간에서 진동하는 끈이라거나, 어떤 법칙에 따라 아원자 입자가 무색의 고체로 응축

---

* 소설과 같은 사건이나 상황을 기반으로 허구의 상황을 실제처럼 보이게 하는 다큐멘터리 형식의 드라마. 〈모큐멘터리mockumentary〉라고도 한다.

되어 거기에 광자가 충돌하는 것이라는 식의 기괴한 이야기가 떠돈다(물론 이런 식으로 설명하면 좀 덜 기괴하게 여겨지기는 한다). 우리의 신경 세포와 접촉해 생겨나는 자극을 뇌가 무의식적으로 일종의 쌍방 소통 동영상으로 바꾸어 내는 게 우리가 집단적으로 보는 환영이라는 설명이다.

이런 〈비전〉은 마치 할리우드의 공상 과학 영화를 보는 것 같은 화려함을 우리 인생에 불어넣어 주는 탓에 매우 자극적이다. 그러니까 광활한 사막의 모래알 하나보다도 못한 지구라는 작은 별에서 일하고, 생각하며, 살아가는 동물의 시무함을 잊게 해준다고나 할까? 두뇌 혹은 신경 구성주의는 진부하기 짝이 없는 일상에서 사느니, 이를테면 데이비드 크로넨버그의 「비디오드롬Videodrome」**과 같은 공포 영화를 자신의 현실이라 여기고 싶은 사람들을 위한 현대판 혹은 포스트 현대판 동화다.

신경 구성주의를 보다 더 면밀하게 살펴보면, 우리가 뇌를 가졌다는 것, 입자와 흥미로운 사변 물리학 이론이 있다는 것 외에 별다른 내용을 담고 있지 않았다는 점을 확인하게 된다. 우리가 뇌로 관찰하는 모든 것은 현실과 아무런 관련을 가지지 않는다. 현실은 11차원에서 운동하는

** 환상과 욕구 불만을 비디오로 해소하고자 하는 현대인의 현실을 그린 영화. 1983년에 발표되었다.

끈의 진동에 지나지 않기 때문이다. 우리 뇌를 두고도 신경 구성주의는 마찬가지 이야기를 한다. 신경 구성주의가 그 주장에 알맞게 일관된 태도를 보이려면, 우리는 도대체 뇌라는 것을 가지지 않는다고 해야 맞다. 우리의 다채로운 4차원 환경은 몸 안에서 일어나는 일종의 시뮬레이션, 곧 어느 모로 보나 뇌 없이 신경 작용으로만 이뤄지는 시뮬레이션에 불과하다는 게 신경 구성주의의 논지다. 신경 구성주의를 말 그대로 받아들인다면, 오히려 우리는 안심해도 좋다. 그 논리대로라면 신경 구성주의라는 것 자체가 없기 때문이다. 그것은 그저 이론의 시뮬레이션일 뿐, 진리를 담아낼 몸을 가지지 않았다(그 자체로 진리가 아니다!).

구성주의가 일반적으로 안고 있는 근본 오류는 사실 그 자체를 인식하는 게 전혀 문제되지 않는다는 점을 애써 외면하는 탓에 생겨난다. 열차에서 내 옆자리에 앉은 사람은 나와 똑같이 열차에 탑승하는 승객들을 알아본다. 내가 보든 옆 사람이 보든, 그 차이는 이 사실에 하등의 영향을 주지 않는다. 구성이라고 하는 것은 기껏해야 인식 과정에서 일어나는 일일 뿐, 사실 그 자체에서 차지하는 비중은 크지 않다. 물론 옆자리 승객이든 나든 우리가 뇌나 감각 기관을 가지지 않았다면 탑승하는 승객들을 알아볼 수 없다. 그러나 우리의 인식 과정에 구성이 끼어들며, 그 과정이 몇몇 구성주의에 의해 적절하게 재구성된다고 할지라도(물론 나는 이 주장도 의심한다), 이게 사실이 없다는 증명은 아니다.

정확히 말해서 인식 과정을 좌우하는 조건은 대개의 경우 인식된 것, 곧 인식 대상 자체가 가지는 조건과 다르다. 내가 창밖을 내다보며 눈을 감지 않는다는 것은 승객이 열차에 탑승하는 것을 보는 조건이다. 반대로 열차가 멈추어 서서 문을 여는 것은 승객이 열차에 탑승하는 조건이다. 내가 두 눈으로 본다고 해서 승객이 탑승하는 게 아니라 승객이 탑승하기 때문에 내가 보는 것이다. 다시 말해 승객은 내 의식이나 뇌로 올라오는 게 아니라, 열차에 올라탈 따름이다.

구성주의는 많은 경우 해석이 요구되는 대상(천문학의 이미지, 문학 텍스트, 피아노 소나타)은 열차 승강장의 일상보다 훨씬 더 복잡하다고 주장한다. 그러나 승강장의 일상이라고 해서 겉보기처럼 간단한 것은 아니다. 지구 상의 다른 어떤 동물도 승객이 탑승한다는 것을 알지 못한다. 동물에게는 열차나 승객이라는 개념이 없기 때문이다. 열차 안에 있는 내 개가 승강장에서 열차에 오르려 문을 여는 나를 보면 반가운 나머지 꼬리를 흔들 것이다. 그렇지만 개가 나의 탑승 사실을 인지해서 꼬리를 흔드는 것은 아니다. 손을 흔드는 나를 보며 이제 곧 주인이 자기 옆에 있어 주겠구나 여길 뿐, 열차가 역으로 진입한다고 아는 것이 아니다(물론 열차의 운동이 멈추었다는 것을 느끼기는 할 것이다).

결론적으로, 사실이 존재하느냐 하는 물음에서 우리가 이 사실을 알아볼 수 있는지, 혹은 알아본다면 어느 정도일지 하는 물음은 전혀 중요한 게 아니다. 물론 사실의 개념과 인식의 개념이 다양한 방식으로 맞물리기는 한다. 그렇더라도 이처럼 맞물린 맥락의 분석이 사실들이 아니라 해석들만 있다는 결론을 이끌어 내지는 못한다. 이런 결론은 단적으로 잘못이다. 그러니까 분석이 어딘가에서 오류를 저질러 그 같은 결론이 나온 게 틀림없다.[13]

철학자와 물리학자

세계 자체는 영역들로 나뉜다. 자체로는 나눠져 있지 않은 세계를 우리만 분류한다고 가정하면, 이는 마치 도서관에 책은 없고 오로지 단 하나의 텍스트만 있다고 말하는 것과 같다. 〈세계는 어떤 영역들로 성립하는가〉 이 물음에 답을 할 수 있는 유일한 수단은 경험과 학문이다. 바로 이 물음의 답을 우리는 끊임없이 찾고 있으며, 흔히 착각에 빠지기는 하지만 올바른 답을 찾을 때가 더 많다.

이제 세계가 무엇인가 하는 물음의 답을 찾을 최선의 준비는 끝났다. 세계는 사물들의 총체도, 사실들의 총체도 아니다. 오히려 세계는 존재하는 모든 영역이 등장하는 영역이다. 존재하는 모든 영역은 세계에 속한다. 그러니까 세계는 마르틴 하이데거가 정확히 표현했듯 〈모든 영역의 영역〉이다.[14]

내가 앞으로 제시할 테지만, 세계 개념의 철학사는 하이데거로 끝난 게 아니다. 하이데거 역시 자신의 세계 개념으로 어떤 결론이 도출되며, 어떻게 이 결론의 근거를 제시할 수 있을지 암시를 주는 선에서 그치고 말았기 때문이다. 세계와 이 세계의 존재하지 않음을 인식하고자 하는 우리에게 하이데거가 본래 무엇을 계획했는가 하는 물음은 별 의미가 없다. 그럼에도 세계가 모든 영역의 영역이라는 통찰이 하이데거 덕분에 주어진 것은 틀림없다(이로써 우리는 친근한 목례와 함께 하이데거와 작별한다).

아마도 도발로 이해해야 하는 최근 논평에서 (그리고 모른다는 창피한 고백을 피하려는 속셈으로) 지성인으로 과대평가되는 스티븐 호킹은 이런 말을 했다.

인간은 때로는 좋지만 또 때로는 잔혹하기만 한 거대한 세계에서 측량할 길이 없는 하늘 아래 살아가는 탓에 예로부터 무수한 물음을 품어 왔다. 우리가 살아가는 세계를 대체 어떻게 이해해야 할까? 우주는 도대체 어떻게 이루어졌을까? 현실의 본질은 무엇일까? 모든 것은 대체 어디서

왔을까? 우주는 창조주를 필요로 할까? 우리 가운데 대다수는 이런 물음들로 너무 많은 시간을 허비하지는 않지만, 한 번쯤은 이런 문제를 생각해 보기도 한다. 전통적으로 이런 문제를 다루어야 할 사람은 철학자이지만, 철학은 죽었다. 철학은 자연 과학, 특히 물리학의 최신 발달과 보조를 맞추지 못한다. 이제 발견으로 인식의 모색을 추진해야만 하는 사람은 자연 과학자다.[15]

호킹은 세계, 곧 전체, 전체성 혹은 우리가 속하는 총체성을 우주와 동일시한다. 철학은 이미 오래전부터(늦어도 플라톤과 아리스토텔레스 이후) 물리학의 대상 영역이라는 의미에서의 〈우주〉와 우리 현대인이 〈세계〉라 부르는 것을 구분해 왔다. 그리고 우리는 이미 우주가 존재론의 지역 가운데 하나라는 점을 안다. 물리학자인 호킹은 주변의 모든 것이 물리학인 통에 우주를 존재론적 지역이라고 부르는 게 영 마음에 들지 않는 모양이다.

물론 세계 개념을 충분히 발전시키지 못했다는 점에서 철학에 비난의 손가락질은 할 수 있다. 사정이 이렇게 되어 버린 원인은 철학자들이 근대 이후 오랫동안 자연 과학에 위축되어 온 데서 찾을 수 있다. 현대 철학자 가운데 특히 이렇게 위축된 사람은 위르겐 하버마스다. 하버마스는 칸트의 세계 개념의 몇몇 변형을 고스란히 받아들였다. 요컨대 칸트와 하버마스는 세계란 일종의 〈규제적 이념〉이라고 말한다. 이는 곧 우리가 일단 세계 전체를 전제하고, 우리가 경험하고 인식하는 모든 것을 세계 전체의 단면으로 이해해야 한다는 뜻이다. 이런 방식으로 우리는 모순이 없는 통일성을 갖춘 세계관을 보장받을 수 있다. 이렇게 바라본 세계는 일종의 통일체이며, 그 단면을 우리가 대표하기 때문이다. 그런데 세계 자체는 세계 안에서 단면으로 등장하지 않는다. 오히려 세계는 단면을 이해할 수 있도록 전제가 된 이념일 뿐이다. 하버마스 자신은 이런 세계 개념을 명확하게 〈형식적 세계 질서〉[16]라고 불렀다. 그리고 궁극적으로 이런 세계 개념을 항상 의사소통의 실천에 의해 실현되는 세계 인식과 결부시켰다.

다양한 언어의 〈세계관〉 사이에서 〈중간에 자리 잡은 영역〉은 현실을 함께 관찰하는 공통의 시선이다. 이런 공통의 시선은 의미 있는 대화를 나누기 위한 필수 조건이다. 대화 상대자에게 현실이라는 개념은 〈인식 가능한 모든 것의 총체〉라는 규제적인 이념과 결합한다.[17]

다른 대목에서 하버마스는 〈대상들의 총체성〉[18]이라는 표현을 쓴다. 우리는 이미 이게 잘못된 세계 개념이라는 것을 안다. 하버마스는 안타깝게도 언어 분석이나 담론

분석이라는 작은 영역을 철학의 과제로 예약해 두고, 현실 인식의 나머지를 자연 과학과 사회 과학에게 넘겨주었다. 하버마스는 자신의 이런 태도를 〈약한 자연주의〉[19]라 부르며 마치 자연 과학에 양보해 주는 것 같은 모양새를 취했다. 그러나 이로써 하버마스는 자신의 세계 개념이 가지는 근거가 무엇인지 밝히는 일에 소홀했다. 그가 가진 일차적인 관심은 사회라는 전적으로 자연으로 되돌릴 수 없는 영역을 철학의 분석 영역으로 방어하는 일이었기 때문이다. 그러나 우리는 이미 세계가 〈대상들의 총체성〉이라거나 〈사물들의 총체〉라는 논제가 잘못되었음을 확인했다. 세계가 대상들의 총체성이고 그 이상은 아니라면, 〈사실들〉은 존재하지 않는다.

하버마스가 쓰는 다른 정의, 이를테면 〈인식 가능한 모든 것의 총체〉 역시 별 도움이 되지 않기는 마찬가지다. 사실이라고 해서 모두 인식 가능하지는 않으며, 어쨌거나 인간은 모든 사실을 인식할 수는 없기 때문이다. 블랙홀의 안쪽이 그 좋은 예다. 블랙홀에 가까이 갈수록 잡아당기는 힘이 강해져 우리는 블랙홀 안에서 무슨 일이 일어나는지 확인하기 힘들다(그 안에서 도대체 무슨 일이 일어난다면). 그렇다고 해서 블랙홀 내부에 그 어떤 사실도 없다는 결론은 나오지 않는다. 그저 그 사실들을 우리가 이해할 수 있는 방식으로는 알 수 없다는 결론만 나온다.

또 다른 예는 이른바 〈탈피 대상〉이라고 하는 것이다. 탈피 대상이란 우리가 이 대상을 관찰하려 할 때마다 사라지는 것을 말한다.[20] 이를테면 달의 뒤쪽에 우리가 알지 못하는 물질로 이루어진 분홍빛 코끼리가 숨어 있다고 가정해 보자. 달의 뒷면을 어떻게든 관찰하는 데 성공할 때마다 코끼리는 광속의 속도로 다른 곳으로 이동하거나 달의 분화구로 위장해 우리의 시야로부터 탈피해 버린다. 좀 동화 같은 이야기지만 이게 바로 그 유명한 하이젠베르크의 불확정성 원리가 말하는 핵심이다.

불확정성 원리는 우리가 관찰하고자 하는 입자의 몇몇 속성이 바로 탈피 대상임을 말해 준다. 다시 말해서 입자의 속도를 측정하게 되면 입자의 다른 속성이 변해 버려, 그 모든 특성을 동시에 임의적으로 정확하게 측정하는 게 불가능해진다. 이것은 간단히 말해서 모든 관찰(우리의 감각 기관을 통한 관찰 역시)과 모든 측정 과정 자체가 물리적 환경에 간섭을 일으킨다는 뜻이다. 이런 간섭 탓에 입자의 모든 속성은 정확히 측정되지 않는다.

비교적 대략적으로 다뤘고, 더욱 정밀하게 다듬을 필요는 있지만, 이와 같은 이유로 하버마스의 세계 개념이 잘못되었다는 걸 증명할 수 있다. 호킹은 철학이 무슨 문제를 다루는지 잘 몰라 철학을 과소평가한 반면, 하버마스는 과학의 연구 성과에 서둘러 반론을 제기할 자신이 없었던 나머지 너무 겸손하고 신중하게 처신했다. 그 결과 하버마스는 자연 과학을 터무니없이 과대평가하고 과학이 감당할 수 없는 문제까지 떠넘겼다. 과학과 이성과 계몽에 의존하는 게 원칙적으로 추천할 만한 태도라 할지라도, 철학이라는 학문을 근거도 없이 끄집어 내리는 일이 일어나서는 곤란하다. 철학도 다른 학문과 마찬가지로 발전과 퇴보를 거듭한다. 철학이 이룩한 위대한 발전은 세계 개념을 보다 더 낫게 개선해 낸 것이다. 하버마스는 이런 개선을 충분히 고려하지 않았으며, 호킹은 이런 이야기를 들어 본 적조차 없었다.[21]

끝으로 제1장에서 살펴본 가장 중요한 다섯 가지 성과를 정리해 보자.

1. 우주는 물리학의 대상 영역이다.
2. 대상 영역은 숱하게 많다.
3. 우주는 수많은 대상 영역 가운데 하나이며(대단히 인상적으로 크다고 할지라도), 존재론의 지역이다.
4. 많은 대상 영역이 언어 영역이기도 하다. 심지어 몇몇 대상 영역은 오로지 언어 영역일 뿐이다.
5. 세계는 대상들이나 사물들의 총체도, 사실들의 총체도 아니다. 세계는 모든 영역의 영역이다.

2장

존재란 무엇인가?

우리는 앞서 땅강아지, 지자체 선거, 우주, 거실 등등 지극히 다양한 사물과 대상 영역이 있음을 살펴보았다. 그 밖에 사물, 대상 영역 그리고 사실이 무엇인지 그 개념을 정리해 보았다. 이제부터 우리는 의미장이 무엇인지 살펴보기로 하자. 나는 의미장이 존재론의 기본 단위, 그러니까 무엇인가 우리에게 나타나는 장소임을 논증해 보이고자 한다. 먼저 존재란 무엇인가 하는 물음의 답부터 제시하겠다. 존재란 한마디로 무엇인가 하나의 의미장에 나타나는 정황을 이른다.

이런 생각은 다시 쉽사리 그림처럼 그려 볼 수 있다. 그냥 초원에서 한가로이 풀을 뜯는 코뿔소 한 마리를 생각해 보자. 이 코뿔소는 존재한다. 그리고 초원 위에 있다. 초원 위에 서 있다는 것, 그리고 초원이라는 의미장에 속한다는 정황이 코뿔소의 존재다. 그러니까 존재는 단순히 세계 안에서의 일반적인 나타남일 뿐 아니라, 그 해당 영역에서의 나타남이다. 왜 이 영역이 의미장이며, 이게 무엇을 뜻하는지 지금부터 살펴보기로 하자.

일단 존재론으로 돌아와 보자. 나는 존재론을 무엇이 존재이며, 〈존재〉라는 표현이 무얼 뜻하는지 하는 물음의 체계적인 답변으로 이해한다. 그러니까 존재론은 형이상학과 다르다. 형이상학은 무엇이 세계이며, 〈세계〉라는 표현이 무얼 뜻하는지 하는 물음의 체계적 답변이다. 형이상학은 세계의 존재를 전제한다.

우선 존재론부터 시작해 보자. 나는 답변이 〈체계적〉이어야만 한다고 말했다. 〈체계적〉이어야 한다는 요구는 우리가 주장하는 명제와 이를 근거해 주는 생각이 서로 맞물려 하나의 이론이라는 유일한 생각의 집을 이루어야 한다는 뜻이다. 존재론이 다른 학문과 보이는 차이는 존재론이 다루는 재료가 우리의 분석 대상인 개념들로 이루어진다는 점이다. 이 분석의 성공 여부는 아주 많은 요소들에 달려 있다. 특히 존재론은 우리의 현실 경험과 밀접한 관계를 잃지 않아야만 한다. 우리의 경험과 일치하지 않는 주장이 나온다면 이 이론은 오류로 빚어진 게 분명하다. 우리가 지금 원하는 것은 어떤 것이 존재한다는 게 무슨 뜻인지 알아내고자 하는 것이다. 따라서 존재하는 게 분명한 것을 있지 않다고 배제해 버리는 설명이 나온다면,

우리는 뭐가 어긋났는지 고민해야만 한다.

어떤 존재론 철학자는 운동하는 것은 없다거나, 시간의 흐름은 환상일 뿐이라고 주장한다. 또는 과거나 미래는 존재하지 않으며, 오로지 현재만 있다는(그리고 이 현재라는 것도 불안하게만 존재한다) 주장을 펼치기도 한다. 다른 이들은 우리의 세계와 더불어 무수히 많은 가능한 세계들, 그러나 우리가 물리적으로 접촉할 수는 없는 세계들이 존재한다고 여긴다. 이런 모든 기묘한 주장은 단적으로 잘못된 존재론 탓에 빚어진 것이다. 누군가 자신의 존재론을 다듬으면서 시간은 흐르지 않는다는 생각을 진지하게 한다면, 뭔가 잘못된 게 틀림없다. 내가 확실히 보장하건대 이 글을 쓰는 동안 상당히 많은 운동이 일어났다. 내 손가락, 마우스, 커서, 내 눈동자, 내 두뇌의 부분들, 나의 근육, 심장 혹은 내가 앉아 여행을 했던 열차는 모두 바삐 움직였다. 존재론의 첫걸음을 떼면서 우리는 특히 신중해야만 한다. 지나친 비약을 감행하는 일은 반드시 피해야 한다.

그래서 아주 간단한 관찰로 시작해 보자! 우리가 상대하는 모든 대상은 특정한 속성을 가진다. 내가 키우는 개는 다리가 (다행히도) 네 개이며, 흰 털과 갈색 털 사이에 회색이 섞인 털을 가졌으며, 〈하바나〉라는 이름(이야기하자면 길다)을 가졌고, 나보다 작으며, 요구르트를 좋아하고, 특정한 유전자 코드를 가졌다. 이와 달리 사자 레오(이놈이 존재한다면)는 남아프리카에 살고, 강력한 송곳니를 가졌으며, 나의 개를 한입에 먹어 치울 수 있고, 다른 유전자 코드를 가졌으며, 목욕이라고는 절대 하지 않는다(당신도 한 번 시도해 보라!). 하바나와 레오 외에도 전혀 다른 특성을 가지는 수많은 대상이 있다. 블랙홀, 데이비드 린치의 영화, 초겨울의 서글픈 생각과 피타고라스 정리 등 대상은 헤아릴 수도 없이 많다. 이 모든 대상은 그들의 물리적·감정적·논리적인 환경에서 다른 대상과 전혀 다른 특정한 속성을 가진다.

또는 이렇게도 말할 수 있다. 대상과 대상 영역을 서로 구분 짓는 것은 그 각각의 것이 가지는 특성이다. 자연수라는 대상 영역이 레오와 다른 점은, 자연수는 생명체가 아니며, 레오의 이빨과는 비교도 될 수 없을 정도로 많은 숫자들을 포함하고 있고, 다양한 수학 체계를 참인 명제로 기술할 수 있다는 것이다. 또 초겨울의 서글픈 생각도 그 특성은 자연수의 그것과 확연히 다르다. 물론 나는 초등학생이 자연수 때문에 초겨울에 서글픈 생각을 가질 수 있다는 점을 배제하지 않는다.

특성은 세계의 대상들을 세계의 몇몇 다른 대상과 구분해 준다. 이러한 사실은 당장에 최소한 두 가지 철학적 물음을 떠올리게 한다. 이 두 질문은 내 고찰의 심장부를 이룬다.

1. 존재하는 모든 특성을 가지는 하나의 대상이 있을까?
2. 대상은 남김없이 모든 다른 대상과 구분될까?

이 두 질문에 나는 〈아니다〉라고 답한다. 이로써 나는 세계가 존재하지 않는다는 결론을 이끌어내고자 한다. 왜냐하면, 첫째로 세계는 모든 특성을 가지는 대상이고, 둘째로 세계 안에서 모든 대상은 모든 다른 대상과 구분되어야 하기 때문이다.

단계적이고 체계적으로 이 문제를 다루어 보자. 첫 번째 물음부터 시작하기로 한다.

슈퍼 대상

대상은 우리가 진리 능력을 가진 생각으로 검토할 수 있는 것이다. 내가 이 말에 담은 의도는 이렇다. 진리 능력을 가진 생각은 참이거나 거짓이다. 생각이라고 해서 모두 진리 능력을 갖고 있는 건 아니다. 예를 들어 보자.

응, 그래서?

〈응, 그래서?〉 하는 생각은 진리 능력을 갖지 못한다.

이 생각은 참도 거짓도 아니기 때문이다. 그러나 아래의
생각은 전혀 다르다.

룩셈부르크에는 대량 살상 무기가 있다.

이 생각은 특정 시점에서 분명 참이거나 거짓이다. 나는
이 생각을 보는 순간 본능적으로 거짓이라고 여기지만, 내
가 틀릴 수도 있음은 인정한다. 그 밖에 진리 능력을 가지
지 않는 생각은 많기만 하다. 다음 예를 보자.

중얼중얼, 중얼중얼.

또 이런 것은 어떤가?

스웨덴 스웨터 산등성이.

우리의 의식에 떠오르는 많은 생각은 턱없이 완성도가
부족한 형성물이다. 많은 경우 우리는 한 가지 생각을 떠
올리기 무섭게 다른 생각으로 건너가곤 한다. 그러니까
첫 번째 생각이 진리 능력을 갖추기도 전에 성급하게 다른
생각으로 건너뛴다. 우리는 분명 늘 완전하고 잘 정리되어
있으며, 심지어 이론적으로도 손색 없는 문장으로 생각하

는 게 아니다. 그럼에도 다음의 차이는 반드시 주목할 만하다.

지금 런던에 비가 내린다.

이 생각은 진리 능력을 가진다. 아주 간단하게 확인해볼 수 있는 생각이다. 인터넷에서 런던의 날씨를 검색해보거나, 더 확실히 하고자 런던에 사는 누군가에게 전화를 걸어 지금 비가 내리는지 물어볼 수 있다. 그렇다면 다음 생각은 어떨까?

우주의 성단 개수는 정확히 3백만 년 전에 홀수였다.

이것도 진리 능력을 가지기는 하지만 확인하기 매우 어렵거나 심지어 전혀 검증할 수 없다. 인간이 검증할 수 있는 생각의 범위는 대상들의 범위보다 훨씬 더 작다. 우리가 검증할 수 있는 생각의 범위는 말하자면 커다란 숲 어딘가에 밝게 드러난 빈터와 같다. 〈숲속의 빈터〉라는 유명한 비유를 쓴 하이데거의 의도는 바로 이 검증 가능한 진리 능력을 염두에 둔 것이다. 우리는 규모를 가늠하기조차 힘든 커다란 숲의 어딘가에 생긴 빈터, 혹은 어마어마한 정글에서 동전만 한 하늘을 볼 수 있는 빈터에 서 있다.

인간 인식의 불빛이 비추는 곳은 전체에 견주어 보면 보잘것없이 작다. 그곳이 인간에게는 대단히 중요할지라도 말이다. 정글의 빈터 바깥에 있는 모든 것을 무시하고 알 수 있는 것에만 주목해 보자. 우리가 어떤 대상을 인식했다고 하는 것은 그 대상의 몇몇 특성을 헤아려 볼 줄 알게 되었다는 뜻이다. 이 특성으로 대상은 다른 대상들을 비집고 나와 우뚝 선다. 말이 나온 김에 〈존재〉라는 단어의 역사를 살펴보면 흥미로운 사실을 확인할 수 있다. 〈존재 Existenz〉라는 단어는 라틴어에서 온 것이다(고대 그리스 이전 시기에도 이 말이 있었다). 〈존재하다existere〉라는 동사는 〈발생하다, 돌출하다〉라는 뜻이다. 글자 그대로 옮겨 본다면, 〈비집고 나옴〉, 〈두드러져 나옴〉 혹은 〈우뚝 섬〉이라고 할 수 있다. 그러니까 존재하는 것은 두드러져 나옴이며, 그 특성으로 다른 대상들과의 차이를 드러낸다.

우리가 어떤 대상의 특성을 남김없이 모두 알아냈다면, 이 대상 전체를 안다고 말할 수 있다. 이미 우리가 이 대상의 모든 속성을 알기 때문에, 이 대상은 그 속성들 외에 다른 어떤 특수함을 가지지 못할 것이다. 나는 나의 모든 특성이다. 역시 당신은 당신의 모든 특성이다. 하물며 내가 이 모든 특성을 지닌 실체라 하더라도, 실체라는 것 역시 나의 특성 가운데 하나일 따름이다.

가능한 모든 특성을 가진 대상은 존재할 수 없다. 우리가 앞으로 슈퍼 대상이라 부를 이 대상은 많은 다른 대상들 사이에서 두드러져 나올 수 없다. 이게 존재할 수 없는 근거는 쉽사리 간파할 수 있다. 슈퍼 대상은 다른 모든 대상을 자신 안에 가진다. 다시 말해 모든 다른 대상을 포괄한다. 바로 그래서 슈퍼 대상은 다른 대상들에서 두드러져 나올 수 없다. 각각의 대상은 그때그때 유한하고 한정된 속성들의 집합으로 설명된다. 우리 집 개는 다리가 네개이며, 희고 갈색에 회색의 털을 가졌으며, 특정 크기의 체구를 자랑한다. 그러나 우리 개가 배트맨은 아니다. 다른 모든 것과 그 어떤 점으로도 구분되지 않는 것, 그래서 오로지 자기 자신하고만 동일한 것은 존재할 수 없다. 그런 것은 두드러져 나올 수 없기 때문이다.

일원론, 이원론, 다원론

하나의 슈퍼 대상이 존재하리라는 발상은 누천년 이래 상당히 널리 퍼져 왔다. 현대 철학에서도 이 발상은 많은 추종자를 거느렸다. 이를테면 미국의 철학자 테렌스 호건은 과학 영화의 고전 「더 블로브The Blob」(1958)와 그 리메이크 작품인 1988년의 「우주 생명체 블로브」에 빗대어 슈퍼 대상을 〈블로브젝트Blobject〉라고 불렀다.[22] 그가 제시한 블로브젝티비즘은 오로지 모든 것을 포괄하는 단 하나의 대상 영역만 존재한다는 주장으로, 이 대상 영역 자체가 하나의 대상이라고 전제한다. 이 모델에서는 모든 특성이 그 자체로 우리의 형이상학적 응시 대상이 될 수 있는 유일한 영역으로 통합된다. 이제 이 영역을 이런 모든 특성의 담지자로 이해하고 슈퍼 대상을 끌어들인 게 블로브젝티비즘이다.

철학은 속성을 가지는 근본 바탕을 실체라고 부른다. 실체 개념을 말하면서 일상용어에서 쓰는 〈물질〉이라는 의미의 구체적인 물질적 실체를 떠올려서는 안 된다. 실체는 의미 단위의 개체, 곧 물질적이든 정신적이든 의미의 존재자를 가리키기 때문이다. 데카르트, 라이프니츠, 스피노자 등 근대 이후 등장한 위대한 형이상학자들은 도대체 얼마나 많은 실체가 있는가 하는 물음을 두고 논쟁을 벌여 왔다. 서로 경쟁을 벌이며 격렬한 논란을 불러일으킨 세 가지 논제는 각기 추종자를 거느리고 있다.

1. 일원론(스피노자): 오로지 단 하나의 실체, 곧 슈퍼 대상만 존재한다.

2. 이원론(데카르트): 두 가지 실체가 존재한다. 사유 실체 substantia cogitans와 물질인 연장 실체substantia extensa 가 그것이다. 이원론의 신봉자는 인간의 정신이 육체와는 전혀 다른 종류의 것이라고 믿는다. 심지어 몇몇 추종자는 사유 실체가 연장 실체와 무관하게 독

립적으로 존재한다고 주장한다. 반면, 다른 추종자는 불멸의 사유 실체란 없으며, 서로 다르기는 하지만 연관을 맺는 실체들이 있다고 여긴다.

3. 다원론(라이프니츠): 무수한 실체가 존재한다. 라이프니츠 이래 다원론은 정확히 말해 심지어 무한히 많은 실체들을 상정하기도 한다. 라이프니츠 자신은 실체를 〈모나드monad〉라고 불렀다. 하나의 모나드는 다른 실체들과 완전히 무관하며, 특정한 성질, 그러나 제한된 수의 특성을 가지는 자립적인 대상이다.

나 자신은 일종의 다원론을 지지한다. 나는 일원론도 이원론도 잘못으로 증명될 수 있다고 확신한다. 일원론은 늦어도 다음 장에서 분명해질 〈세계는 존재하지 않는다〉는 증명으로 반박된다. 이원론은 훨씬 더 쉽게 반박된다. 이원론은 표면적으로만 보아도 말이 되지 않는 소리이기 때문이다. 두 개의 실체를 전제한다면, 두 개 이상이 아니라는 것은 어떻게 아는가? 왜 스물두 개가 아니고 두 개인가?

대체 얼마나 많은 실체가 존재하느냐는 물음은 일견 보기보다 훨씬 흥미롭다. 예를 들어 설명해 보자. 핸드백과 악어는 개별적인 대상이다. 그런데 이 대상은 다시금 다른 대상으로 이루어진다. 이를테면 악어 핸드백은 악어 가죽으로 이루어진다. 악어 역시 드문 일일 테지만 부분적으로 핸드백으로 이루어질 수도 있다(만약 악어가 핸드백을 든 숙녀를 잡아먹었다면). 그러니까 많은 개별적 대상은 다른 개별적 대상으로 이루어진다. 심지어 논리학에는 부분과 전체의 형식적 관계를 다루는 독립적인 분야가 있기도 하다. 부분론Mereologie이 그것이다(그리스어 〈토 메로스 to meros〉는 〈부분〉이라는 뜻이다).

핸드백과 악어는 아주 드물게만 같은 공간을 차지한다는 점에서 구분된다. 둘은 별개의 것이며, 서로 다른 개별적 대상이다. 나의 왼손과 오른손도 마찬가지다. 왼손과 오른손은 별개의 것이면서 동시에 하나의 전체에 속한다. 곧 공히 내 신체의 일부다. 그러니까 우리는 서로 다른 공간을 차지하는 두 개의 개별적 대상이라는 경우(핸드백과 악어)와, 역시 공간적으로 다르면서도 하나의 전체에 속하는 두 개의 개별적 대상이라는 경우(왼손과 오른손)를 가진다.

또 세 번째 경우도 있다. 무선 전화기를 예로 들어 보자. 무선 전화기를 구입했다면, 우리는 본체와 이로부터 떼어 낼 수 있는 수화기를 가진다. 이 경우 두 개의 개별적 대상(본체와 수화기)은 서로 공간적인 연결을 가지지 않으면서도 하나의 개별적인 대상(무선 전화기)을 이룬다. 미국을 두고도 같은 말을 할 수 있다. 알래스카와 하와이는 공간적으로 다른 주들과 연결되지 않는다. 헬골란트 섬과

바이에른도 마찬가지다. 두 지역 모두 독일에 속하지만, 같은 땅덩어리에 묶여 있는 건 아니다. 바이에른은 헬골란트 섬보다 독일의 나머지 지역과 보다 더 밀접하게 연결된다. 그런 점에서 하와이와 헬골란트 섬은 지리적으로 완전히 독자적인 권리를 가지는 개별적 대상이다. 두 지역을 국적과 상관없이 하나의 독립적인 지역으로 볼 수 있다는 말이다. 그러나 왼손의 경우에는 전혀 다르다. 왼손은 내 몸이라는 전체의 일부일 때에만 왼손으로 기능한다. 부분론적 관련성으로 볼 때에도 무선 전화기 본체와 수화기는 하와이와 헬골란트 섬보다 더 밀접하다.

본체와 수화기는 부분론의 총합을 이룬다. 이 총합은 하나의 완전히 다른 개별적 대상, 곧 무선 전화기를 형성한다. 바로 그래서 다음의 부분론 공식은 참이다. 〈본체 + 수화기 = 무선 전화기.〉 수화기를 들고 있는 내 왼손의 경우, 수화기와 왼손 사이에는 이런 공식이 성립하지 않는다. 〈왼손 + 수화기〉라는 부분론 총합은 하나의 진짜 개별적 대상을 이루는 게 아니다. 억지로라도 꿰맞추면 〈왼손잡이 수화기〉라 하겠으나 그런 것은 존재하지 않는다. 반면 무선 전화기는 분명 존재한다.

우리가 어떻게든 결합시키는 모든 대상이라고 해서 하나의 새로운, 더 복잡한 대상을 이루지는 않는다. 바로 그래서 자연스레 고개를 드는 물음은 어떤 경우에 우리는 객관적 근거로 정당하게 복잡한 대상을 형성하는가 하는 것이다. 추상적으로 생각하면 모든 임의의 대상은 모든 다른 임의의 대상과 하나의 전체로 결합할 수 있을 것만 같다. 내 코와 내 왼쪽 귀를 예로 들어 보자. 내 코와 내 왼쪽 귀가 결합한 부분론 총합, 이를테면 내 〈왼쪽 코귀〉라는 게 있을까? 어느 모로 보나 우리는 부분론 총합과 단순한 집합 혹은 대상 무더기를 구분해야만 한다. 대상들이 모인 무더기라고 해서 모두 하나의 진짜 개별적 대상은 아니다. 그렇다면 언제부터 혹은 어떤 조건 아래 하나의 진짜 부분론 총합이 이루어질까? 그리고 그것을 확인해 주는 기준은 무엇일까?

내가 당신의 손을 잡고 흔든다 해서 우리는 하나의 인물일까? 공간적으로는 통일을 이룬다 할지라도 분명 아니다. 인격체의 통일은 공간적 통일을 이루었다고 해서 성립하는 게 아니다. 다른 대상, 이를테면 산은 다른 산이 공간적으로 가까이 있으면 새로운 대상, 곧 산맥을 형성한다.

좀 더 분명하게 물어보자. 어떤 특성을 가지는 진짜 부분론 총합을 그냥 무작위로 아무것이나 모아 놓은 대상 무더기와 구별해 주는 기준은 무엇일까? 나는 세계를 진짜 부분론 총합으로 분류하게 해주는 기준 목록, 경험과는 무관하게 쓸 수 있는 기준 목록은 없다고 생각한다. 흔히 고래를 어류로 분류하는 것처럼 우리는 많은 경우 세계를 잘못 분류한다. 속성의 모든 수집을 그에 맞는 진짜 부분론 총합으로 분류하게 해주는 알고리즘은 없다. 기준 목록은 다양하며, 시간이 지나면 이 목록의 대부분은 잘못으로 밝혀진다.

지금껏 살펴본 것을 배경 삼아 처음의 질문, 곧 하나의 슈퍼 대상이 존재하는가 하는 물음으로 돌아가 보자. 하나의 슈퍼 대상이 존재한다면 그것은 모든 속성의 부분론 총합이리라. 참으로 기묘한 생각이다! 모든 특성을 아우르는 부분론 총합은 기준이 없어야만 하기 때문이다. 다시 말해서 각각의 특성은 우리가 어떤 기준을 설정하든 상관없이 이 총합에 속해야만 한다. 그 어떤 기준도 없이 우리가 경험하는 대상을 나열하면서 그게 하나의 슈퍼 대상이라고 말하는 것은 마치 내 왼손, 앙겔라 메르켈, 즐겨 읽는 책, 노르트라인베스트팔렌 남부의 가장 비싼 소시지가 하나를 이룬 매우 기묘한 게 아닐 수 없다. 이런 대상을 두고 참인 명제를 말한다는 것은 내 왼손, 앙겔라 메르켈, 즐겨 읽는 책, 노르트라인베스트팔렌 남부의 가장 비싼 소시지를 줄줄 주워섬기며 이 모든 게 하나라고 강변하는 매우 기괴한 연구 프로젝트다.

이것이 기괴할 수밖에 없는 이유는 간단하다. 모든 특성을 아우르는 하나의 대상이라는 것은 기준을 가지지 않기 때문이다. 〈기준Kriterium〉이라는 말의 어원은 고대 그리스어 〈크리네인krinein〉으로, 곧 〈구별하다〉라는 의미의 동사다. 철학에서는 이 단어가 〈판단하다urteilen〉를 뜻하기도 한다. 또 〈위기Krise〉라는 단어의 어원이 〈크리네인〉이기도 하다. 위기는 문제들이 불분명하게 뒤섞여 있을 때 생겨나는 것으로 명확한 〈구분〉을 필요로 한다. 그러니까 기준이란 어떤 특정한 대상 혹은 대상 영역이 분명하게 드러나도록 구분해 주는 것이다. 기준이 없으면 특정한 대상은 존재하지 않는다. 그럼 대략적인 구분도 힘들어진다. 상대적으로 대략적인 대상(이를테면 저녁 식사에 필요한 쌀의 양) 역시 기준으로 정해지며, 어떻게든 다른 대상과 구분이 되어야 하기 때문이다.

그러니까 단 하나의 유일한 실체, 모든 특성을 가지는 슈퍼 대상이 있다는 주장은 틀렸다. 일원론은 슈퍼 대상이라는 게 앞뒤가 맞지 않는 개념인 탓에 필연적으로 잘못이다. 반면 이원론은 진리 능력을 가지기는 하지만, 전혀 근거를 제시하지 못한다. 왜 실체는 두 가지여야만 하며, 데카르트가 이름 붙인 그대로여야만 하는가?

데카르트의 이원론은 생각과 이 생각을 다루는 태도 사이에 차이가 성립한다는 매우 피상적인 관찰에만 머물러 있을 뿐이다. 내가 눈이 내린다고 생각한다고 해서 내 생각 속에서 실제로 눈이 내리는 것은 아니다. 그렇지 않다면 내 생각이라는 것도 기후를 가져서 때마침 내 생각 속이 겨울이라거나 얼어붙은 물을 가진다고 말해야만 하리라. 그렇다면 나는 내 생각을 녹여 신선한 물을 마실 수 있지 않을까? 이런 식이라면 사막 여행이 매우 편해질 게 분명하다. 목이 마를 때마다 간단하게 차가운 물이라는 생각을 마시면 될 터이니. 눈과 눈 생각은 간단히 두 가지 서로 다른 대상 영역에 속할 뿐이다. 그러나 데카르트는 세계를 이 두 영역으로 나누는 것으로 충분하다고 여기는 실수를 저질렀다.

일원론은 틀렸으며, 이원론은 근거를 가지지 않는다. 바로 그래서 단순히 맞지 않는 것을 지워 나가는 배제 논리를 이용하더라도 남는 것은 다원론뿐이다. 물론 다원론을 우리는 철저하게 현대적으로 다듬어야만 한다. 바로크 시대 라이프니츠를 통해 도입된 이래 다원론은 더 이상 다듬어지지 않았기 때문이다.

절대적 차이와 상대적 차이

위에서 제기했던 물음으로 돌아가 보자. 모든 대상은 다른 모든 대상과 구분될까? 언뜻 보기에 그런 것만 같다. 모든 대상은 자기 자신과 동일하며, 다른 모든 대상과 구별된다. 내 왼손은 곧 내 왼손이며(별로 알려 주는 게 없지만 참이다), 그리고 내 오른손이 아니다(알려 주는 게 더 없지만, 그래도 참이기는 하다).

그러나 이 생각은 온통 오류투성이이며, 쉽게 간과할 수 있는 함정으로 가득하다. 가령 어떤 대상 〈G〉가 있다고 상정해 보자. 일단 더 아는 것은 없다. 이제 〈G〉를 아는 누군가에게 〈G〉가 모니터냐고 묻는다. 그러자 상대방은 아니라고 한다. 「그럼 〈G〉는 코뿔소인가?」 「아니오.」 「그럼 〈G〉는 붉은 상자인가?」 「아니오.」 「〈G〉는 물질적 대상인가?」 「아니오.」 「〈G〉는 숫자인가?」 「아니오.」 이건 마치 서로 이마에 어떤 개념이나 유명한 인물의 이름을 적은 쪽지를 붙여 놓고 몸짓으로만 힌트를 주며 알아맞히는 스무고개 게임과 같다.

아주 시간이 많아서 〈G〉 이외의 모든 다른 대상을 일일이 언급했음에도 상대방은 계속해서 〈G〉가 아니라고만 확인해 주었다고 하자. 이 경우 〈G〉는 다른 모든 대상과 다르다는 점에서만 그 자신과 동일하다. 그렇지만 이로써 〈G〉는 도대체 핵심이라는 것을 가지지 않은 어떤 것이 된다. 그저 모든 다른 게 아니라는 부정으로만 규정되는 셈이다.

우리는 〈G〉가 무엇인지 알고자 한다면, 〈G〉가 그 어떤 다른 대상과 동일하지 않다는 걸 아는 데 만족하지 않고 다른 무엇을 알아야만 한다. 결과적으로 〈G〉의 정체성은 〈G〉와 다른 모든 대상의 차이와 동일한 게 아니다. 다시 한 번 간단하게 정리해 보자. 〈G〉는 다른 모든 대상과의 차이 이상의 내용을 가지는 어떤 독자적인 특성을 가져야만 한다. 어떤 대상이 그 자체라는 특성을 갖는다는 말은 놀라울 정도로 말해 주는 게 없으며, 우리를 더 나아가게 해주지도 못한다.

역시 다른 예로, 우리가 단 하나의 대상도 모른다고 가정해 보자(아는 사람만 빼고). 아는 사람에게 각각의 개별적 대상이 무엇인지 물어보면, 돌아오는 건 모든 다른 대상(우리가 전혀 알지 못하는 대상)이 아니라는 대답뿐이다. 반복하지만 우리는 이런 식으로는 그 어떤 대상에 대해 최소한의 유의미한 정보도 얻지 못한다.

그럼에도 우리가 어떤 대상의 정체성을 무엇보다도 그것이 몇몇 대상과 다르다는 점에서 확인한다는 말은 맞다. 그렇지만 이 차이는 결코 절대적인 차이가 아니다. 절대적 차이는 하나의 대상과 모든 다른 대상 사이의 차이다. 절대적 차이는 어떤 대상이 그 어떤 다른 대상이 아니라, 오로지 그 자신과만 동일하다고 말해 주는 탓에 아무런 정보를 주지 않는다. 그 자체와 동일하다는 것은 내실 있는 정보를 가지지 않기 때문이다. 대상들을 서로 구분해 주는 것은 정보를 가지는 기준이다. 어떤 대상이 다른 것과 차이를 가진다고 아는 것은 우리가 그 대상의 정보를 가지고 있다는 뜻이다. 바로 그래서 정보를 가지지 않는 차이는 차이가 아니다. 우리는 절대적 차이(아무런 정보를 주지 않아 무의미한 차이)와 상대적 차이를 구분할 줄 알아야만 한다. 상대적 차이는 어떤 대상이 〈몇몇 다른〉 대상과 구별되는 차이다.

상대적 차이는 대비를 이루는 정보다. 이런 대비는 다시 지극히 다양한 뉘앙스를 가진다. 카페에서 코카콜라는 펩시콜라, 맥주, 와인, 막대 아이스크림 등과 대비를 이룬다. 그러나 코카콜라는 코뿔소와 대비를 이루지는 않는다. 그렇기 때문에 종업원에게 이렇게 말하는 사람은 아무도 없다. 「코카콜라나, 코카콜라가 없으면 코뿔소를 주세요!」 우리가 지금 콜라를 마실지, 코뿔소를 구경할지 전혀 고민을 하지 않는 이유는 단적으로 콜라가 코뿔소와 대비를 이루지 않기 때문이다.

상대적 차이와 절대적 차이를 분명하게 구분하기 위해 간단한 요술 놀이를 해보기로 하자. 코뿔소가 자신을 뺀 세계의 나머지와 대비를 이루는 것은 아닐까? 코뿔소를 주목한다면, 우리는 나머지 세계로부터 코뿔소를 들어내어 바라보는 게 아닐까? 그러나 전혀 그렇지 않다. 그 이유는 다양하기만 하다. 우리가 코뿔소를 주목하는 경우, 이미 어떤 특정 환경, 이를테면 동물원이나 동물 다큐멘터리 방송에 코뿔소를 위치시킨다. 그러니까 환경과 전혀 무관하게 코뿔소를 주목할 수는 없다. 이런 사정을 프랑스 철학자 자크 데리다는 많은 사람이 오해한(그리고 분명

의도적으로 오해를 일으키게끔 표현한) 구호로 표현했다.
〈텍스트 바깥에는 아무것도 없다.〉[23] 혹은 좀 덜 포스트모
던하게 표현하자면, 코뿔소는 언제나 특정 환경에만 등장
한다. 물론 데리다는 코뿔소가 실제로 텍스트라고 말한
게 아니다. 그가 말하고자 한 진의는 오로지 맥락, 그러니
까 특정 환경 바깥에는 코뿔소도 그 어떤 것도 있을 수 없
다는 확인일 뿐이다.

그렇다면 코뿔소를 그냥 간단하게 그 환경에서 나머지
세계와 구분할 수는 없을까? 그러나 이것 역시 별 도움은
못 된다. 환경은 다시 그 환경의 환경을 가져야만 설명된
다. 환경 역시 환경 안에서만 나타나기 때문이다. 절대적
차이는 언제나 자기 자신과의 너무 큰 대비만을 만들 뿐
이다. 너무 큰 대비는 아무것도 알 수 없게 만든다.

이것은 인간 인식의 한계라는 사실에 그치는 게 아니다.
오히려 우리가 얻는 정보를 두고도 마찬가지의 이야기를
할 수 있다. 세계 자체는 정보를 제공한다. 이를테면 지구
는 단 하나의 달을 갖는다는 정보가 그렇다. 이 정보는 인
간이 천체를 올려다보며 별들을 구분해서 얻어지는 게 아
니다. 태양과 지구와 달의 차이는 인간이 만들어 낸 정보
가 아니라, 우리 지구라는 별에 인식 능력을 가진 존재와
지능을 가진 생명체가 존재할 조건일 뿐이다.

간단하게 말해서 절대적 차이는 없다. 있는 것은 상대적

차이뿐이다. 모든 게 다른 모든 것과 구분된다는 말은 성립하지 않는다. 어떤 것은 심지어 몇몇 다른 것과 동일하다. 바로 그래서 유명한 철학의 수수께끼가 생겨난다. 본래 다른 두 개의 대상이나 사실이 어떻게 동일할 수 있을까? 어떤 식으로든 이게 가능해야만 한다. 예를 들어 라인 강은 끊임없이 변하면서도 라인 강이다. 오늘날 라인 강을 이루는 물질은 예전과 같은 게 아니다. 규칙적으로 이 물질은 계속 바뀌어 왔다. 강바닥조차 오랜 세월을 두고 동일하지 않다.

이쯤에서 정리해 보자. 대상은 언제나 몇몇 다른 대상과 차이를 가질 뿐이다. 언제나 상대적일 뿐 결코 절대적이지 않은 대비 그룹이 존재한다. 우리는 많은 경우 중요한 대비 그룹을 규정하면서 속는다. 그러나 그렇다고 해서 대비 그룹이 없다는 결론은 나오지 않는다. 사실은 그 반대다. 우리에게 착각을 불러오는 대비 그룹이 실제로 존재하기 때문에 엉뚱한 대비 그룹을 설정하면서 속는 것이다.

의미장

존재가 무엇이냐는 물음에 대한 내 답은 단 하나의 세계란 없으며, 무한히 많은 세계들, 곧 부분적으로 중첩하지만 어떤 관점에서든 서로 독립적인 무수히 많은 세계들이 있다는 쪽으로 나아간다. 우리는 이미 세계가 모든 영역의 영역이며, 존재란 세계 안에 등장하는 것과 관련되어 있음을 안다. 이는 곧 어떤 영역에 등장하는 것만 세계 안에 나타남을 뜻한다. 여기서 우리는 아래와 같은 공식을 도출해 낼 수 있다.

존재 = 세계 안에 나타남

이 공식은 올바른 방향을 지시하기는 하지만, 더 개선될 필요가 있다. 내가 제시하는 대안은 이렇다.

존재 = 의미장에 나타남

이 공식은 의미장 존재론의 근본 원칙이다. 의미장 존재론은 의미장에 나타나는 것만 존재하며, 일단 의미장에 나타난 것은 없는 것이 아니라고 본다. 의미장에 나타남, 이것을 우리는 현상이라 부른다. 현상은 〈나타남〉 혹은 〈나타난 것〉을 일반적으로 포괄하는 명칭이다. 현상이라는 개념은 중립적이다. 그러니까 일반적인 언어 사용과는 달리, 가짜도 일단 나타났다면 존재한다. 가짜가 세상에 등장했다고나 할까. 〈사건〉 혹은 〈나타난 것〉이라는 말은 현상에 비해 보다 더 물질적인 분위기를 풍긴다. 그래서 나는 현상이라는 더욱 유연한 개념을 쓰겠다. 다만 주의

할 점은 이렇다. 가짜가 나타났다(그리고 이로써 존재한다)고 해서 그게 참이라는 뜻은 아니다. 현상 혹은 존재는 진리와 동일한 게 아니다. 마녀가 존재한다는 건 분명 잘못된 사실이다. 마녀는 그들이 북유럽에 있다는 잘못된 생각 안에서 나타난다. 이것이 마녀가 실제로 북유럽에 산다는 의미는 아니다. 그러나 잘못된 생각, 곧 마녀가 있다는 생각은 존재한다. 이런 뜻에서 마녀는 의미의 장에, 곧 잘못된 생각이라는 의미의 장에 나타난다.

이제 우리는 대략적으로나마 현상이라는 게 무엇인지 안다. 그렇지만 의미장이라니, 그건 대체 무엇일까? 우리는 이미 대상 영역들에 대해 거론한 바 있다. 지방 자치, 예술사, 물리학, 거실 등을 대상 영역의 예로 들어 보았다. 우리가 이러한 대상들을 대상 영역들로 파악할 때, 우리는 종종 대상이 어떻게 대상 영역에 나타나는지 추상화해 버리는 경향(반드시 그런 것은 아닐지라도)이 있다. 대상이 나타나는 방식은 주로 그 대상의 특별한 성질과 관련되어 있다. 예술 작품은 우리에게 다양한 방식으로 나타나는 특징이 있다. 그러나 핵자는 우리에게 다양한 방식으로 나타나는 게 아니다. 핵자는 다양하게 해석되지도 않으며, 그것이 나타나는 대상 영역을 지배하는 법칙, 곧 물리학 법칙에 따라 해석될 뿐이다. 의미장이라는 것은 애매하고 다채로우며, 상대적으로 덜 규정된 것일 수 있다.

각각의 대상 영역은 확연히 구분되며, 그 개수를 헤아릴 수 있는 대상으로 이루어진다. 반면 의미장은 반드시 그렇다고 볼 수 없다. 의미장은 아리송하며 애매한 현상을 포함하기도 한다.

이게 무슨 이야기인지 이해하는 데는 논리학자이자 수학자로서 몇 권의 대단히 영향력이 큰 철학책을 쓰기도 한 고틀로프 프레게가 도움을 줄 수 있다. 대상 영역을 둘러싼 논의는 프레게 시절에 활발히 이루어졌다. 이 논의는 현대 논리학 발달에 결정적으로 중요한 역할을 했으나, 한편으론 상당히 잘못된 존재 개념으로 오류를 빚었다. 현대 논리학을 접해 보지 못한 독자는 존재는 항상 헤아려질 수 있는 것이라고 말하는 현대 논리학자의 주장에 깜짝 놀라리라. 참으로 엉뚱하게 비틀린 주장이다. 내가 말[馬]이 있느냐고 묻는다면, 말이 몇 마리인가 묻는 게 아니라, 말이 존재하느냐고 묻는 것이다. 〈존재하느냐?〉는 물음과 〈얼마나 많이?〉라는 물음은 되도록 철저히 구분해야 한다.

현대 논리학은 대상 영역이라는 개념을 거의 완전히 집합 개념과 묶어 버렸다. 그러나 모든 영역이 헤아릴 수 있고 수학으로 표현할 수 있는 대상의 집합은 아니다. 예술 작품이나 복잡 미묘한 감정을 수학으로 다루려는 것처럼 어처구니없는 일이 또 있을까. 어떤 것이 나타나는 모든 영역이 대상 영역인 것은 아니다. 바로 그래서 우리는 대상 영역보다 더 일반적인 개념인 의미장에 주목해야 한다. 의미장은 헤아릴 수 있는 대상이나 수학 공식으로 정밀하게 표현해야 할 집합의 영역까지 포괄한다. 더 나아가 대상 영역이나 집합으로 나타낼 수 없는 애매한 현상들까지 다룰 수 있게 해준다.

존재를 헤아릴 수 있음으로 혼동한 현대 논리학의 근본 오류(모든 것을 숫자로 나타내고 계산하려고 드는 사람이 저지르는 전형적인 잘못)는 프레게의 선구적인 혜안을 가려보지 못해 빚어진 실수다. 이 혜안이야말로 우리에게 결정적인 도움을 준다. 다시금 동일성 문제로 돌아와 보자. 프레게는 기념비적인 논문 「의미와 지시체」에서 동일성 명제는 어떻게 해야 모순이 없으면서도 실질적인 정보를 제공할 수 있는지를 밝혔다.[24] 아래의 예를 가지고 생각해 보자.

뉴욕의 헤라클레스를 연기한 배우는
캘리포니아의 38대 주지사와 동일하다.

평소 같으면 이렇게 복잡하게 말하지 않으리라. 아널드 슈워제네거의 전기를 보면 그냥 이런 표현이 나온다.

뉴욕의 헤라클레스가 나중에

캘리포니아의 38대 주지사가 되었다.

동일성 명제 가운데 손쉽게 다룰 수 있는 다른 예로는 이런 게 있다.

$$2 + 2 = 3 + 1$$

아널드 슈워제네거가 한 번은 뉴욕의 헤라클레스였으며, 또 다른 때에는 캘리포니아 주지사였다는 것은 모순이 아니다. 둘 다 맞는 사실이다. 숫자 4도 마찬가지다. 4는 2 + 2이기도 하며, 3 + 1이기도 하다(그리고 얼마든지 다르게도 나타낼 수 있다).

프레게는 2 + 2와 3 + 1을 〈주어져 있음의 양식〉이라 부른다. 그리고 이 주어져 있음을 〈의미〉라고 표현한다.[25] 동일성 명제에서 같은 것으로 놓인 표현들의 의미는 다양하다. 이 표현들이 관계하는 것만 동일하게 남는다(슈워제네거와 숫자 4). 다시 말해서 4는 한 번은 2 + 2라는 의미를, 다른 한 번은 3 + 1이라는 의미를 가진다. 모순이 없으며 참인 정보를 담은 동일성 명제에서 우리는 같은 것(지시체: 동일한 인물, 동일한 사실)이 여러 종류로 선보일 수 있음을 배운다. 어떤 초월적 존재로부터라는 어감을 주는 〈주어짐〉 대신 나는 〈현상〉이라는 단어를 선호한다. 의미는 어떤 대상이 나타나는 양식이다.

의미장은 어떤 것, 특정한 대상이 특정한 양식으로 나타나는 영역이다(그러나 대상 영역, 특히 집합에서는 본격적으로 의미를 추상화해 버린다). 이런 식으로 하나의 동일한 대상에 두 개 혹은 그 이상의 의미장이 관계할 수 있고, 동일한 대상은 두 개의 의미장에서 다르게 나타날 수 있다. 예를 들어 가며 좀 더 상세히 살펴보자.

익히 알고 있는 대상, 곧 내 왼손을 가지고 생각해 보자(독자 여러분은 자신의 왼손으로 이 실험에 참가해 보라. 철학 실험은 정말이지 돈이 들지 않으며, 실험실 없이도 간단하게 해볼 수 있다). 내 왼손은 하나의 손이다. 손은 다섯 개의 손가락을 가졌으며, 손톱이 있고, 손바닥에는 주름이 나타난다. 나에게 왼손으로 나타나는 것은 그러나 원자들의 모임이기도 하다. 말하자면 원자들의 뒤죽박죽이랄까. 이 원자는 다시 더 작은 입자들의 뒤죽박죽이다. 또한 손은 예술 작품으로 보이기도 하고, 또 점심을 먹을 때에는 음식을 뜨는 도구로 나타나기도 한다. 그러니까 의미장에 따라 동일한 것이 손이나 원자의 뒤죽박죽, 예술 작품 혹은 도구로 나타난다. 프레게는 다른 예를 들었다. 숲에는 이를테면 나무의 그룹이 있다. 또는 숲에 속하는 다섯 그루의 개별적인 나무가 있다. 그리고 다섯 그루의 나무는 나무 그룹이거나 개별적인 나무이다(혹은 다시 특정한 원자의 모임이다).

　구스타프 폰 아셴바흐는 토마스 만이 지어낸 인물이자 소아 성애에 빠진 남자이지만 그는 원자의 혼란은 아니다. 우주에는 만이 지어낸 〈구스타프 폰 아셴바흐〉라는 이름의 인물과 동일한 원자 모임이 결코 없기 때문이다. 구스타프 폰 아셴바흐는 의미장에 따라 베네치아에 있기도 하고, 또 아니기도 하다. 소설을 이야기한다면 있는 것이고, 베네치아라는 도시의 역사를 살핀다면 없다.

　의미장 바깥에는 그 어떤 대상이나 사실도 존재하지 않는다. 존재하는 모든 것은 어떤 의미장 안에서 나타난다(정확히 말해 무한히 많은 의미장에 나타난다). 〈존재〉란 어떤 게 의미장에서 나타난다는 뜻이다. 하나의 의미장에는 누가 이를 주목하지 않더라도 무한히 많은 게 나타난다. 존재론은 우리 인간의 경험을 중요하게 여기지 않는다. 사물과 대상은 우리가 그것을 주목했다고 해서 존재하는 게 아니다. 의미장 안에서 나타나기 때문에 존재할 뿐이다. 대부분은 우리의 주목 여부와 상관없이 나타난다. 이 점을 결코 잊어서는 안 된다. 저 『파우스트 II』에 등장하는 서생처럼 구성주의에 사로잡힌 나머지 악마 메피스토펠레스에게 영혼을 팔아 버리고 싶지 않다면, 존재는 우리의 경험 여부와 무관하다는 점을 잊지 말아야 한다. 칸트에서 출발한 구성주의가 평생 못마땅하기만 했던 괴테는 파우스트의 입을 빌려 이런 불평을 한다.

세계는 내가 지어내기 전에는 없었네,

태양은 내가 바다에서 끌어내야만 했지.

나와 더불어 비로소 달은 운행을 시작한다네.

하루는 내가 걷는 길로 꾸며지며,

자연은 내가 봐주어야 만개한다네.

저 첫날밤 내 손짓에

모든 별들은 빛을 발하기 시작했네.

나 말고 누가 저 답답하기만 한 고루한 생각의

울타리를 넘어뜨릴까?

그러나 나는 정신이 내게 말해 주듯 자유라네.

즐거이 내면의 빛을 따라가며,

무아지경에 빠져 빠르게 변하리니,

내 앞은 밝고, 등 뒤는 어둠이로구나.[26]

지구는 우주론적·존재론적 사건의 중심이 아니다. 그저 한없이 작은 구석일 뿐이다. 이 구석을 우리는 어느 정도 욕구에 맞게 편안하게 꾸미기는 했지만, 우주에서 우리가 매우 중요한 존재라고 으스대며 과대망상에 젖은 통에 지구를 파괴하고 있다. 우리가 없는 세계는 존재할 수 없다고 믿는 한, 우리는 우주가 계속해서 우리 인간이 존재하도록 돌봐 줄 거라고 착각할 것이다.

그런데 우주는 우리가 계속 존재하는 것에 관심을 두기나 할까? 유감스럽게도 그리 간단한 문제가 아니다. 우주도 시공간도 우리가 이 아름다운 별에서 살아가는 것에 관심을 가지지 않는다. 전반적으로 보자면 우리가 있든 말든 전혀 상관하지 않는다. 우리가 존재를 가지고 무엇을 꾸미고 상상하든, 조금도 개의치 않는다. 이런 통찰을 학문은 오늘날에 이르기까지 애써 무시해 왔다. 오히려 많은 철학자들, 심지어 많은 물리학자들은 우주가 우리에게 관심을 두고 있다고 여겼다. 이런 정황과 관련해 앞으로 종교 문제를 거론해야 할 때가 찾아올 것이다. 무엇보다도 적절한 신중함을 가지고 〈신〉이라는 표현에 가까이 다가가야 할 지점은 앞으로의 논의 속에서 분명 찾아온다.

다만 지금 분명히 해두고 싶은 것이 있다. 전반적으로 보아 우리 인간의 존재 여부에 그 어떤 것도 관심을 가지지 않는다 할지라도, 우리마저 관심을 놓을 수는 없다는 사실이다. 다만 세계를 우리 인간의 세계와 혼동해서는 안 된다. 또 우리 인간의 세계를 잘못된 차원으로 이끌고 가서도 안 된다.

존재하는 모든 것은 의미장에서 나타난다. 존재는 의미장의 속성이며, 곧 의미장 안에서 나타나는 무엇이다. 나는 존재가 세계 안의 대상이 가지는 속성이 아니라고 주장한다. 존재는 어디까지나 의미장의 속성이다. 그러니까 의미장 안에서 나타나는 것만이 존재다.

그렇다면 혹 곤란한 문제가 생겨나지 않을까? 의미장은 우리가 진리 능력을 가지는 생각으로 고찰할 수 있는 대상이다. 그렇다면 의미장의 속성인 존재는 다시금 대상의 속성이 되고 마는 게 아닐까? 다시 말해서 의미장 역시 의미장 안에 나타나야 하는데(그렇지 않다면 의미장은 존재하지 않으니까) 이건 모순 아닐까? 그러나 이런 모순은 성립하지 않는다. 누차 확인했듯, 세계 그 자체라는 게 존재하지 않기 때문이다. 그저 무한히 많은 의미장들이 있으며, 부분적으로 겹치고, 또 서로 접촉하지 않는 의미장도 적지 않다. 『부처의 작은 손가락』에서 표트르가 〈공허함〉을 두고 투덜거렸듯, 결국 모든 것은 그 어디에서도 일어나지 않는 것처럼 보인다. 그러나 거꾸로 생각해야 한다. 일어나지 않는 게 아니라 의미장을 둘러싸고 무한히 많은 게 동시에 일어나기 때문에 우리가 혼란에 빠지는 것뿐이다. 무한히 많은 것을 동시에 다룰 수 없는 우리 탓이다.

3장

왜 세계는 존재하지 않는가

일단 우리의 첫 번째 위대한 인식, 의미장 존재론의 공식을 정리해 보자.

존재 = 의미장에서 나타나는 현상

어떤 것이 의미장에 나타날 수 있으려면, 그것은 의미장에 속하는 것이라야만 한다. 물은 병에, 나의 생각은 내 세계관에, 인간은 국적을 가진 국민으로서 국가에, 숫자 3은 자연수에, 분자는 우주에 각각 속한다. 어떤 것이 의미장에 속하는 방식은 그게 나타나는 현상의 방식과 같다. 중요한 점은 어떤 것이 나타나는 방식이 항상 동일한 건 아니라는 사실이다. 모든 것이 동일한 방식으로 나타나지 않으며, 모든 것이 동일한 방식으로 의미장에 속하는 게 아니다.

이 모든 것이 맞다고 전제하면, 이제 떠오르는 물음은 세계는 존재하는가 하는 것이다. 우리는 1장에서 세계는 영역들의 영역으로 파악하는 게 최선임을 살펴보았다. 하이데거에 뿌리를 둔 이 견해를 이제 우리는 더욱 정밀하게 다듬어, 세계는 모든 의미장들의 의미장이라고 말해야 한다. 그러니까 세계는 모든 다른 의미장이 나타나는 의미장이다. 곧 모든 게 거기 속하는 영역이 세계다. 이것이 내가 세계를 두고 할 수 있는 마지막 말이다. 뒤에 용어 설명에도 달아 두었지만, 다시 강조한다. 〈세계는 모든 의미장의 의미장, 곧 모든 다른 의미장이 나타나는 의미장이다.〉

존재하는 모든 것은 세계 안에 존재한다. 세계는 바로 모든 게 일어나는 영역이기 때문이다. 세계의 바깥에는 아무것도 없다. 그러니까 우리가 세계 바깥이라고 간주해 온 모든 것은 사실 세계에 속하는 것일 따름이다. 그런데 존재는 항상 공간 제시를 포함한다. 다시 말해서 존재란 어떤 게 하나의 의미장에서 나타남을 뜻한다. 그럼 이제 다음 물음은 이렇다. 세계가 존재한다면, 세계는 어떤 의미장에 나타날까? 세계가 의미장 S1에 나타난다고 가정해 보자. 이 경우 S1은 다른 의미장들 가운데 하나의 의미장이다. 다시 말해서 S1 외에 S2, S3 하는 식으로 다른 의미장들이 존재한다. 세계가 다른 의미장들과 더불어 존재하는 S1에 나타났다면, 세계 자체는 존재하는 게 된다. 도

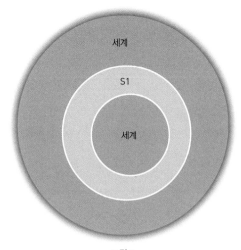

그림 1

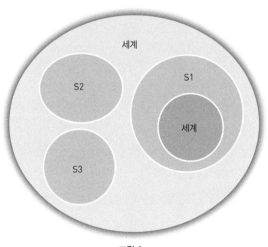

그림 2

대체 이게 가능할까?

세계는 모든 의미장이 나타나는 의미장이다. 따라서 모든 다른 의미장은 하위 장으로 S1에 나타나야만 한다. S1에 세계가 나타났고 세계 안에서는 모든 게 나타나기 때문이다.

그렇다면 S2와 S3 역시 S1과 〈나란히〉 존재할 뿐만 아니라, S1 〈안〉에도 나타나야 한다. 정의에 알맞게 모든 것이 그 안에서 나타나는 세계가 S1에서 나타나기 때문이다. 그렇다면 S2는 두 번 존재한다. 한 번은 세계와 〈나란히〉, 다른 한 번은 세계 〈안〉에. 그러나 S2는 세계 옆에 존재할 수 없다. 왜냐하면 세계 옆에는 아무것도 없기 때문이다! S3과 다른 모든 의미장을 두고도 같은 말을 할 수 있다. 그러니까 세계가, 다른 의미장들과 나란히 나타나는 하나의 의미장에서 나타나는 것은 불가능하다. 이로써 세계는 존재하지 않는다는 결론이 나온다. 다시 분명히 강조해 두자. 〈세계는 세계 안에 등장하지 않는다.〉

그 밖에 다른 문제도 있다. 세계가 S1 안에 나타난다면, S1 자체는 도대체 어디서 나타날까? 세계가 모든 의미장이 나타나는 의미장이라면, S1 자체는 세계 안에서 나타나야 하며, 세계는 다시금 S1 안에 나타나야 한다! 이때 위치는 마구 뒤엉켜 나타난다(그림 1을 볼 것).

세계가 그 안에서 나타나는 S1이 그 안에서 나타나는

세계는, S1 안에서 나타나는 세계와 다른 게 분명하다. 나타나는 세계는 그 안에서 나타난 세계와 동일하지 않다.

더 나아가 모든 다른 의미장 역시 세계 안에서 나타나야 한다. 바로 그래서 기묘한 그림이 생겨난다(그림 2를 볼 것). 이 그림에서 세계는 다시 두 개의 위치를 차지한다. 한 번은 S1을 품는 세계로, 다른 한 번은 S1 안에서 나타나는 세계로.

세계가 세계 안에 등장하지 않는다는 사실은 이런 형식적인 증명과 무관하게 쉽게 알아볼 수 있다. 시야를 예로 들어 보자. 이 시야라는 영역에서 우리는 시각적 대상을 볼 뿐 결코 시야 자체를 보는 게 아니다. 시야 안에는 언제나 눈으로 보는 대상들, 이를테면 이웃집 여자, 카페, 달 혹은 일몰이 등장한다. 가장 좋은 방법은 시야를 그림으로 그려 보는 것이리라. 마침 내가 지금 보고 있는 시야를 정확히 그려 낼 재주를 가졌다면, 나는 내 시야의 그림을 감상할 수 있다. 물론 이 그림은 내 시야가 아니라, 다시 내 시야 안에 있는 대상일 뿐이다. 세계를 두고도 같은 말을 할 수 있다. 세계를 파악했다고 생각할 때마다, 우리가 가지는 것은 우리 앞에 있는 세계의 그림 혹은 복사본일 뿐이다. 세계 자체를 우리는 절대 파악할 수 없다. 세계가 속하는 의미장은 없기 때문이다. 세계가 세계라는 무대 위로 올라와 우리에게 자신을 소개하는 일은 절대 없다.

고전 영화 「혹성 탈출Planet of the Apes」 시리즈의 세 번째 작품 「혹성 탈출 3: 제3의 인류Escape from the Planet of the Apes」*에서 오토 해슬라인 박사는 미래의 원숭이가 어떻게 과거로 회귀할 수 있었는지 설명해 주는 이론을 만들어 낸다. 해슬라인 박사는 우리가 시간을 일종의 〈무한 퇴행〉으로 파악해야만 이 이론을 이해할 수 있다고 설명한다. 이게 무슨 소리인지 해슬라인은 뉴스에 출연해 시청자들에게 설명한다. 영화에서 이 시청자는 미래에서 온 원숭이들이며, 물론 우리는 영화를 감상하는 관객이다. 해슬라인은 풍경화를 예로 들어 설명한다. 우리는 누군가가 이 풍경화를 그렸다는 것을 안다. 그러니까 우리는 풍경화와 이를 그리고 있는 화가가 등장하는 그림을 상상할 수 있다. 그러나 이렇게 떠올린 그림은 같은 화가에 의해 그려진 그림이 아니다. 기껏해야 이 화가는 그림 안에서 풍경화를 그리고 있을 따름이다. 더 나아가 우리는 풍경화와 이를 그리는 화가가 등장하는 그림을 다시 어떤 화가가 그리는 그림도 상상할 수 있다. 이처럼 거울 속의 거울을 보듯 끝없이 이어지는 것을 철학은 〈아드 인피니툼 ad infinitum〉, 곧 무한 퇴행이라 부른다.

  * 월등한 지능을 가진 유인원들이 인류를 지배하는 미래 사회로부터 인류가 지구를 지배하던 시절(1970년대)로 시간을 거슬러 온 세 유인원의 이야기를 다룬다.

모든 것을 그리는 화가라 할지라도 그림을 그리는 자신의 모습을 그릴 수는 없다. 그려진 화가는 그리는 화가와 절대로 똑같을 수 없다. 영화의 장면에서 관객인 우리가 미래에서 온 원숭이와 완전히 똑같은 상황에 처해 있다는 것에 주목할 필요가 있다. 우리가 보는 장면은 원숭이가 보는 것과 동일하다. 흥미롭게도 뉴스를 보는 원숭이는 배경 화면에서 뉴스 앵커와 해슬라인 박사가 나오는 방송 장면이 비춰진 거울도 본다. 그러니까 여기에는 최소한 세 개의 관점이 얽혀 있다. 곧 미래에서 온 원숭이, 앵커와 해슬라인 박사, 그리고 우리의 관점이 그것이다. 영화, 곧 우리의 세계는 무한하게 뒤얽혀 돌아간다.

많은 영화들이 이런 진리를 기이하면서도 두려움을 자아내는 방식으로 그려낸 바 있다. 특히 충격적이었던 영화는 빈센조 나탈리 감독의 「큐브Cuve」다. 이 영화에 등장하는 다양한 인물들은 처음부터 서로 격리된 공간, 곧 주사위 모양의 공간에 갇혀 있다. 각각의 공간은 서로 다른 문을 가지고 있으며, 문을 통해 역시 주사위 모양의 다른 공간과 연결된다. 공간 가운데 몇몇 곳에는 생명을 위협하는 함정이 꾸며져 있다. 영화가 진행되면서 각 공간 사이를 잇는 숫자 조합이 운동 사이클을 이루며, 이 조합을 알아내면 공간으로부터 탈출할 수 있다는 게 밝혀진다. 그러나 공간의 바깥에는 아무것도 없다. 말 그대로 허공이며 결국 영화에서는 밝은 빛으로 처리된다.

영화는 일관되게 바깥세상의 묘사를 포기한다. 이런 의도적인 설정은 우리에게 중요한 사실을 암시하려는 장치다. 곧, 무한하게 많은 의미장이 존재하며, 이 의미장은 다시 무한히 다양한 방식으로 서로 얽혀 있다. 이런 무한한 얽힘은 허공 한복판에서 일어난다. 즉, 그 어디에서도 일어나지 않는다. 특정한 위치 표시는 하나의 의미장 안에서만 할 수 있을 뿐이다. 다시 말해서 바깥이라는 것은 없다. 독일의 소설가 장 파울은 그 흉내 낼 수 없는 독특한 풍자로 1785년의 작품 『어느 재담가의 전기*Biographie eines Bonmotisten*』에서 이런 사정을 다음과 같이 묘사한다. 〈그는 언제나 책을 쓰고 싶었다. (……) 그는 본질이라는 게 존재하지만, 존재 자체는 그 어디에도 존재하지 않는다는 점을 책으로 증명하고 싶었다.〉[27]

세계는 존재하지 않는다. 존재한다고 해도 의미장 안에서 나타날 수 없다. 세계의 현상은 불가능하다. 물론 이런 통찰이 파괴적이기만 한 것은 아니다. 이 통찰은 우리에게 세계는 없다는 사실을 말해 주는 데 그치지 않는다. 존재함이라는 게 무엇인지 우리가 이해한다면 매우 풍요로운 결실을 거둘 수 있다는 점도 일러 준다.

슈퍼 생각

세계는 존재하지 않는다는 논제를 부정적 존재론의 주요 명제라 부르자. 반대로 긍정적 존재론의 첫 번째 주요 명제는 반드시 무한하게 많은 의미장이 존재한다는 것이다. 긍정적 존재론의 첫 번째 주요 명제는 일련의 생각 실험을 통해 그 의미를 분명하게 확인할 수 있다. 예컨대 단 하나의 유일한 대상, 말하자면 푸른색의 주사위만 있다고 상정해 보자. 이 대상만 있을 뿐 다른 것은 전혀 존재하지 않는다면, 이 푸른색 주사위가 등장할 의미장은 없다. 어떤 대상은 의미장에서 나타날 때에만 존재할 수 있기 때문이다. 그러니까 단 하나의 유일한 대상만 존재한다는 것은 아무것도 없다는 말과 같다. 그게 나타날 의미장을 가지지 못하기 때문이다. 에이미 만이 폴 토마스 앤더슨이 연출한 「매그놀리아」에서 무어라 노래했는지 떠올려 보라. 〈하나는 가장 외로운 숫자라네.〉

결론적으로 최소한 하나의 대상과 하나의 의미장이 존재한다. 그러나 이제 하나의 의미장을 더 생각해야 한다. 하나의 의미장이 존재하려면, 부정적 존재론의 주요 명제에 따라 첫 번째 의미장이 나타날 또 다른 의미장이 있어야 하기 때문이다. 따라서 최소한 하나의 대상과 두 개의 의미장이 존재한다.

그러나 앞서 우리는 〈대상〉이라는 게 진리 능력을 가진 생각을 해볼 수 있는 것으로 이해해야 함을 살펴본 바 있다. 진리 능력을 가진 생각에는 좁은 의미에서의 사물뿐만 아니라, 의미장 자체도 속한다. 결과적으로 우리는 고유한 하나의 대상과 두 개의 반드시 전제해야 하는 의미장 등 세 개의 대상을 가진다. 그럼 이 세 가지는 최소한 우리 생각이라는 의미장 안에서 존재하기 때문에, 우리는 다시 의미장 하나를 더 상정해야 한다.

이런 맥락에서 우리는 이제 긍정적 존재론의 두 번째 주요 명제, 곧 모든 의미장은 하나의 대상이라는 명제를 세울 수 있다. 이로부터 직접적으로 각각의 의미장은 그것이 나타날 의미장을 가진다는 결론이 나온다. 유일한 예외는 세계다. 세계는 그것이 나타날 의미장을 가지지 않기 때문에 대상일 수도 없다.

그렇지만 이로써 우리는 마침내 모순의 덫에 걸린 게 아닐까? 지금껏 우리는 세계를 두고 생각하지 않았는가? 세계를 생각했다면, 다시 말해서 세계가 생각의 대상이 되었다면, 세계는 존재한다. 바로 생각의 내용으로서. 생각한 내용은 생각 속에서 존재하므로, 세계가 나타나는 의미장은 있다고 봐야 한다. 그렇다면 세계 자체는 대체 있을까, 없을까?

세계가 우리의 생각 속에 존재한다면, 우리 생각은 세계 안에 존재할 수 없다. 그렇지 않다면 우리 생각과 〈세계〉(생각의 내용이라는 의미에서)로 이루어진 세계가 존재해야만 한다. 그러니까 우리는 세계를 두고 생각할 수 없다. 미국의 천재적인 시트콤 「사인필드」*(〈의미장〉과 이름이 비슷한 게 우연은 아니다)가 우리에게 가르쳐 주는 것은 모든 게 〈아무것도 아닌 것에 관한 쇼〉라는 사실이다. 존재하는 모든 것, 현상으로 나타나는 모든 것은 결국 우리에게 세계는 존재하지 않음을 보여 준다. 모든 것은 바로 세계가 존재하지 않기 때문에 존재한다. 우리는 세계를 생각할 수 없다. 생각하려 시도해도 그렇게 포착하는 것은 아무것도 아니다. 정확히 말하자면 〈없음보다 못한〉 것일 수 있다. 세계를 두고 했다는 모든 생각은 기실 세계 안의 생각이다. 우리는 위에서 세계를 굽어보며 생각할 수 없으며, 그렇기 때문에 문자 그대로 세계를 생각할 수 없다. 〈하나의 전체로서〉의 세계에 대한 생각은 진리가 될 수 없으며 관계할 어떤 대상도 갖지 못한다. 세계에 대한 생각은 완벽히 텅 빈 생각이다.

내가 반성(反省)에서 약간의 곡예를 부려 보는 것을 독자 여러분이 허락해 주기를 희망한다. 지금부터 시도하고자 하는 생각은 다분히 곡예와 같기 때문이다. 이 곡예적

---

* Seinfeld. 네 명의 괴짜 친구들이 벌이는 소동을 다룬 시트콤 드라마. 주인공의 이름 사인필드는 독일어로 〈존재장〉이라는 뜻으로 〈의미장Sinnfeld〉과 단어 구조가 비슷하다.

인 생각이란 전체로서의 세계를 생각함과 동시에 자기 자신을 생각해 보는 것이다. 이 생각은 아마도 세계를 구출해 존재하게끔 만들어 줄 수 있으리라. 이 생각에 〈슈퍼 생각〉이라는 이름을 붙이고 다음과 같이 정의해 보자. 슈퍼 생각은 전체로서의 세계와 자기 자신을 동시에 대상으로 가진다. 슈퍼 생각은 자기 자신과 모든 다른 것을 한꺼번에 생각한다.

이 슈퍼 생각(유감스럽지만 잘못된 생각)은 모든 시대를 통틀어 가장 천재적인 형이상학자 게오르크 빌헬름 프리드리히 헤겔이 고대 그리스의 몇몇 사상에 기대어 도입한 것으로, 모든 시대를 통틀어 최고의(그리고 가장 어려운) 철학책 가운데 하나인 『대논리학 *Wissenschaft der Logik*』에서 그 근거를 밝힌 것이다. 헤겔이 슈퍼 생각에 붙인 이름은 〈절대 이념〉이다. 이 이름이 사안에 매우 적절하다는 것은 쉽게 알아볼 수 있다. 슈퍼 생각은 말하자면 인간이 생각할 수 있는 최고의 이념, 그러니까 절대 이념이다. 이에 맞춰 우리는 하나의 슈퍼 생각이 존재한다는 주장에 역시 하나의 이름을 붙여 주고자 한다. 하나의 슈퍼 생각이 존재한다는 이론은 곧 절대 이상주의다.

물론 절대 이상주의는 틀렸다. 슈퍼 생각이 진리라면 이 생각은 존재해야만 한다. 그러나 절대 이상주의는 어떤 의미장에서 나타나는가? 슈퍼 생각이 그 자체 안에서 나타

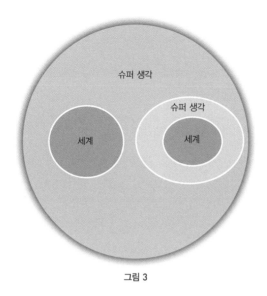

그림 3

난다면, 이게 바로 세계 문제와 똑같다. 세계는 그 자체 안에 나타나면서, 동시에 세계와 더불어 나란히 나타나야 하기 때문에 잘못이다. 슈퍼 생각도 마찬가지다. 이 문제를 〈그림 3〉으로 나타내 보았다.

물론 이 그림은 엄밀히 따져 보면 불완전하고 불충분하다. 그걸 감안해 살펴보더라도 슈퍼 생각 안에서 등장하는 슈퍼 생각 안에 다시 슈퍼 생각이 나타나는 것은 앞서 거울에 비친 그림으로 살펴보았던 것, 곧 무한 퇴행과 다르지 않다. 간단히 말해서 모든 것을 포괄하는 것은 그 자체 안에서 나타날 수 없다. 모든 것을 포괄하는 것은 우리에게 시간이 부족한 탓에 도달할 수 없는 것일 뿐 아니라, 그게 나타날 의미장도 없기 때문에 존재하지 않는다. 한 마디로 슈퍼 생각은 없다.

허무주의와 아무것도 존재하지 않음

보다 현실적이고 두 눈으로 직접 확인할 수 있는 직관적인 차원으로 돌아와, 다시 푸른색 주사위를 생각해 보자. 주사위가 다른 대상들과 완전히 격리되어 오로지 홀로 있다면, 주사위는 존재할 수 없다. 어떤 단 하나의 대상을 다른 모든 대상과 격리한다면(상상으로나 우주에서나 또는 어떤 대상 영역에서든), 그 대상은 당장 존재하기를 멈춘다. 대상은 그것이 나타날 그 어떤 의미장으로부터도 격리되었기 때문이다. 푸른색 주사위를 모든 의미장으로부터, 그러니까 세계로부터 들어낸다면, 주사위는 말하자면 안에서부터 폭발해 흔적도 없이 사라진다. 존재론적으로 다룰 수 없게 헛되이 무너진다고나 할까. 그냥 간단하게 사라진다. 완전히 홀로 남은 대상은 존재하지 않는다. 〈하나는 가장 외로운 숫자다.〉

이렇게 본다면 세계는 그 자신의 수없이 많은 작은 복사본으로 이루어진다. 각각의 대상은 그 자율권을 요구하기 때문이다. 다시 말해서 정확히 지금 있는 그대로의 대상으로 존재하기를 요구한다. 그게 커피 테이블이든, 야

채 스프든, 수학 공식이든, 일단 의미장 안에서 나타나는 대상은 자율적인, 곧 스스로 존재하는 대상이기를 요구한다. 다시 말해서 대상은 언제나 어떤 배경 앞에서만 나타난다. 배경이 없는 대상은 존재하지 않는다. 무수히 많은 각각의 작은 복사본은 저마다 세계의 작은 그림이며, 이는 곧 무수히 많은 작은 세계 모델이 존재함을 뜻한다. 이로써 내가 염두에 두는 사실은, 완전하게 격리된 대상은 존재할 수 없다는 점이다. 대상은 반드시 의미장 안에서 나타나야만 한다. 그렇다면 의미장 역시 홀로는 존재할 수 없다는 결론이 나온다. 의미장 역시 나타나기 위해서는 또 다른 의미장을 필요로 한다. 이런 식으로 의미장은 끊임없이 맞물려 나간다. 우리는 결코 마지막에 이를 수 없다. 모든 게 나타나는 마지막 의미장, 곧 세계는 얻어지지 않는다. 오히려 세계는 늘 거듭 밀려 나가며 계속 새로운 의미장을 펼쳐 보일 뿐이다. 바로 그래서 우리가 생각할 수 있는(최소한 우리의 생각 안에서) 모든 의미장은 존재하는 반면, 세계 자체는 그게 무엇인지 말할 수 없다. 생각된 세계는 우리가 고민하는 세계와 결코 동일한 것일 수 없기 때문이다. 세계는 생각조차 되지 않는다.

세계의 무한한 밀려남은 이른바 프랙털 존재론이라는 형태로 그려질 수 있다. 프랙털이란 차원 분열 도형을 말하는 기하학의 개념으로, 자기 자신의 무수히 많은 복제로 이루어진다. 프랙털 기하학을 보여 주는 유명한 사례는 이른바 〈피타고라스 나무〉(그림 4)나 〈시에르핀스키 삼각형〉(그림 5)이다.

세계는 말하자면 무한하게 자체 안에서 복사되는 것이다. 세계는 오로지 작은 세계들로만 성립하며, 이 작은 세계는 다시금 순전한 작은 세계들로 이루어진다.

바로 그래서 우리는 언제나 무한한 것의 단면만 알 따름이다. 전체를 굽어보는 전망은 불가능하다. 전체는 존재하지 않기 때문이다. 릴케의 아름다운 시를 읽어 보자.

> 항상 창조에만 열중하는 세계에서,
> 우리가 알아보는 것은 자유로움의 반영일 뿐이라네.
> 우리의 어리석음이 드리운 그늘로 흐릿해 알아보기 힘들지만,
> 동물처럼 묵묵히 바라보며 아무 말 없이 지나갈 뿐이라.
> 이게 바로 운명이라네. 운명을 상대로
> 무엇인지 모를, 있지도 않은 운명을 상대로 언제나.[28]

물론 릴케는 그럼에도 무한한 것을 구출할 탈출구는 있다고 믿었다. 동물, 신들, 천사, 아이들 그리고 심지어 죽은 이들까지 함께 어우러져 순수한 힘을 모은다면 운명도 두렵지 않다는 시적 감상에 젖은 탓이랄까. 다행히 우리는

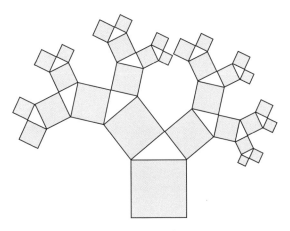

그림 4 피타고라스 나무

그림 5 시에르핀스키 삼각형

이런 시적 감상에 동참하지 않아도 된다.

그렇지만 이제 우리는 마침내 발을 디디고 설 토대를 잃어버린 게 아닐까? 그저 세계의 무한히 많은 복사본만 존재할 뿐 세계 자체는 존재하지 않는다면, 이제 모든 게 무너져 내리는 것은 아닐까? 모든 게 극심한 혼란에 빠져 불투명해지고 만다면 대체 지금 우리는 어느 차원에 있는지 어떻게 아는가? 우리가 지각하는 모든 것이 그저 더욱 큰 의미장 안에 나타나는 일종의 입자이며, 그 더 큰 의미장에서는 아마도 우리보다 훨씬 더 큰 인간이 똑같은 생각을 하면서 우리를 가소롭게 여기며 굽어보는 것은 아닐까?

기하학에서는 형식적으로나마 우리가 있는 차원이 어떤 것인지 구분할 수 있다. 그렇지만 우리가 살아가는 현실의 차원에서 경계는 어디일까? 우리의 논의에 빗대 말하자면 지금 우리는 어떤 의미장에 놓여 있는지 어떻게 아는가? 그저 아무것도 없는 허무함의 한복판에서 무한한 의미 폭발이 끊임없이 일어나는 것이라면, 우리의 현주소는 어떻게 알 수 있는가? 모든 게 허무함으로 몰락하고 마는 게 아닐까?

이런 염려는 이른바 〈허무주의〉라는 현상과 밀접하게 맞물려 나타난다. 현대의 허무주의(라틴어의 〈니힐nihil〉은 〈없음〉, 곧 〈무(無)〉라는 뜻이다)는 지극히 다양한 형태로 나타나지만 그 핵심은 결국 모든 게 무의미하다는 것이다. 우리는 무한함의 한복판에서 운동하는 보잘것없는 별에서 사투를 벌이며 고단한 인생을 이어가지만, 대체 우리가 어디에 있는지 혹은 이 전체가 무엇인지 전혀 알지 못한다. 아인슈타인의 상대성 이론은 우리가 어떤 시간에 살아가는지조차 알 수 없다고 확인해 준다. 지금이라고 확정할 수 있는 절대적이고도 유일한 시간이라는 것이 없기 때문이다. 그러니까 우주의 〈지금〉에서 일어나는 모든 사건은 측정될 수 없는 것에 지나지 않는다. 심지어 많은 물리학자와 형이상학자는 시간이라는 것 자체가 존재하지 않는다고, 이미 모든 것은 지나가 버렸으며, 시간이란 일종의 〈운동〉하는 존재들의 환영에 불과할 뿐이라고 말한다.[29] 우리의 인생은 도대체 의미라는 것을 가질까? 아니면 의미장으로 무한하게 뻗어 나가는 세계의 맞물림이 모든 의미, 일체의 중요함을 파괴하는 게 아닐까?

조금도 그렇지 않다. 오히려 그 정반대가 진실이다. 의미가 너무나도 많아 우리는 방향을 잃는 것이다. 이런 생각은 이미 저 유명한 고대 그리스의 원형 철학자 밀레투스의 탈레스가 했던 것이다. 탈레스는 이런 말을 했다고 한다. 〈모든 것은 신들로 가득하다.〉 전후 시대의 위대한 철학자 한스 블루멘베르크는 탈레스의 이 말에서 영감을 얻어 몇 권의 매우 아름다우며 많은 생각거리를 던져 주는 책을 쓰면서 탄식을 쏟아 냈다.[30] 블루멘베르크에 의하면,

탈레스는 너무나 많은 신들이 존재하는 문제를 단순화하고 싶어 했고, 그 결과 현대의 과학적 사고와 같은 발상을 할 수 있었다. 탈레스는 존재하는 모든 것이 단 하나의 물질로 이루어져 있다고 생각하며 이렇게 말했다. 〈모든 것은 물이다〉(항구 도시의 주민으로서 탈레스는 물을 무척 중시했다). 오늘날 우리는 모든 게 물이 아니라는 것을 알면서도, 여전히 모든 것의 근본이 되는 유일한 실체는 있으리라고 여긴다.

그렇지만 탈레스의 명제 〈모든 것은 물이다〉는 이중으로 오류다. 모든 게 물이라는 것은 분명 사실이 아니다(불도 있고 돌도 있다). 또 어떤 것이면서 동시에 모든 것이라는 말은 성립하지 않는다. 〈모든 것〉은 없는 것일 따름이다. 〈모든 것〉이라는 표현은 그 어떤 특정한 것과도 관계하지 않는다. 물론 〈모든 사자는 영양을 즐겨 먹는다〉거나 〈모든 강은 물을 흐르게 한다〉라는 말은 할 수 있다. 그러나 〈모든 것이 X다〉라는 말은 할 수 없다. 모든 것을 포괄하는 가장 일반적인 개념, 최고로 보편적인 X라는 게 대체 무엇인가? 이 가장 보편적인 개념은 결국 다시 세계일 수밖에 없다. 그러나 우리는 이미 세계가 없다는 사실을 확인하지 않았는가? 그러니까 모든 것을 단번에 설명하는 이론은 없다. 〈모든 것을 단번에〉와 같은 것은 있을 수 없기 때문이다.

그러나 내가 제안한 프랙털 존재론은 모든 것이 똑같으며, 모든 작은 세계 복사본이 서로 연관을 이루어야만 존재하며, 이로써 세계와 구별된다고 말하지 않는가? 그렇게 보면 프랙털 존재론 역시 탈레스와 같은 오류를 범해 〈모든 것이 의미장이다〉 하고 말한 것과 다르지 않다. 또는 문법적으로 더 적절하게 〈의미장은 존재하는 모든 것이다〉라거나.

보다 더 구체적으로 말해 보자. 어떤 의미장도 홀로 유리시킬 수 없기 때문에 의미장은 그때그때 다른 의미장 안에서만 나타난다고 한다면, 〈현실〉은 일종의 무한하게 맞물린 끝을 알 수 없게 큰 파리 눈이 아닐까? 우리는 어떤 작은 부분 안에서 모든 부분이 서로 구분되지 않는 탓에 자신이 어디 있는지 알 수 없는 지경에 처한 게 아닐까? 이런 상황은 말 그대로 〈미칠 노릇〉이 아닐 수 없다.

그러나 나는 안심해도 좋다고 말할 수 있다. 우리는 그런 상황에 처해 있지 않다. 적어도 내 논증은 우리가 이런 상황 혹은 그 비슷한 상황에 처해 있다고 암시하지 않는다. 의미장이 서로 구분되지 않는다는 전제 아래서만 그와 같은 상황이 초래될 것이기 때문이다. 그러나 의미장은 저마다 다른 것과 확연히 구분된다. 아마존 강에서 배를 타는 일은 꿈이나 물리학 방정식과 근본적으로 다르다. 어떤 국가의 국민이냐 하는 국적은 중세의 회화와 전혀 다르다.

무엇이 의미장을 의미장으로 만드는가 하는 물음은 단순히 의미장이 존재한다는 것만으로 끝난 것이 아니다. 정확히 그래서 나는 대상 영역 대신에 의미장이라는 용어를 골랐다. 차이는 이렇다. 대상 영역은 뭐가 그 안에 등장하는지 하는 물음에 관심을 두지 않는다. 브루클린에 있는 집 한 채를 예로 들어 보자. 나는 이 집이 일곱 개의 방을 가졌다는 사실만 안다. 방은 대상 영역이다. 그러니까 방이라는 대상에서 변하는 것은 아무것도 없다. 방 안에 뭐가 있든 간에 방은 방이다. 빈 방 역시 방이다. 이와 달리 의미장은 그 안에 나타나는 대상들의 배치 혹은 진열 없이는 이해될 수 없다. 자기장을 떠올려 보면 이게 무슨 말인지 짐작할 수 있다. 자기장은 특정 물건들을 뿌려 놓아야만 그 형태를 드러낸다. 말하자면 쇳가루를 뿌려 놓으면 자기장의 형태가 우리 눈에 보인다. 의미장 역시 마찬가지다. 의미장은 그 안에 나타나는 대상으로 정해진다. 다시 말해서 의미장과 대상은 떼려야 뗄 수 없는 관계를 가진다. 대상은 의미장의 의미와 밀접하게 맞물린다.

의미장을 이해할 때 결정적인 역할을 하는 것이 동일성 혹은 개성이라는 점을 유념해 보자. 무수히 많은 의미장이 존재한다는 사실은 의미장이 각기 구분되어야 함을 뜻한다. 각각의 의미장을 서로 구분해 주는 것은 바로 그 의미장의 의미다. 우리가 어떤 의미장에 처해 있는지 알고자 한다면, 우리는 그 의미를 알아야 한다. 의미장이라는 존재론적 개념은 여기에 어떤 의미장이 존재하며, 그게 어떤 속성을 가지는지 구체적으로 말해 주지 않는다. 이런 구체적인 것을 알기 위해 우리는 존재론 외에 다른 학문, 경험, 우리의 감각, 언어, 생각 등을 필요로 한다. 한마디로 인간 인식의 모든 작용을 총동원해야 구체적인 의미를 알 수 있다. 존재론은 우리에게 다만 완전히 똑같아서 전혀 구분되지 않는 의미장은 없음을 보여 줄 뿐이다. 그러나 그때그때 어떤 의미장이 존재하는지 그 구체적인 의미장의 적시는 존재론이 감당해야 할 문제가 아니라 경험을 통한 학문 연구의 과제다.

물론 이런 연구에서 착각은 일어날 수 있다. 우리는 얼마든지 자신이 처한 의미장을 혼동할 수 있기 때문이다. 이를테면 노르웨이에 트롤*이 있다고 생각하는 게 그런 착각 가운데 하나다. 물론 트롤은 북구의 신화에 등장하고, 이 신화가 노르웨이에 널리 퍼져 있기는 하다. 그러나 그렇다고 노르웨이에 트롤이 존재한다는 것은 말이 되지 않는 소리다. 〈노르웨이〉라는 의미장에 속하는 것은 그 국경 안에 등장하거나, 국적을 가지는 것이다. 그러나 트

---

* 스칸디나비아의 신화 속에 등장하는 심술쟁이 거인이나 장난꾸러기 난쟁이.

롤은 우리가 〈노르웨이〉라 부르는 국경 안에 등장하지 않는다. 노르웨이 국적을 가진 국민은 더더욱 아니다. 그러니까 트롤은 노르웨이에 있는 게 아니라, 북구의 신화 속에 존재한다.

이런 배경을 염두에 두어야 우리는 철학사의 까다로운 문제를 풀 수 있다. 이 난제는 부정적인 존재 명제를 어떻게 이해할까 하는 물음이다. 부정적인 존재 명제는 존재하지 않는 것을 두고 말하는 진술이다. 이런 진술과 씨름하며 철학자들은 아주 오랫동안 골치를 앓아 왔다. 그 이유는 간단하다. 우리가 어떤 것의 속성을 인정할 때에는 그것이 존재한다고 전제하기 때문이다. 내가 유디트는 두통을 앓는다고 말한다면, 나는 유디트는 물론이고 두통도 존재한다고 전제한다. 그렇지 않다면 유디트는 두통을 앓을 수 없기 때문이다. 우리가 하는 모든 진술에 이런 법칙이 적용된다면, 부정적인 진술도 마찬가지여야 한다. 만약 우리가 유디트는 자동차를 가지지 않았다고 주장한다면, 유디트는 물론이고 자동차도 존재한다는 전제를 당연하게 받아들여야 한다. 다만, 유디트는 현재 자동차를 가지고 있지 않을 뿐이다.

〈유디트는 존재하지 않아〉라고 우리가 주장한다면 어떻게 될까? 그렇다면 유디트는 있지만, 존재하는 대상에는 속하지 않는 걸까? 아니, 유디트가 존재하지 않는다는 속성을 가진다면, 유디트는 존재해야 하지 않을까? 결국 여기서 이끌어낼 수 있는 결론은 존재하지 않는 것은 그 어떤 속성도 가질 수 없다는 확인이다. 그렇지 않다면 유디트가 존재하지 않으려면 존재해야 한다는 모순을 피할 수가 없다.

많은 경우 이 문제는 우리가 없는 것을 두고는 아무 말도 할 수 없다는 확인과 연결된다. 우리가 없는 것을 두고 무언가 말을 한다면, 우리는 그것이 어떤 특정한 것, 곧 없는 것이라고 하면서도, 그것이 존재한다고 전제하는 게 된다. 그렇지만 이는 없는 것을 두고 오판한 게 분명하다. 없는 것은 그 어떤 특정한 것이 아니며, 존재하지도 않기 때문이다.

없는 것은 마치 우리가 생각을 통해 그것을 〈포착〉할 수 있는 것처럼 보인다. 그러나 없는 것은 우리가 생각으로도 그것을 파악할 수 없다는 것을 의미한다. 그럼에도 우리는 없는 것을 두고 몇몇 진술을 하려고 시도하며, 그게 어떤 것은 아닐까 하는 물음을 던진다. 그러나 이 문제는 쉽게 가짜 문제로 밝혀진다. 우리는 부정적인 존재 명제를, 그리고 결국 없는 것을 전혀 다른 방식으로 이해해야만 한다.

어떤 것이 없다는 것은 대체 무슨 주장일까? 예를 들어 마녀가 없다는 주장으로 우리는 무슨 말을 하려는 걸까?

우리는 이 물음을 정확하게 들여다보고 어떤 게 진짜 부정적인 존재 명제인지 다듬어 볼 필요가 있다.

마녀는 존재하지 않는다.

그럼 누군가 분명 마녀는 존재한다고 반론을 제기할 수 있다. 예를 들어 괴테의 『파우스트』나 「블레어 위치 프로젝트The Blair Witch Project」, 혹은 종교 재판관의 뒤죽박죽 얽힌 머릿속이나 쾰른의 사육제 등에 마녀는 분명 존재한다며 눈을 부라리는 사람은 얼마든지 있을 수 있다.

마녀는 존재한다.

그러니까 이 말 역시 참이다. 그러나 이제 우리는 아주 불편한 모순에 사로잡힌다.

마녀는 존재하며, 그리고 존재하지 않는다.

물론 우리는 당장 이게 진짜 모순이 아님을 알아본다. 우리는 마녀가 〈단순하게〉 있으며, 또 〈단순하게〉 존재하지 않는다고 말하지 않았기 때문이다. 두 주장은 각각 맥락의 문제이다. 우리가 어떤 것이 존재한다고 고집한다면,

우리는 언제나 그게 특정한 의미장에서 나타난다고 주장하는 것이다. 그러니까 우리는 모순에 빠지지 않고, 마녀가 각기 다른 의미장에서 나타난다고 말할 수 있다. 마녀가 존재한다고 하는 것은 스페인 종교 재판관이 생각하는 그런 의미에서 존재하는 것이 아니다. 내가 사는 도시에 〈맥도널드〉가 없다고 하는 말은 그냥 간단하게 혹은 전혀 〈맥도널드〉가 없다는 주장이 아니다. 이런 사정은 일반적으로 확장해 볼 수 있다. 긍정적이든 부정적이든 존재 명제는 언제나 하나 혹은 몇몇의 의미장과 관계한다. 그러나 모든 의미장, 곧 모든 것을 포괄하는 의미장과 관계하는 것은 결코 아니다. 모든 것을 포괄하는 의미장은 없기 때문에 존재는 언제나 하나 혹은 그 이상의 의미장에 상대적이다.

이 대목에서 독자는 이런 반론을 품을 수 있다. 존재는 환영이나 환각 혹은 단순한 공상과 대비되는 것이 아닐까? 우리가 두더지는 있다고 말한다면, 그저 단순하게 상상해 낸 두더지가 아니라 실제로 존재하는 두더지를 말하는 게 아닌가. 외계인을 두고도 같은 말을 할 수 있다. 우리가 외계인을 말할 때에는 그저 상상 속의 외계인이 아니라 저 바깥 어딘가에 실제로 존재할 수 있는 외계인을 염두에 두지 않는가.

이런 반론은 〈존재〉와 〈공상〉을 잘못 구분한 탓에 나온 것이다. 물론 공상도 존재한다. 그리고 많은 것은 오로지 공상 안에서만 존재한다. 〈어디 안에서만 존재한다〉 혹은 〈실제로 존재한다〉는 보충 구절이 붙었다고 해서 의미장의 상대성이 부정되지는 않는다. 이를테면 『파우스트』를 서로 달리 해석하는 사람들은 이런 논쟁을 벌일 수 있다. 한 사람은 『파우스트』에 마녀가 없다고 주장한다. 파우스트는 마녀라는 환영을 보았을 뿐이라면서. 그렇지만 다른 사람은 『파우스트』에 마녀가 실제로 존재한다고, 파우스트는 마녀를 상상한 게 아니며, 드라마의 세계에서 마녀는 실제로 있다고 반론한다. 〈실제로〉와 〈단순히 상상했다〉 사이의 차이는 그러니까 드라마 세계라는 의미장과 관련된다. 드라마는 어차피 〈단순히 상상한 것〉이다. 그러나 〈단순히 상상한 것〉에도 〈실제적인 것〉과 〈단순히 상상한 것〉의 대비는 일어난다.

바로 그래서 존재는 우주 안에서 등장하는 어떤 것, 곧 물리적이고 물질적인 대상하고만 관계하는 게 아니다. 그렇지 않다면 어떤 소설 속의 허구적인 캐릭터가 실제로 존재하는지 아닌지 하는 토론은 할 수 없으리라. 존재는 언제나 어떤 특수한 의미장 안에서 나타나는 것이다. 문제는 그게 어떤 의미장이냐 하는 것이며, 바로 여기서 우리는 흔히 착각을 일으킨다. 마녀 사냥을 일삼은 종교 재판소는 유럽에 사는 여인들을 상상의 산물과 혼동했다. 그러나 유럽이든 어디든 마녀는 없다. 그러니까 마녀는 언제나 그 추적자의 상상 속에서만 존재한다. 마녀는 지구 상에 물리적으로 존재한 적이 결코 없다. 〈지구〉라는 의미장에서 마녀는 나타나지 않으며, 그것이 존재하는 곳은 〈근대 초 마녀 사냥꾼의 상상〉이라는 의미장이다. 그러니까 근대 초의 어떤 상상 속에 마녀가 존재했다거나, 괴테의 『파우스트』에 마녀가 존재한다는 것은 완전히 정당한 주장이다.

외계와 내계

유감스럽게도 칸트 이래 많은 철학자들은 현대 철학의 발전을 절뚝거리며 따라올 뿐이다. 바로 그래서 이들은 근대 초의 유물론 철학자와 마찬가지로 우리의 감각 기관이 작용하는 이른바 〈외계(外界)〉가 존재하며, 이 〈외계〉를 그려 보는 우리의 상상도 유효하다고 여긴다. 외계는 존재하는 반면, 우리의 상상은 틀리거나 맞을 수 있다는 식이다. 또 외계는 참도 거짓도 아니며, 그냥 존재한다는 주장이다. 그러나 외계와 더불어 이를 그려 보는 우리의 상상이 존재한다는 것은 단적으로 잘못된 생각이다. 이 생각은 이른바 과학적 세계관이라는 존재론적으로 잘못된 세계관을 전제하기 때문이다.

첫 번째 오류는 과학을 세계관과 연결시킨 것이다. 말이 나온 김에 짚어 보자면 이런 태도는 철학적 지혜가 절대 아니다. 내 세대의 성인은 이미 「머펫 쇼」*를 통해 이런 지혜를 잘 안다. 또 대부분의 아동 책과 많은 아이들은 저 〈과학적 세계관〉의 추종자들보다 훨씬 더 현명하다. 「머펫 쇼」에는 〈우주의 돼지들〉이라는 제목의 코너가 있다. 제목이 이미 모든 것을 말해 준다. 이 코너에선 무엇보다도 우리 인간이 단순히 우주의 돼지가 아니라는 것을 아이들에게 가르친다. 우리는 아무 의미를 가지지 않는 무한하고 멍청한 우주에서 그저 닥치는 대로 먹어치우고 소화시키고 계산이나 하는, 길을 잃고 헤매는 동물이 아니다. 인간은 자신이 존재하는 것을 알고, 복잡한 관계 속에서 스스로를 발견해 가는 존재다. 〈우주의 돼지들〉 시리즈에는 〈돼지 오물〉이라는 이름의 우주선이 아무런 희망도 없이 우주 공간을 정처 없이 떠돌아다닌다. 첫 편에서 우주선 선장은 무한한 우주의 지도를 그리려 시도한다. 그러나 선장의 옆에 놓인 무한을 표상하는 숫자 〈8〉은 새끼 오리로 보일 뿐이다. 그사이에 미스 피기는 한숨을 쉬며 탄식한다. 「오 아냐, 아냐, 아냐. 우리는 무한한 공간에서 길을 잃고 말았어. 그런데 왜 그걸 인정하지 않아!」 그리고 미스 피기는 실존적 좌절을 맛본다. 선장은 그저 이렇게 답할 뿐이다. 「나는 이전에도 빠져나갈 길이 없는 절망

* The Muppet Show. 1976년에서 1981년까지 영국에서 방영한 인형극.

148

적 상황에 처한 적이 있어. 그래도 탈출구를 찾아냈지.」돌연 돼지들은 〈군것질의 파장〉이 흐르는 공간을 지나가고 있음을 확인한다. 바로 그래서 선장의 연필에서는 자두 맛이 난다. 파장은 〈우주선의 모든 것을 군것질거리로 바꾸어 버린다.〉 돼지들은 모든 게 먹을거리인 의미장 안에서 움직인다. 그리고 우주선은 그저 먹는 일만 판치는 곳이 되어 버린다.

이른바 〈과학적 세계관〉은 인간을 우주에 있는 일종의 돼지라고 가정한다. 존재를 감각으로 접근할 수 있는 영역과 혼동해, 인간이 가지는 감각적 욕구로만 광활한 우주를 바라본다. 인간을 우주의 돼지처럼 바라보면 모든 게 무의미하게만 여겨진다는 사실은 전혀 놀라울 게 없다 (물론 많은 경우 우리가 우주의 돼지처럼 군다는 것은 인정할지라도!).

전체로서의 현실이라는 세계관을 다룰 때 우리는 보통 일상 경험과 매우 멀리 떨어지게 된다. 그래서 우리는 하이데거가 〈비약〉이라 부른 것을 쉽사리 간과하고 만다.[31] 우리는 말하자면 바깥에서 보는 것처럼 현실을 바라보며, 이 현실이 어떤 것인지 묻는다. 이런 기묘한 거리 둠은 마치 세계에 저 바깥이라는 게 실제 있는 것처럼 착각하게 만든다. 말하자면 일종의 영화관에 앉아 현실이라는 제목의 영화를 관람한다고나 할까. 〈외계〉라는 개념은 이렇게 만들어진다. 그러나 우리는 세계의 한복판에 있을 뿐이며, 우리가 어디 있는지, 대체 그 전체라는 게 무엇이며 우리가 어떤 영화를 보는지 짐작도 하지 못한다.

현실의 삶과 거리를 두면서 우리는 이미 이론적으로 많은 예단을 하고 만다. 일종의 선입견과 같은 이런 결정은 대개 우리가 의식해서 내리는 게 아니라, 이미 이런 결정이 우리에게 내려져 있다고 봐야만 한다. 세계관은 미디어, 교육 체계, 모든 종류의 제도로 널리 퍼지는 것이기 때문이다. 우리는 끊임없이 조작된(허락되지 않은 방법으로 부풀려지고, 멋들어지게 꾸며진) 허블 망원경 사진과 최신의 입자 모델로 세뇌당한다. 그러나 과학은 이 모든 게 우리에게 우주를 간파할 궁극적인 시야를 열어 줄 거라고 호언장담한다. 옛날에는 예언자들이 앞다투어 구원의 메시지를 선포하고 다녔다면, 오늘날에는 과학자와 전문가가 근본적으로 존재하는 것은 신의 입자와 힉스 장뿐이며, 우리 인간은 우주의 돼지, 근본적으로 번식과 먹이에만 관심을 가지는 돼지에 지나지 않는다고 목청을 높인다. 그런 생각은 우리로 하여금 인생을 경험하는 방식, 세계가 나타나는 방식이 그저 환상일 뿐이라는 인상만 품게 만든다. 그러니까 세계는 〈그 어디도 아닌 곳에서 바라보는 시선〉에 포착되는 바로 그것이어야 한다는 게 과학적 세계관의 주장이다. 〈그 어디도 아닌 곳에서 바라보는 시선〉이라는 표현은 미국의 철학자 토머스 네이글의 것이다.[32] 네이글은 과학적 세계관이라는 게 그 어디도 아닌 곳의 시선에서 비롯된 것임을 꼬집으며, 진리의 문제에서 우리의 개인적 관심을 되도록 지워 버리려 애를 쓰는 뭐가 뭔지 혼란스러운 속내를 품고 있다고 폭로한다.

독자 여러분은 여덟 살 때 세상이 어떻게 보였는지 기억하는가? 십 년 혹은 그 이상의 세월 뒤에 자신의 인생이 어떤 모습일지 그려 보며 품었던 희망과 소원과 두려움을! 죽마고우와 가족 축제와 여름방학의 첫날과 학교에서 얻은 중요한 깨달음을! 이제 세월의 흐름과 더불어 세상을 바라보는 감각이 얼마나 많은 변화를 겪었는지도 명확해질 게 분명하다. 여기서 관찰되는 것은 의미장의 변화, 곧 하나의 의미장에서 다른 의미장으로의 넘어감이다. 이를 확인하기 위해 자신의 인생사를 송두리째 쓸 필요는 없다. 우리는 의미장의 변화를 끊임없이 경험한다. 그것도 매 순간마다!

나는 이 구절을 2012년 4월 말 처음으로 여름 같았던 날에 내 집 발코니에서 썼다. 이 글을 쓰면서 나는 이따금씩 고개를 돌려 교회의 아름다운 탑을 바라보았다. 탑은 발코니에서 아주 잘 보인다. 이웃집 아이가 뭐라고 나에게 소리친다. 꼬마 다비드는 정원의 호스를 가지고 놀면서 내가 보아 주었으면 하는 모양이다. 글라이더 한 대가 하늘을 스쳐 지나간다. 나는 머릿속으로 토머스 네이글과 대화를 나누며 그 내용을 원고에 적는다. 대화를 나누며 나는 뉴욕의 워싱턴 스퀘어파크 근처에 있는 네이글의 연구실에 온 것 같은 느낌에 사로잡힌다. 책상 앞에 앉은 네이글 교수는 매우 신중하면서도 어딘지 모르게 따스한 느낌을 준다. 이제 나는 생각 속에서 다시 빠져나와, 목이 타는 듯한 갈증을 느낀다. 그리고 바로 옆에 있는 차를 홀짝거리며 맛나게 마신다.

지금 일어난 일은 우리가 매일 수백 번도 넘게 되풀이하는 작은 여행이다. 기분 좋은 따스함이나 꽉 끼는 바지의 불편함, 참기 힘든 소음과 같은 몸의 느낌 혹은 이론적 발상 따위를 머릿속에서 따라다니는 여행이다. 그때마다 우리는 주변의 사람(이를테면 꼬마 다비드)을 어떻게 대해 줘야 좋을지, 다음 문장을 어떻게 써야 할지 자문한다. 끊임없이 의미장에서 의미장으로 넘나든다. 그렇지만 모든 것을 포괄한다는 저 궁극적인 의미장에 이르는 일은 절대 없다. 우주의 무한함을 그려 보거나 이론 물리학의 생각 실험을 할지라도, 내가 만나는 것은 늘 다른 의미장일 따름이다. 마치 우리가 의미장에서 의미장으로 보내지는 강제 여행을 하는 것만 같다.

우리 인생을 아주 잘 의식해서 목표에 충실하게 주도적으로 행동한다 할지라도, 우리는 매 순간 무수한 우연과 맞닥뜨린다. 전혀 예상하지 못한 냄새, 알지 못하는 사람들, 단 한 번도 겪어 보지 못한 상황 등등 우연의 모습은 다채롭기만 하다. 다양한 의미장을 떠다니는 운동이랄까. 인생을 통해 우리는 그때그때 맥락을 만들어 내거나, 일상을 이미 주어진 것으로서 받아들인다. 이 글을 쓰며 나는 〈처음으로 여름 같았던 날〉이라는 의미장을 지나치며, 그 안에 어떤 대상들이 나타날까 궁리해 본다. 바로 그래서 앞 문장에 교회 탑과 꼬마 다비드가 등장했다. 모두 일상의 사소한 것이지만 빠뜨릴 수 없는 중요한 것이다.

물론 우리의 일상 언어는 우리가 체험하는 것을 근접하게나마 그리기에도 턱없이 부족하다. 바로 그래서 라이너 마리아 릴케와 같은 시인은 더욱 탁월한 현상학자, 현상의 구원자로 등장한다. 그의 『신(新) 시집 *Neue Gedichte*』에 수록한 한 편의 시에서 릴케는 어린 시절을 의미장 존재론과 똑같은 방식으로 묘사한다. 어느 모로 보나 릴케의 시풍을 고스란히 담아낸 작품이다.

잃어버린 것을 두고 무언가 말을 하려
머리를 쥐어짜는 것은 좋은 일이라네.
저 먼 어린 시절의 오후는 어땠던가.
절대 다시 오지 않을 그때, 그런데 왜?

흐릿하게 생각은 난다, 아마 비가 내렸지.
그러나 정확히 어땠는지 더는 모르네.
인생이 만남과 이별과 더 나아감으로
그토록 충만할 일은 다시 없으리.

당시처럼, 우리는 그저 하나의 물건이나
한 마리 동물처럼 모든 걸 고스란히 받아들였네.
그때 우리는 인간답게 살았어, 너희도 그랬겠지.
온통 모든 게 캐릭터로 가득했지.

그리고 양치기 목동처럼 외로웠지.
그리고 모든 게 멀리만 있었어.
그리고 멀리서 부르며 어루만졌지.
그리고 기다란 새 끈처럼 천천히.
그림 장면의 연속으로 이끌었지.
이제 우리는 이 장면의 연속 안에서 헤맬 뿐이네.[33]

   우리 인간은 도대체 그 전체라는 게 무엇이며, 또 우리가 어느 위치에 놓여 있는지 알고자 한다. 이런 앎의 의지는 온전히 정당하다. 형이상학으로 끌리는 이 충동을 과소평가해서는 안 된다. 이런 충동이야말로 우리를 인간으로 만드는 것이기 때문이다. 인간은 형이상학적인 동물,

곧 막스 셸러가 고전의 반열에 오른 소책자 제목에 붙였듯, 자신이 처한 〈우주의 위치〉를 알고자 하는 동물이다.[34] 그렇지만 전체가 대체 무엇이냐는 물음에 우리는 매우 신중하게 답해야 한다. 그냥 간단하게 우리의 경험을 뛰어넘어, 이 경험이 차지할 위치가 전혀 없는 거대한 세계가 있는 양 행동할 수는 없기 때문이다. 이런 전체를 당연하게 여기는 잘못을 철학자 볼프람 호그레베는 자신의 책 『위험한 유사 인생: 무대처럼 꾸며진 인간 실존』에서 〈냉혹한 고향〉이라는 딱 들어맞는 표현으로 꼬집었다.[35]

우리가 살아가는 세계는 그저 의미장에서 의미장으로 끊임없이 넘어가는 변환이며, 의미장들의 융합이자 맞물림이다. 전체적으로 냉혹한 고향이 우리가 사는 세계는 아니다. 〈전체적〉이라는 말을 붙일 게 아예 없기 때문이다.

칸트가 말했듯, 우리가 〈인간의 입장〉[36]에서 세계를 바라본다는 사실은 논란의 여지가 없다. 그렇다고 해서 이 말이 세계 그 자체를 우리가 알 수 없다는 뜻은 아니다. 바로 우리는 인간의 입장에서 세계 그 자체가 어떤 것인지 안다.

다음 장에서 우리는 과학 혹은 과학의 객관성을 무너뜨리고자 하는 게 이 책의 주된 관심사가 아니라는 것을 살펴볼 예정이다. 다만, 우리는 과학의 객관성을 세계 탐구와 혼동해서는 안 된다. 자연 과학은 그 대상 영역들을 연구하며 흔히 옳은 결과를 이끌어 내지만 잘못을 저지를 때도 적지 않다. 그러나 성급하게 전체로 나아가 우리 자신을 망각하고 우리의 고유한 일상적인 경험을 간과하는 잘못은 우리의 본성 탓이 아니다. 사고의 태만이라는 나쁜 습관에서 빚어지는 일이다. 그리고 다행히도 우리는 이 습관을 떨쳐 버릴 수 있다.

반면, 철학은 고대 그리스든, 인도든, 중국이든, 인간이 스스로 자신은 도대체 누구인가 하는 물음을 품는 것으로부터 출발했다. 철학은 우리가 누구인지 알고자 하고, 이처럼 자기 인식의 소망에 투철하다. 우리 자신을 우주 공식에서 지워 버리고 자연 과학을 폄훼하려는 것이 결코 아니다. 다만, 세계는 존재하지 않는다는 통찰, 무한한 변형으로 무한하게 늘어나는 의미장들만 존재한다는 통찰은 우리로 하여금 그 어떤 특정한 세계관에 사로잡히지 않고 인간의 자기 인식을 다룰 수 있게 허락해 준다. 모든 세계관은 틀렸다. 세계관은 하나의 세계라는 게 존재한다는 걸 전제로 그 그림을 그려 주는 것이기 때문이다. 곧 보게 되겠지만, 자연 과학을 포기하지 않고도 세계관은 얼마든지 포기할 수 있다. 오히려 우리는 모든 것을 설명할 수 있어야 한다는 지나친 요구로부터 자연 과학을 지켜 주어야 한다. 이런 자연 과학을 향한 비합리적인 요구는 그 어떤 것도, 그 누구도 정당화할 수 없다.

4장

자연 과학의 세계관

근대 이후의 시대는 과학과 계몽의 시대다. 오늘날 우리는 그 연장선상에서 살아간다. 흔히 근대의 첫 번째 정점이라 일컬어지는 〈계몽〉은 18세기에 이루어진 사건이다. 반면, 다른 이들은 계몽을 두고 20세기의 불행한 정치 현실의 전조로 간주하기도 한다. 이를테면 테오도어 아도르노와 막스 호르크하이머는 공저 『계몽의 변증법』에서 그런 진단을 선보였다.[37] 이 책으로 두 사람은 비판 이론, 그러니까 근대에서 20세기로 이어지는 시대가 가진 이데올로기로 왜곡된 전제를 비판적으로 연구하려는 이론의 창시자가 되었다. 계몽에 대한 비슷한 비판은 20세기 프랑스 철학에서도, 이를테면 철학자이자 사회학자이며 역사학자인 미셸 푸코의 저작을 통해 꼼꼼하게 이루어졌다.

물론 과학의 시대인 근대를 계몽이라는 역사의 과정과 동일시해서는 안 된다. 근대는 이미 그 초기, 그러니까

15세기에 시작된 과학 혁명과 더불어 막을 올렸지만(또 정치 혁명을 이끌기도 했지만), 반대로 계몽은 18세기에 들어서야 비로소 시작되었기 때문이다. 과학 혁명의 핵심은 고대와 중세의 모든 세계관을 무너뜨리는 일이었다. 세계는 고대 그리스 철학의 출발 이래 유럽에서 누천년 동안 당연시되어 온 그런 것일 수가 없음이 밝혀졌기 때문이다.

근대는 세계의 중심이라고 강조되었던 인간과 그 생활 공간, 곧 지구라는 이름의 별을 그 중심 자리에서 끌어내리는 것으로 시작되었다. 인류는 우리가 그 이전에 감히 꿈꾸었던 것보다 훨씬 더 큰 맥락에 처해 있으며, 이 맥락이 결코 인간의 욕구에 맞춰진 게 아니라는 사실을 깨달았다. 그러나 이런 깨달음은 너무도 성급하게 과학적 세계관이라는 결론을 이끌어 냈고, 이 세계관에서 인간은 더는 등장하지 않을 지경이 되었다. 인간은 자신을 세계에서 지워 버리고 이 세계를 냉혹한 고향, 곧 우주와 동일시하기 시작했다. 그러나 이로써 인간은 다시 슬쩍 세계관으로 숨어들었다. 세계는 본질적으로 관객이 없는 것이라는 자연 과학의 전제는 그럼 자연 과학자는 관객이 아니고 누구인가 하는 모순을 피할 수 없었기 때문이다. 과학자는 결국 버리려 했던 관객이 자신임을 깨닫지 않을 수 없었다.

더욱이 관객이 없는 냉혹한 고향이라는 발상이 하필이면 유럽인이 정말로 다른 고향을 가진 사람들과 조우한 시기에 출현했다는 점은 대단히 흥미롭다. 아메리카 대륙의 발견은 유럽인이 그동안 짐작했던 것보다 훨씬 더 많은 게 존재한다는 사실의 발견과 다르지 않았다. 유럽인과는 외모로만 구별될 뿐, 다른 점이라고는 하나도 없는 온전한 인간의 발견은 당시 유럽인에게 매우 혼란스러운 일이었을 것이다.

이 만남의 결과 인간은 자신이 우주에서 차지하는 위치가 무엇인가 하는 물음을 품게 되었다. 브라질의 인류학자 에두아르두 비베이후스 데 카스트루가 강조하듯, 〈원시인〉으로 여겨진 토착민을 바라볼 때의 불안함은 우주가 얼마든지 인류를 포기할 수 있을 거라는 생각의 토대가 되었다. 그러니까 다르면서 비슷한 인간을 보며 우주에서 인류의 초라함을 새삼 자각했다고나 할까.

그러나 카스트루가 마찬가지로 확인했듯, 오늘날 브라질에서 볼 수 있는 토착민 공동체는 과학적 세계관보다 존재론적으로 훨씬 더 큰 함의를 가진다. 이들은 관객이 없는 우주라는 생각을 아예 하지 않으며, 왜 자신이 관객으로 존재하는지, 또 자신의 존재가 무얼 뜻하는지 하는 물음을 진지하게 다루기 때문이다. 바로 그래서 인류학자 혹은 민속학자로서 카스트루는 이 원주민 공동체로부터 우리 인간이 도대체 누구인가 하는 물음을 피할 수 없다고 이야기한다.[38] 카스트루는 이런 관점을 〈대칭적 인류학〉이라 부른다. 이는 곧 유럽의 발견자도, 원주민 공동체도 모두 인간이며 서로가 서로를 연구한다는 뜻이다.

근대가 계몽으로 이어지면서, 아도르노와 호르크하이머가 주장하듯 계몽이 20세기의 정치적 파국을 초래했는지와 관련한 역사와 역사 철학의 어려운 물음들은 잠시 제쳐 두자. 우선 여기서 선입견 없이 냉정하게 확인할 수 있는 사항은 과학의 시대에 산다는 건 분명 대단한 축복이라는 사실이다. 오늘날의 지식 수준과 기술을 가진 치과 의사를 찾아가는 것이 플라톤 시대의 치과 의사를 찾아가는 것보다 훨씬 더 나은 선택이라는 점은 부정할 수 없다. 여행도 훨씬 편리해졌다. 고대 그리스의 아테네에 살던 철학자가 시칠리아로 강연 초대를 받았다면, 노예들이 노를 젓는, 분명 대단히 불편한 배를 타고 건너가야 했을 것이다. 그리고 강연이 끝나고 난 뒤 즐기는 저녁 만찬도 오늘날의 입맛에는 그리 추천할 만하지 않았으리라(당시 유럽에는 토마토조차 없었다. 토마토는 근대 초의 탐험 여행을 통해 유럽으로 수입되었기 때문이다. 게다가 고대 그리스에는 양념거리도 충분치 않았다. 양념의 천국 인도를 찾아가는 험한 바닷길이 근대 탄생의 중요한 동인이었다는 점을 생각하면 그리 놀라운 이야기가 아니다).

위대한 과학적 성과를 많이 일구어 내기는 했지만, 고대 그리스 사람들은 우주가 매우 제한되어 있다는 생각에서 벗어나지 못했다. 오늘날 우리가 측정과 계산을 통해 알아낸 것처럼 은하계에 수많은 태양계가 있다는 사실을 알면, 고대 그리스 사람들은 놀란 입을 다물지 못할 것이다. 그 밖에 좀 더 과장하자면, 고대 그리스 철학은 인간을 모든 사건의 중심에 두었다. 심지어 철학자 프로타고라스는 인간을 두고 〈만물의 척도〉라고까지 주장했다. 반대로 근대는 미국의 철학자 윌프리드 셀라스가 분명하게 정리했듯, 〈과학이 만물의 척도다〉라는 생각에 사로잡혔다.

내가 (……) 철학자로서 말한다면, 시공간상에 존재하는 물리적 대상의 일상세계는 비현실적이라고 얼마든지 주장할 수 있다. 다시 말해서 그런 일상세계는 없다는 뜻이다. 아니, 좀 덜 역설적으로 표현하자면, 세계를 묘사하고 설명하는 것이 핵심 주제일 경우, 과학은 만물의 척도, 곧 존재하는 것은 물론이고 존재하지 않는 것의 척도다. 과학이 아닌 다른 어떤 것에 의존하는 일상세계는 환상이나 다름 없다.[39]

과학의 시대는 인간 세계가 환상의 영역이 아닐까 의심하며, 과학의 세계, 곧 우주를 객관성의 척도로 내세웠다. 〈세계가 우리에게 어떻게 보일까〉가 아니라, 〈세계 그 자체가 무엇일까〉가 과학 시대의 최대 관심사였다.

물론 우리는 이미 앞 장들을 통해 이런 과학적 세계관을 문제 삼을 만한 충분한 장비를 갖추었다. 의미장 존재론은 현실의 근본 바탕과 같은 층, 곧 세계 그 자체라는 것은 있을 수 없다는 결론을 내린다. 이 세계 그 자체란 언제나 우리의 레지스트리에 왜곡되어 나타날 뿐이다. 과학주의의 주장, 곧 자연 과학은 현실의 근본 바탕, 즉 세계 그 자체를 인식하며, 인식의 다른 모든 요구는 자연 과학의 인식으로 줄이거나, 적어도 자연 과학의 인식에 비추어 측정해야만 한다는 주장은 단적으로 틀렸다.

그렇다고 해서 내가 어떤 과학 분과나 과학성이라는 현대의 이상을 비판하려는 것은 아니다. 학문의 발전은 의학, 영양학, 경제학은 물론이고 정치학의 발전을 이끌어 왔다. 우리가 과학, 특히 자연 과학으로 더 많은 것을 알아낼수록 그만큼 우리는 더 많은 진리를 깨우치며 해묵은 오류를 극복한다. 계몽과 과학이 서로 어떤 관계를 가지는가 하는 물음과는 별개로, 과학의 발달은 충분히 환영할 만하다. 물론 과학의 발달이 항상 자연 과학의 발전과 같지는 않다. 사회학과 예술과 철학의 발전도 있을 수 있으며, 과학의 경로와는 전혀 다르게 이루어지는 발달 과정, 이를테면 스케이트보드의 발전도 있다.

과학이 일구어 낸 성과는 위대한 업적이다. 우리가 과학의 시대에 살고 있다는 확인은 기쁜 소식, 일종의 명예 훈장이다. 과학은 우리에게 선입견으로부터 자유로운 태도를 선물하며, 사회적 지위의 높고 낮음을 막론하고 모든 사람들이 공유할 수 있는 지식을 선사한다. 과학은 그 방법을 체득한 사람이라면 누구나 검증할 수 있고 수긍할 수 있는 방식으로 지식을 이끌어 낸다. 이런 뜻에서 과학은 매우 민주적인 프로젝트다. 진리 발견과 진리 앞에서 모든 인간이 평등함을 웅변하는 것이 과학이기 때문이다. 물론 그렇다고 해서 더 나은 학자나 다소 떨어지는 학자가 없다는 얘기는 아니다. 그럼에도 과학은 근본적으로 공동의 자산이다.

그러나 〈과학〉이라는 명예 훈상 혹은 〈과학적〉이라는 영예로운 수식어가 어떤 세계관과 맞물리게 되면 상황은 무척 까다로워진다. 그 이유는 크게 두 가지다. 먼저 과학적 세계관이라는 것을 논박하기가 간단치 않으며, 각각의 세계관이 가지는 논리적 바탕을 깨뜨리기가 쉽지 않다. 이 이유들 자체도 과학적이다. 근거를 토대로 누구든 검증하고 수긍할 수 있게 반박이 이루어져야 하기 때문이다. 다시 말해, 반론 자체도 힘을 잃고 거부되거나 반박당할 수 있다. 물론 반론의 반박도 근거를 가지고 검증할 수 있게 과학적이어야만 한다.

철학은 이런 의미에서 과학적이다. 철학은 근거로 이루어지는 논리 싸움이며, 이로써 정당성을 확보하려는 작업이기 때문이다. 근거로 이뤄지는 논리 싸움에서는 더 나은 근거를 제시하는 쪽이 승리한다. 지난 2백 년 동안, 특히 칸트의 논리를 주목하면서 철학은 세계 개념에 대한 혁명을 이루어 왔다. 그러니까 철학도 발전을 이룩했다. 이 발전 덕분에 철학은 세계관 그 자체를 문제 삼을 수 있게 되었다.

모든 과학적 세계관이 좌절할 수밖에 없는 첫 번째 이유는 세계라는 게 존재하지 않는다는 사실에 있다. 있지 않은 것, 생각으로라도 있다고 상정할 수 없는 것을 두고 무슨 그림을 그린다는 것은 말이 되지 않는다(그렇다고 세계는 만들어 낼 수 있는 것도 아니다). 또 다른 이유는 바깥에서 볼 수 없는 세계를 두고 그림을 그릴 수는 없다는 점이다. 이는 이번 장에서 중요하게 다뤄질 부분이다. 내가 토머스 네이글의 표현과 관련해 이미 언급했듯, 〈그 어디도 아닌 곳에서 바라보는 시선〉에 우리는 이를 수 없다. 우리는 언제나 현실을 어떤 구체적 지점에서 바라볼 뿐이다. 우리는 매번 그 어딘가에서 바라볼 뿐, 절대로 〈그 어디도 아닌 곳〉에서 관찰할 수 없다.

같은 맥락에서 과학적 세계관이 좌초하는 첫 번째 이유는 〈존재론적〉이다. 존재론은 과학적 세계관의 전제가 잘못되었음을 증명해 준다. 그러니까 잘못된 전제로부터 이끌어 낸 결론은 잘못이거나, 적어도 학문적인 근거를 갖지 못한다. 두 번째 이유는 〈인식론적〉이다. 〈그 어디도 아닌 곳에서 바라보는 시선〉이라는 것을 우리는 가질 수 없다. 있지도 않은 지점에서 볼 수 없다고 해서 우리가 아무것도 알 수 없다거나, 사실과는 전혀 상관없는 세계 모델만 만들어 낼 수 있다는 결론은 나오지 않는다. 우리의 확신이나 과학적 모델이 마치 모든 것을 왜곡시켜 보여 주는 안경처럼 정신의 눈 앞에 놓여 있다는 전제는 한마디로 착각이다. 우리가 오로지 인간 세계, 곧 우리의 이해관계에 맞게 해석한 세계만 알 뿐, 세계 그 자체는 절대 알 수 없다는 주장 역시 잘못된 전제다. 따지고 보면 인간 세계라는 것도 세계 그 자체에 속하는 게 아닌가. 이런 사정을 의미장 존재론의 표현으로 바꿔 보면 이렇다. 우리가 접근할 수 있는 것은 의미장일 뿐, 세계 그 자체는 아니다. 마치 그 배면의 사실은 절대 접촉할 수 없는데, 매우 현실적으로 보이는 의미장에 우리 인간만 접근할 수 있다는 식으로 세계 그 자체를 어떤 의미장으로 보는 것도 말이 되지 않는 소리다.

이른바 과학적 세계관은 바로 과학적으로 설명할 수 있는 이유들 때문에 좌초한다. 선입견으로부터 벗어나 체계적인 방법으로 살펴보면, 모든 세계관은 우리 손가락들 사이에서 부서져 버린다. 따라서 개념이라는 현미경을 들이대고 근거와 반론이라는 톱니바퀴 장치의 정밀한 검증으로 나아가기 전에, 〈과학적 세계관〉이라는 표현이 본래 무엇을 뜻하는 것이며 또 무엇을 목적으로 하는지 이해하는 게 중요하다. 여기에 명확히 답해야만 우리는 과학과 종교 사이, 과학적 세계관과 수많은 종교적 세계관 사이에서 벌어지는 논쟁에서 뭐가 정확히 문제인지 제대로 알아볼 수 있다. 지금부터 이 문제를 좀 더 면밀하게 다루어 볼 것이다.

자연주의

과학적 세계관의 추종자는 흔히 단 하나의 자연만 존재한다고 주장한다. 여기서 자연은 자연 과학의 대상 영역, 곧 우주다. 초자연적이거나 자연을 벗어나는 것은 없다.

초자연적인 것 혹은 자연을 벗어난 것은 말 그대로 자연법칙을 거스른다. 그러나 어떤 것도 자연법칙을 거스를 수 없기 때문에(그게 자연의 정의니까), 오로지 자연만 존재한다. 자연, 곧 우주만 존재한다는 이런 주장은 자연주의라 불린다.[40] 그러니까 존재론이 자연 과학의 영역으로 분류하는 것만 존재할 뿐, 다른 모든 것은 환상에 지나지 않는다는 게 자연주의다.

오랫동안 그 누구보다 열심히 자연주의와 20세기 자연 과학의 위대한 성취(특히 이론 물리학 혹은 정보 통신학과 수학의 기본 연구)를 다루어 온 철학자 힐러리 퍼트넘

168

은 자연주의가 일종의 두려움 탓에 생겨났다고 진단한다. 자신의 최근작 『과학 시대의 철학』에서 퍼트넘은 자연주의가 우주를 비합리적인 전제로부터 떼어 내려 했다고 지적한다. 여기서 비합리적인 전제란 과학으로 검증할 수 없는 설명, 과학의 표준에 따라 그 근거를 제시하는 이론이 취약하거나 완전히 자의적인 설명을 뜻한다.

예를 하나 들어 보자. 누군가 우리에게 지구는 두 주 전 목요일에 생겨났다고 설명한다고 하자. 그럼 우리는 놀란 입을 다물지 못하고 전혀 그렇지 않다고 반박할 것이다. 알프스 산맥과 같은 게 있으려면 오랫동안 지질학적 변화가 일어나야만 한다. 그러니까 두 주 만에 알프스가 생겨날 수는 없다. 우리의 탄생을 두고도 같은 말을 할 수 있다. 더욱이 두 주 전 목요일 이전의 시간을 우리는 선명히 기억한다. 그러나 상대방은 천연덕스럽게 그런 생각을 가지는 것은 갓 창조된 사람에게 지극히 정상적인 일이라고 강변한다. 말하자면 이전 시간의 기억은 태어날 때부터 머리에 아로새겨져 있기 때문이라는 주장이다. 사정이 이쯤 되면 그 어떤 토론도 무의미하다. 아마도 우리는 상대방의 주장이 완전히 자의적이라는 결론을 내리리라. 그만큼 아리송한 이야기지만, 다만 이 가설을 우리는 검증할 수 없다.

자연주의자는 세계의 모든 전통적인 설명 혹은 그런 설

명 안에 나타나는 몇몇 현상, 이를테면 신이나 영혼 또는 운명과 같은 비자연적인 대상은 자의적으로 빚어낸 가설에 지나지 않는다고 여긴다. 자연주의자가 보기에 신이 존재한다는 주장은 무수히 많은 다른 주장과 더불어 하나의 완전히 자의적인 가설일 뿐이다. 신이 십계명을 내려 주었다거나, 크리슈나가 인격화한 신이라는 주장은 자연주의자가 보기에 날아다니는 스파게티 괴물에게 기도를 올리는 것과 형식적으로 똑같다.[41] 자연주의는 종교를 비과학적인 가설로 여기며, 다양한 종교를 서로 경쟁하는 세계 설명쯤으로 깎아 내린다.

거기까지야 그런 대로 좋다. 실제로 우리는 멋대로 만들어 내는 가설 따위에 관심을 가지고 싶지 않다. 바로 그래서 자연주의와 과학적 세계관은 얼핏 보기에 위험한 독, 곧 인간의 변덕스러움을 막아 줄 명약처럼 보인다. 이러저러했으면 좋겠다는 생각으로 아무 이야기나 마음대로 지어내는 탓에, 우리는 흔히 착각에 사로잡히기 때문이다.

바로 그래서 과학적 세계관의 창시자 가운데 한 명인 데카르트는 우리 인간이 실수를 저지르며 오류에 빠진다고 설명했다. 말하자면 의지가 지성을 억누른 나머지 이러저러했으면 좋겠다는 생각으로 터무니없는 이야기가 지어진다는 게 데카르트의 설명이다.

과학자들과 마찬가지로 우리가 알고자 하는 것은 진리

이며, 환상으로부터 벗어나는 일이다. 현실이 이러저러하다고 짐작하는 것이 아니라 있는 그대로의 현실이 우리 인식의 목표이다. 바로 그래서 근대 초의 철학은 인간의 자의와 상상력을 의심스러운 눈초리로 바라보았다. 그때부터 중요하게 여겨진 것은 실제로 있는 세계와 허구를 엄격하게 구분하는 일이었다. 현실의 세계, 우주는 곧 우리의 상상력과는 아무 관련이 없는 것이어야만 했다.

그 결과 자연주의는 목욕물을 버리려다 아기까지 버리는 실수를 저질렀다. 자연주의가 주장하듯, 자연적인 것과 초자연적인 것을 구분하는 데에는 적어도 두 가지 기준이 있다.

1. 초자연적인 것은 자의적으로 빚어낸 가설의 대상, 곧 순전한 날조다.
2. 초자연적인 것은 자연법칙을 위배한다.

그러나 이런 논증이 흔히 과학적 세계관의 적수로 여겨지는 종교를 부정하는 것일 수는 없다. 종교를 비과학적인 것으로 공격하는 움직임은 특히 리처드 도킨스나 대니얼 데닛과 같은 저자들이 대변하는 〈신(新)무신론〉에서 두드러지게 나타난다.[42] 신무신론은 종교를 과학과 경쟁하는 종교적 세계관으로 이해한다. 실제로 미국에는 과격한 성향의 종교 단체가 적지 않다. 이런 종교 단체는 신이 우주와 동물을 그리스도가 탄생하기 몇 천 년 전의 특정 시점에서 창조했기 때문에 진화론이나 현대 물리학과 천문학은 완전히 잘못되었다는 생각을 고집한다. 도킨스는 이런 창조주의, 곧 신이 자연에 간섭하는 게 자연 과학보다 훨씬 더 자연을 잘 설명해 준다는 과격한 이론을 간단하게 가짜 설명이라고 천명한다. 한마디로 창조주의는 진지하게 받아들일 수 없는 과학적 가설이며, 인간의 상상력이 제멋대로 지어낸 주장이라는 것이다. 게다가 창조주의는 그리 오래된 것도 아니다. 창조주의는 19세기에, 무엇보다도 영미에 바탕을 둔 프로테스탄티즘에서 출현했다. 반면 독일에서 창조주의는 전혀 주목받지 못한다. 신학과 철학이 밀접하게 맞물려 있는 독일어 권역의 학문적인 신학에서 창조주의는 거의 무시되다시피 한다. 그렇지만 신무신론의 창조주의 공격이 옳다 하더라도, 종교라는 현상을 창조주의와 동일시하는 것은 지나치게 성급한 태도다.

성서의 맨 앞에 나오는 「창세기」의 서두는 〈태초에 하나님이 천지를 창조하시니라〉로 시작한다.[43] 자연주의는 물론이고 창조주의 역시 이 구절을 일종의 과학적 가설로 해석한다(그러나 유럽의 학문적 신학은 철저하게 다양한 학문적 해석의 가능성을 열어 둔다). 그러니까 그 어떤 대단히 강력한 존재, 곧 〈하나님〉이라는 신이 그 어떤 시점인

〈태초〉에 〈천지〉, 곧 하늘과 땅을, 그러니까 우리의 지구와 그 대기권 바깥에 있는 모든 것을 창조했다는 식으로 일종의 과학적 가설로 받아들이는 게 자연주의와 창조주의다. 가설로만 보자면 이는 물론 간단하게 틀린 주장이다. 이 점에서 신무신론의 손을 들어 줄 수는 있다. 자동차 제조 회사가 자동차를 생산하듯, 신이 지구를 창조했다는 설명은 넌센스이기 때문이다.

그러나 자연주의를 지나치게 밀고 나가면 우리는 많은 현상을 설명할 수 없다. 그 좋은 예가 국가다. 국가는 눈으로 볼 수도, 만져지지도 않는 비물질적인 대상이다. 그렇다고 국가가 자연법칙을 위배하는 초자연적 대상일까? 자연적이라는 기준이 자연 과학으로 연구할 수 있는 것이라야만 한다면, 국가는 신이나 영혼과 똑같이 초자연적이다. 국가가 자연 과학으로 연구할 수 있는 게 아니라고 해서, 국가가 존재한다는 가설이 비과학적이며, 그래서 순전한 날조인가?

일원론

자연주의와 과학적 세계관이 우리에게 현실을 되도록 선입견 없이 잘 통제된 방법으로 연구해야 한다는 요구일 뿐이라면, 그것처럼 공허한 소리도 없다. 어쨌거나 진정한 의사 표현의 자유를 자랑하는 사회에서 살아가는 대다수 사람은 그런 권고를 외면하지는 않으리라. 그러나 전투적인 자연주의자와 무신론자는 여기서 한 걸음 더 나아가 일반적으로 일원론에 바탕을 두는 세계관을 대변한다. 이 형태가 소위 물질적 일원론이다. 이 이론은 우주를 존재하는 유일한 대상 영역으로 간주하며, 우주 전체가 오로지 자연법칙으로만 설명되는 물질이라고 본다. 이런 물질적 일원론은 허투루 넘길 수 없는 중요한 주장으로 반드시 그 근거가 제시되어야만 한다. 그냥 간단하게 당연한 믿음으로 여겨져서는 안 된다. 새로운 무신론 역시 하나의 통일적인 전체를 상정하고 이루어지는 주장이다. 그러니까 모든 것을 굽어볼 수 있어야만 가능한 주장이다. 이렇게 보았다는 전체, 곧 그 자체로서의 세계나 현실은 시공간의 거대한 통과 같다. 이 통 안에서 입자는 자연법칙에 충실하게 떠다니며 서로에게 영향을 미친다. 이와 다른 것은 있을 수 없다.

이런 게 과학적 세계관이라고 한다면, 여러 가지 이유에서 상당히 이상하다. 심지어 만화 영화의 캐릭터보다도 더 괴이한 게 이런 과학적 세계관이다. 만화 영화의 캐릭터는 실제로 존재하는 반면, 물질적 일원론이 말하는 전체라는 것은 전혀 그 대상이 없다. 물질적 일원론은 모든 일원론과 마찬가지로 하나의 슈퍼 대상, 곧 세계를 상정함으로써 무너지고 만다. 그런 슈퍼 대상은 원칙적으로 존재할 수 없기 때문이다. 게다가 과학적 세계관이라는 것 자체가 전혀 물질적이지 않다. 그런 세계관을 물리학적으로 어떻게 검증할 수 있을까? 선입견으로부터 자유로우며 합리적이고 통제된 방법에 따르는 연구는 자연 과학만이 아니라 모든 학문의 근간이다. 신학도 마찬가지다. 신학은 신이 물질적 대상이라고 전제하지 않으며, 먼저 성경이라는 텍스트와 그 역사를 연구한 끝에 신은 이러저러하리라 하는 주장을 내세울 뿐이다.

물질적 일원론을 겨눈 반론 가운데 비교적 간단한 논증은 미국의 철학자이자 논리학자 솔 크립키가 자신의 책 『이름과 필연Naming and Necessity』에서 선보였다.[44] 아주 간단한 관찰에 바탕을 둔 논증이다. 이를테면 〈마거릿 대처〉라는 고유한 이름은 특정 인물을 나타낸다. 내가 마거릿 대처는 영국의 수상을 지낸 여인이라고 말한다면, 내가 염두에 두는 사람은 옛 영국의 수상 마거릿 대처다. 이름과 특정 인물의 관계는 크립키에 따르면 〈명명식〉이라 부를 수 있다. 그러니까 고유명사인 이름은 명명식을 통해 특정 인물과 맺어진다. 이제 누군가 나에게 마거릿 대처가 아직 살아 있느냐고 묻는다면, 나는 그녀가 2013년에 사망했다고 대답한다.

그렇다면 마거릿 대처라는 이름을 가진 다른 사람이 어딘가에 살아 있다면 어떻게 될까? 마거릿 대처는 2013년에 사망했다는 내 주장은 틀렸나? 물론 그렇지 않다. 내가 염두에 둔 사람은 영국의 수상을 역임한 마거릿 대처이기 때문이다. 크립키는 내가 명명식에서 관계한 인물이 〈엄밀하게 지시되었다〉고 가정한다. 이는 곧 이 이름을 가진 사람을 다른 모든 사람들(이름이 같을지라도) 사이에서 확실하게 골라 낼 수 있다는 뜻이다. 이런 엄밀한 지시는 내가 원하든 원치 않든 상관없다. 다시 말해서 내가 명명식을 통해 영국의 전 수상 마거릿 대처를 염두에 두었다면, 이제부터 나는 명명식의 대상하고만 관계한다.

크립키는 〈엄밀 지시어rigid designator〉란 모든 가능한 세계들에서 항상 동일한 대상을 나타낸다고 정리한다. 다시 말해서 나는 작금의 경제 상황에서 마거릿 대처라면 어떻게 대처했을까 하는 물음을 품을 수 있다. 물론 그녀는 이미 죽었고, 지금의 경제 상황이 어떤 것인지 알 수도 없다. 하지만 나는 가능한 세계를 그리고 거기에 대처를 끼워 넣은 다음, 그녀라면 어떻게 했을까 하는 상상을 얼마든지 할 수 있다. 그러니까 마거릿 대처는 고유명사라는 낚싯대에 걸려든 것처럼 엄밀 지시어로부터 영원히 떨어질 수 없다.

이름을 부른다는 것은 마치 현실이라는 호수에 낚싯대를 드리우는 것과 같다. 우리가 낚아 올리는 대상은 우리의 낚싯대와 떼어 생각할 수 없다. 설혹 우리가 이 대상을 두고 엉뚱한 생각을 한다거나, 차라리 다른 대상이었으면 하고 바랄지라도 사정은 달라지지 않는다(말하자면 마거릿 대처가 아니라 브래드 피트나 지젤 번천이었더라면 더 좋았을 걸 하고 가슴을 친들 달라지지 않는다).

이런 사실에서 우리는 이미 마거릿 대처의 논리적 동일성이 그녀의 물질적 동일성과 확연히 다르다는 것을 알아본다. 우리는 언제나 동일한 인물 마거릿 대처를 30년 전과 마찬가지로 이야기할 수 있다. 비록 그녀는 물리적 동일성을 전혀 가지지 않지만, 그래도 이와 상관없이 우리는 동일한 마거릿 대처를 거론한다. 우리 모두도 마찬가지다. 나는 어제저녁에 생선 요리가 아니라 스테이크를 먹었어도 여전히 마르쿠스 가브리엘이다. 생선을 먹을 때와 스테이크를 먹을 때는 부분적으로 전혀 다른 입자를 가짐에도 말이다.

그 밖에도, 퍼트넘이 크립키의 논증에 덧붙였듯, 나는 나의 입자와 동일한 게 전혀 아니다. 그렇지 않다면 나는 내가 태어나기 전에도 존재했어야 한다. 물론 전혀 다른 방식으로 우주에 입자가 분산되어 있을지라도! 지금 나를 이루고 있는 입자는 내가 존재하기 전에 이미 다른 구성으로 존재해 왔다. 그러니까 논리적으로 우리는 우리 몸과 같은 게 아니다. 물론 그렇다고 해서 몸 없이도 존재할 수 있다는 결론이 나오는 것은 아니다. 크립키와 퍼트넘의 논증은 다만 우리가 입자와 논리적으로 동일한 게 아니며, 바로 그래서 존재론적으로 우주로 환원할 수 없는 수많은 대상이 존재한다는 것을 입증할 뿐이다. 한마디로 물질적 일원론은 틀렸다. 무수히 많은 대상(예를 들어 인물로서의 우리)이 존재하며, 이 대상을 우리는 엄밀하게 지시할 수 있고, 그 논리적 동일성은 물질적인 성분과 철저하게 구분되어야만 한다는 이유에서 틀린 것이다.

유감스럽지만 과학적 세계관은 수많은 엉터리 동화와 맞물려 있다. 과학적 세계관의 굽힐 줄 모르는 추종자였던 윌러드 밴 오먼 콰인은 오랜 고찰 끝에 자신의 과학적 세계관 자체가 동화(그 자신은 〈신화〉라는 표현을 썼다)였다고 인정하지 않을 수 없었다고 실토했다. 그의 지대한 영향력을 자랑하는 논문 「경험론의 두 가지 도그마Two Dogmas of Empiricism」에 숱하게 나오는 인용문에서 콰인은 물리적 대상(이를테면 전자)의 존재를 호메로스의 신들이 존재한다는 가정과 비교한다.

내 경우를 말하자면, 아마추어 물리학자로서 나는 여전히 호메로스의 신들보다는 물리적 대상을 믿는다. 그리고 이와 다른 믿음은 과학적 오류라고 간주한다. 그렇지만 인식론적 기초와 관련해 물리적 대상과 호메로스의 신들은 원칙적으로 차이가 없다. 차이라고 해봐야 등급의 차이랄까. 두 종류의 실체는 그저 우리 생각 안에 자리 잡은 문화적 산물일 뿐이다. 인식론적으로 물리적 대상의 신화는 대다수 다른 대상에 비해, 경험이라는 흐름에 분명한 구조를 찍어 주기가 손쉽다는 점에서 더 탁월할 뿐이다.[45]

콰인은 매우 굳은 신념을 가진 물질주의자다. 그는 모든 인식 자체가 우리의 신경 세포가 물리적 주변과의 자극 접촉을 통해 정보 처리되는 물리적 현상이라고 가정했다. 이렇게 산출된 정보는 복잡한 해석을 통해 하나의 세계관으로 구축된다. 우리가 이 세계관에서 쓰는 일반적인 개념(이를테면 원인과 결과, 입자 등)은 우리의 신경 자극을 정리하기 위한 일종의 허구적인 도구라는 게 콰인의 입장이다. 물론 이로써 정확히 자의적인 가설이 생겨난다. 콰인은 자신의 신경 자극을 가지고 자의적으로 세계관을 꾸며 냈다. 이로써 그는 과학의 시대에 되도록 피해야만 하는 오류를 저지르고 말았다. 그는 세계관들 가운데 자신의 마음에 가장 잘 드는 것을 골라 수학 공식의 힘을 빌려 가장 간단하게 기술했다. 그렇지만 우리는 똑같은 근거를 가지고 호메로스의 신들도 수학적으로 기술할 수 있다. 그렇다면 단지 열두 명의 신들만 가지고 계산해도 된다는 점에서 이쪽이 더 간편하지 않을까.

세계라는 이름의 책

이로써 콰인은 사실상 과학적 세계관이 말하는 현실을 포기한 것과 다르지 않다. 오랫동안 하버드에서 동료로 지낸 퍼트넘은 최근 콰인의 이런 입장 변화를 강조한 바 있다.[46] 퍼트넘은 콰인에 반대하는 논리로 과학적 리얼리즘을 주장한다. 이 논리는 과학이 그 대상 영역에 무엇이 있는지 그냥 간단하게 정할 수 있는 게 아니라고 본다. 전자가 존재하는 게 참이라면, 전자는 〈문화적 산물〉이 아니다. 그냥 전자다. 직접 두 눈으로 관찰할 수는 없지만, 실험으로 그 존재를 입증할 수 있는 물리적 대상은 물리학의 대상 영역에 실제로 있어야만 한다. 이런 대상은 유용한 가설이 아니라, 과학으로 연구할 수 있는 사실에 속하는 대상이다.

어떤 학문에서 비롯된 것이든 모든 참인 명제에도 이런 사정은 〈무타티스 무탄디스mutatis mutandis〉, 곧 필요한 부분을 약간만 수정하면 그대로 적용된다. 괴테라는 인물이 『파우스트』의 저자인 게 참이라면, 이는 독문학의 유용한 허구가 아니다. 해석을 보다 더 쉽게 하려고 〈괴테〉라는 이름의 작가를 우리가 만들어 낸 게 아니라는 말이다. 괴테는 언젠가 존재했으며, 『파우스트』의 저자이기도 하다. 얼핏 보면 이런 확인으로부터 이끌어 낼 게 별로 많지 않아 보인다. 괴테의 경우는 무슨 현실 모델이나, 심지어 어떤 세계관을 짓는 벽돌 같은 것과 아무런 상관이 없다. 괴테는 그냥 특정 시기에 유럽 대륙에서 살았던 한 인물이며, 『파우스트』를 쓴 작가다.

지금 우리의 논의에서는 〈세계관〉이라는 말과 밀접한 연관을 가지는 구성주의의 문제를 다시 떠올려 보는 것이 좋을 것 같다. 구성주의는 지극히 다양한 형태의 변종을 가지기는 하지만, 그 바탕이 되는 생각은 어떤 경우든 한결같다. 우리 앞에 한 알의 녹색 사과가 있다고 해보자. 우리의 세계관에는 녹색 사과 한 알이 존재한다. 이제 말벌한 마리가 나타나 사과 주위를 날아다닌다고 하자. 말벌도 녹색 사과 한 알을 볼까? 말벌은 우리와 다른 눈을 가졌으니까, 아마도 말벌은 우리와는 완전히 다른 색깔을 보지 않을까? 심지어 사과를 전혀 알아보지 못할 수도 있다. 만약 말벌이 사과를, 녹색 사과까지는 아니라 할지라도 사과를 본다면, 우리는 말벌이 어떤 감각 자극을 가지고 사과를 보는지 어떻게 아는가? 초음파를 감지하는 돌고래는 어떨까? 돌고래도 녹색 사과를 알아볼까? 인간이나 말벌이나 돌고래나 저마다 자기만의 대상, 곧 저마다 다른 세계를 보는 것이 아닐까? 이처럼 모든 존재가 저마다 다른 감각 자극을 가진다면, 대상 그 자체라는 것은 알수 없는 것 아닌가? 이것은 자연 과학도 마찬가지가 아닐까? 자연 과학은 일반적으로 우리의 감각 자극에 의지하는 특정 기구를 사용한다. 도구를 쓴다는 것은 항상 감각 자극에 의존한다는 걸 의미한다. 그 어떤 도구도 감각 자극을 완전히 대체해 줄 수 없다. 바로 그래서 구성주의는 저마다 자기만의 세계를 볼 뿐, 사물 그 자체는 절대 알 수 없다는 결론을 내린다.

반대로 리얼리즘은 우리가 도대체 어떤 것이든 안다면, 사물 그 자체를 안다고 주장한다. 그래서 과학적 리얼리즘은 우리가 과학 이론과 도구로 그 어떤 만들어진 구조물을 아는 게 아니라 사물 그 자체를 인식한다는 논제를 내세운다.

새로운 리얼리즘은 이미 같은 이름으로 등장했던 이론을 대체하고자 하는 의도를 가진다. 그러나 당시 그 이론은 아직 근거를 제시할 능력을 갖추지 못했다.[47] 그나마 힐러리 퍼트넘 덕분에 리얼리즘 발달의 중요한 진보는 20세기 후반부에 와서야 이루어졌기 때문이다. 철학사에는 〈리얼리즘〉이라는 말을 어떻게 이해해야 좋을지 제안하는 무수히 많은 사례들로 넘쳐난다. 그러니까 어떤 논제를 〈리얼리즘〉과 결부 짓는 것이 최선인가 하는 물음을 둘러싼 논란은 여전하다. 모든 개념이 그렇듯, 우리는 철학의 개념을 그것과 대비되는 것을 찾아볼 때 가장 잘 이해할 수 있다. 우리의 논의에서 리얼리즘과 가장 잘 대비를 이루는 개념은 많은 독자들이 짐작하는 것과 달리 관념론이 아니다. 그것은 바로 근대 구성주의의 전신이었던 유명론(唯名論)이다.

유명론은 우리가 쓰는 개념과 범주가 세계의 구조와 질서를 그대로 반영하거나 묘사하는 게 아니라고 주장한다. 오히려 우리 인간이 주변 환경과 우리 자신을 설명하는 데 쓰는 모든 개념은 생존 기회를 높이기 위한 일반화, 곧 편의적인 도구에 지나지 않는다는 게 이 주장의 핵심이다. 이를테면 〈본래 모든 말[馬]을 포섭하는 말이라는 보편적인 개념은 없다. 단지 무수히 많은 개별적인 말들만 존재한다. 우리는 편의상 단순화해서 그걸 《말》이라고 부르는 것뿐이다.〉 이렇게 강변하는 게 유명론이다. 그러니까 유명론에 따르면 개념은 결국 텅 빈 이름일 따름이다. 바로 이런 배경에서 유명론Nominalismus이라는 이름이 생겨났다. 라틴어의 〈노멘nomen〉은 〈이름〉이라는 뜻이다. 그러나 우리의 개념이 단순화일 뿐이라면, 그러니까 별, 말 혹은 단백질 따위의 무수히 많은 현상을 나타내는 텅 빈 이름에 지나지 않는다면, 우리는 대상 자체가 어떤 구조를 가졌다고 말할 수 없는 지경에 처하고 만다. 우리가 대상의 것으로 간주하는 그 어떤 구조도 정말 그런 것인지 전혀 설득력을 가질 수 없기 때문이다.

한 알의 빨간 사과가 가지는 구조를 예로 들어 보자. 사과가 빨갛다는 것은 사과가 색깔을 가진다는 뜻이다. 그러니까 색깔을 가진다는 게 사과의 구조다. 그렇지 않다면 빨갛다 따위의 말을 할 수 없다. 그럼 이제 다른 색깔을 가진 대상, 곧 푸른 사과도 존재한다고 해보자. 여기서 곧장 이끌어 낼 수 있는 결론은 대상이 가지는 구조는 다른 대상들도 가져야 한다는 점이다. 그러니까 대상이 가지는 구조는 단 하나의 대상에만 적용되는 게 아니라 보편적 의미를 품어야만 한다. 사과의 빨강은 우리가 보는 색깔일 뿐, 사과의 보편적 구조는 아니다. 그런데 모든 보편적 구조가 공허한 단어로만 나타나는 단순화에 불과하다면, 결국 우리는 빨간 사과와 푸른 사과가 있다는 말조차 할 수 없게 된다.

일반적으로 리얼리즘은 우리가 쓰는 개념(물론 이 개념에는 사랑이나 국가와 같은 추상적 개념도 속한다)이 사실을 단순화하는 공허한 이름은 아니라고 본다. 오히려 우리가 개념으로 나타내는 것이야말로 구조다. 그리고 이 구조는 실재한다. 미국의 철학자 시어도어 사이더는 이런 배경을 염두에 두고 리얼리즘이란 구조가 실제로 존재한다는 것을 핵심으로 하는 보편적인 주장이라는 논제를 정당하게 변호한다. 구조 리얼리즘이라는 이런 입장을 사이더는 자신의 책 『세계라는 이름의 책을 쓰다 Writing the Book of the World』에서 반어적으로 〈생각이 필요 없는 반사적인 리얼리즘〉이라 불렀다. 도대체 누가 이런 입장을 진

지하게 논박하려 들지 전혀 가늠이 되지 않는다는 뜻에서 쓴 반어적 표현이다.[48]

일반적으로 리얼리즘은 우리가 상상한 결과물이 아닌 그 어떤 구조가 실재한다는 논제다. 그런데 사이더는 여기서 한걸음 더 나아가 물질주의 일원론이라는 아무런 근거를 가지지 않는 이론을 발전시켰다. 구조 리얼리즘에서 어떻게 물질주의 일원론을 이끌어 낼 수 있는지 도무지 이해할 수 없는 기이한 주장이다. 강조하지만 구조 리얼리즘과 물질주의 일원론 사이에는 아무런 논리적 연관이 없다. 반면, 새로운 리얼리즘은 이중의 논제, 곧 한편으로는 우리가 사물과 사실 그 자체를 인식하며, 다른 한편으로는 사물과 사실 그 자체가 하나의 유일한 대상 영역에만 속하는 게 아니라는 두 개의 논제를 내세운다. 물질로 이루어진 대상만 존재하는 게 아니다. 예를 들어 논리 법칙이나 인간의 지식 역시 우리는 물질 대상과 똑같은 방식으로 알아볼 수 있다.

새로운 리얼리즘에 담아낸 내 고유의 논리는 우리가 인식하는 모든 것은 의미장 안에 나타난다는 의미장 존재론이다. 새로운 리얼리즘은 실재성과 인식이라는 개념의 기초를 물질주의 일원론이라고 보지 않는다. 물질주의 일원론은 존재론 영역에서 거의 철학사 전체를 통틀어 휘청거리며 갈지자 행보를 보였을 뿐이다. 물질주의 일원론은 이미 플라톤의 대화편 『소피스트』와 『파르메니데스』에서, 더욱 분명하게는 아리스토텔레스의 『형이상학』에서 더할 나위 없이 훌륭한 논증으로 반박되었기 때문이다.

토마스 틸 기자는 2012년 4월 4일 자 「프랑크푸르트 알 게마이네 차이퉁」 기사에서 〈새로운 리얼리즘〉이라는 주제로 독일에서 처음 열린 학술 대회를 보도했다. 틸은 이 기사에서 새로운 리얼리즘이라는 내 접근법이 단 하나라도 사물 그 자체를 알 수 있는지 물었다. 곧, 우리와 전혀 상관없이 존재하는 사실이 있다는 걸 증명할 수 있는지 물었다. 그런 증명이 이루어진다면 구성주의는 발을 붙이지 못할 게 아니냐면서. 물론 단 하나의 사물 그 자체를 안다고 해도 구성주의를 반박하기에는 턱없이 부족한 게 아니냐는 첨언과 더불어. 그 하나를 제외한 다른 모든 것이 우리가 꾸며 낸 구성에 불과하다면, 이는 구성주의가 승리했다는 선언과 다르지 않으리라.

사정이 그렇지 않으며, 우리가 정말 많은 사실을 그 자체로 정확히 알 수 있다는 점을 증명하려면, 우리는 다시 구성주의가 가장 즐겨 쓰는 논증을 살펴야만 한다. 이 논증은 정확히 살펴보면 구성주의를 떠받드는 게 아니라, 오히려 새로운 리얼리즘과 쉽게 합치된다는 걸 알 수 있다. 그러니까 구성주의의 핵심 논증은 거꾸로 구성주의를 부정한다.

이 논증은 인간의 생리 감각에 바탕을 두는 것으로, 고대 그리스에서부터 매우 다양하게 변형되어 널리 알려져 왔다.[49] 고대의 논증과 현대의 논증 사이에 차이가 있다면, 오늘날 우리가 인간의 생리 감각을 훨씬 더 잘 알고 있다는 점뿐이다(물론 이런 차이가 논증에 결정적이지는 않다). 논증은 명백한 사실의 확인에서부터 시작한다. 우리가 우리 몸이 처한 주변 환경에 관하여 아는 모든 것은 신경 세포가 받아들인 자극으로 생겨나는 정보를 처리함으로써 얻어진다. 우리가 보고 듣고 냄새 맡으며 맛을 보는 세계, 한마디로 모든 감각을 동원해 아는 세계는 언제나 오감을 통해 느껴진 세계다. 다시 말해서 우리가 아는 세계는 감각을 통해 기록한 바로 그것이다. 그러나 이런 확인에서 대개 시각이 착각을 일으켜 있지도 않은 환상을 보는 게 아니냐는 문제가 제기되곤 한다. 시각은 그만큼 인간에게 중요한 감각이다.

이제 접시에 담긴 한 알의 사과를 본다고 가정해 보자. 이 경우 이른바 광자, 곧 전자기장을 가진 광선이 우리 눈에 들어온다. 이 광선은 전자 신호로 옮겨져 우리 두뇌 안의 그 어딘가에 시각적 영상을 빚어낸다. 우리의 두개골 안이 완전히 어둡기는 하지만, 전자 신호는 시각을 담당하는 대뇌 피질에 자극을 주어 그림과 같은 영상이 생겨나게 한다. 이런 영상을 철학자는 〈심적 표상〉이라고 부른다. 바로 그래서 우리가 본래 보는 것은 접시에 담긴 사과가 아니라, 일종의 심적 표상이다.

이처럼 표상에 주목하는 리얼리즘을 우리는 심적 표상주의라고 한다. 이 입장은 우리가 접시에 담긴 사과를 보는 게 아니라, 어두컴컴한 두개골 안에 앉아 전자 신호가 만들어 내는 일종의 영화, 말하자면 세계라는 이름의 영화를 본다고 주장한다. 이 세계 영화는 두뇌 바깥의 세상에서 우리가 방향을 잡고 살아가도록 도와준다. 그러나 실제 이 바깥세상이라는 것은 무색의 입자들이며, 이 입자들이 거시적인 관점에서 서로 결합해 만들어 낸 것에 지나지 않는다. 만약 우리가 〈신의 눈〉으로 사물 그 자체를 바라볼 수 있다면, 상당히 끔찍한 광경이 펼쳐지리라. 우리 눈에 보이는 것은 오로지 파장을 일으키는 입자들뿐일 테니까.

인간의 눈에 사과로 보이던 게 〈신의 눈〉에는 진동하는 입자다? 그렇다면 신의 눈을 지닌 우리는 사과도, 두개골을 가진 우리 몸도 알아보지 못한다. 특히 심적 표상, 곧 시각적 영상도 더는 알아볼 수 없다. 이 영상은 정확히 말해 냄새, 음향 따위로 빚어진 것과 다를 게 전혀 없다. 코끼리주둥이고기*의 전자 영상이든, 돌고래의 초음파 영상

* 아프리카 등지에 사는 기다란 주둥이를 지닌 물고기. 혼탁한 물에서 살아남기 위해 근육에서 발생시키는 전류로 소통과 짝짓기, 사냥과 이동이 가능하도록 진화했다.

이든, 우리의 감각으로 빚어진 것은 일종의 환영일 수 있다. 결국 우리 뇌가 빚어내는 그림은 환영에 불과한 게 아닐까? 아니면, 우리 뇌 역시 입자로 이루어진 것이기에 이 환영도 마찬가지로 입자의 작품일까?

그렇지만 우리는 도대체 뇌를 가졌다는 것을 어떻게 알까? 인간의 생리 감각이 어떻게 작용하는지는 또 어찌 알까? 뇌와 생리 감각에 접근할 유일한 통로는 우리의 감각이다. 우리가 오감을 통해(또는 오감의 그 어떤 조합을 통해) 바깥세상의 그 무엇에 대해 아는 거라면, 이것은 우리의 생리 감각과 뇌에도 그대로 적용할 수 있다. 우리는 언제나 거울이든 그 어떤 복잡한 기술 도구든 일종의 매개물을 통해 뇌를 볼 뿐, 어두컴컴한 두개골 속으로 들어가 뇌가 이렇게 작동하는구나 하고 확인하는 게 아니기 때문이다. 의식이라는 모니터에 나타나는 모든 입자가 환영이라면, 뇌와 의식 역시 환영이어야만 한다. 세계 혹은 바깥세상이 감각 자극으로 빚어진 구조물에 지나지 않는다면, 이런 주장 역시 감각 자극으로 빚어진 구조물일 뿐이다. 그럼 모든 게 거대한 환영의 소용돌이라는 끝 모를 심연 속으로 사라지고 만다. 이 시나리오에서 우리는 사물 그 자체를 알지 못할 뿐만 아니라, 우리가 안다고 여겨 온 모든 게 환영이 된다. 그러니까 심적 표상주의에 전적으로 동의한다면, 뇌도 심적 표상도 없다. 이 모든 대상이 단순한 환영에 지나지 않는 것으로 귀결되기 때문이다.

심적 표상주의 또는 생리 감각 구성주의에 대항하는 이런 효과적인(다소 거칠기는 할지라도) 반론은 좀 더 섬세하게 다듬어진 논증으로 변호된다. 생리 감각 구성주의가 맞다면, 우리 시야에 들어오는 모든 대상은 환상이다. 그렇다면 환영과 정상적인 지각 사이에 아무런 차이도 없게 된다. 내가 한 알의 사과를 보든, 아니면 한 알의 사과라는 환상을 보든 무슨 차이가 있는가. 눈으로 본 사과는 결국 우리 뇌(또는 다른 무엇이든)가 신경 자극(또는 그 어떤 자극이든)을 받아 만들어 낸 일종의 환영에 지나지 않기 때문이다. 과학의 측정 도구라고 해서 사정은 별반 다르지 않다. 그렇게 얻어 낸 게 환영이 아니라고 무엇이 보증하는가? 바로 그래서 참인 심적 표상과 거짓인 심적 표상은 더 구분할 수 없게 된다. 신경 자극으로 생겨난 모든 것은 참이지만, 이렇게 얻어진 그림 가운데 어떤 것도 사물 그 자체를 나타내지 않기 때문에 거짓이란 얘기다. 이런 모순이 또 어디에 있을까?

그러나 우리는 우리의 진짜 인생에서 평균 이상의 성공률로 환영과 실제 사물을 구분할 줄 안다. 바꿔 말해서 우리 두개골 안에서 입자들의 전자 신호로 이루어진다는 동질적인 시야는 실제로는 전혀 동질적이지 않다. 심적 표상이 어떤 내용을 가지는지는 결코 시시한 문제가 아니다.

내가 푸른 사과 한 알을 보았다면, 거기에 푸른 사과 한 알이 있다. 반대로 푸른 사과의 환영을 떠올렸다면, 아무리 주위를 둘러보아도 사과는 없다. 환영을 보았다고 해서 접시로 손을 뻗은들 헛수고다.

내가 나아가고자 하는 생각의 방향은 이렇다. 실제로 접시에 사과 한 알이 놓여 있다고 지각한다면, 우리는 접시의 사과 한 알을 지각하는 것이지, 그 시각적 환영을 보는 게 아니다. 또 접시를 보는 많은 사람들이 동일한 사과를 보는 것 역시 우리가 환영을 보는 게 아니라는 것을 증명한다. 물론 저마다 조금씩 달리 사과를 보기는 하겠지만, 그래도 우리는 그게 같은 사과라고 알지 않는가.

그렇다면 여기에 현실의 그 어떤 근본 층이라는 게 있어야만 하지 않을까? 사물 그 자체라는 것은 틀림없이 존재하지만, 인간에게 그때그때 다르게 나타나는 게 아닐까? 나는 내 왼손을 눈으로 보고, 코로 냄새 맡고, 귀로 듣고 (박수를 친다면) 하는 식으로 느낀다. 그러니까 내 왼손, 사물 그 자체는 존재하는 게 틀림없다. 다만 왼손은 나에게 다양한 방식으로 나타날 뿐이다.

새로운 리얼리즘은 정확히 내 왼손이 때로는 이렇게 때로는 저렇게 보이는 게 서로 다르지 않다는 점에 주목한다. 나는 왼손을 마침 지금 여기서, 다른 때는 저기서 본다. 물론 그때그때 모양은 조금씩 다르다. 그렇다고 해서 여기서 본 손과 저기서 본 손이 완전히 다르다는 결론을 내려야 할까? 심지어 내 손이라는 것 자체가 없다는 결론을? 요점은 사물 그 자체라는 게 다양한 방식으로 나타난다는 사실이다. 그리고 이 현상들이 곧 사물 그 자체다.

중요한 것은 사물 그 자체가 어떤 의미장에서 나타나는가 하는 점이다. 나타나는 현상 방식이 다양함을 자랑하는 것은 환상이 아니다. 현실은 현상으로 나타나지 않는 그 어떤 부동의 사실로 이루어지지 않는다. 현실은 어디까지나 사물 그 자체와 현상들로 이루어진다. 그러니까 사물의 현상은 바로 그 사물 자체이기도 하다. 나의 왼손이 나타나는 현상은 내 왼손 자체와 똑같이 실제적이다. 또한 사물 그 자체는 언제나 의미장 안에서만 나타난다. 다시 말해서 사물 그 자체는 우리에게 나타난 사실 안에 항상 포함되어 동반한다. 우리가 푸른 사과의 잔상이나 환영을 본다 할지라도, 실제 우리는 사실을 다루고 있는 것이다. 우리가 푸른 사과의 잔상이나 환영을 보고 있다는 〈사실〉 말이다. 한 알의 푸른 사과 환영을 본다고 해서, 그 푸른 사과의 환영은 그 자체로 환영이라는 의미는 아니다.

새로운 리얼리즘은 이런 배경을 염두에 두고 모든 참인 인식은 곧 사물 그 자체(혹은 사실 그 자체)의 인식이라고 주장한다. 참인 인식은 환영이나 환상이 아니라, 사태 그 자체의 현상이다.

그러나 아마도 여전히 다음과 같은 반론이 제기될 수 있다. 눈으로 본다는 형식 또는 맛을 본다는 형식은 사물 그 자체를 왜곡하는 일종의 필터와 같은 게 아닐까. 다시 접시에 담긴 사과를 본다고 가정해 보자. 우리는 사과와 접시를 각각 공간적 위치에 따라 구분한다. 그런데 사과와 접시가 서로 다른 것이라는 사실을 우리는 어떻게 아는가? 만약 우리가 둘의 공간적 차이를 인식하지 못한다면, 또는 공간적으로 구별해 내지 못한다면 그 차이는 전혀 존재하지 않는 걸까? 칸트는 바로 이렇게 문제에 접근한 탓에 사물 그 자체는 공간과 시간 안에 존재하는 게 아니라는 어처구니없는 결론에 도달했다. 마치 달과 지구가 다른 것은 우리가 특정한 레지스트리를 가지고 있기 때문이라는 말과 다를 바가 없는 결론이다.

우리가 말하고자 하는 바는 이렇다. 우리의 모든 직관은 현상의 표상이다. 다시 말해서 우리가 직관하는 사물은 사물 그 자체가 아니다. 우리가 그 속성이 자체로 이러저러하다고 직관하는 것은 그게 우리에게 나타난 현상일 뿐이다. 만약 우리의 주관 혹은 그저 감각의 주관적 속성을 떨쳐 버린다면, 시공간상의 대상이 가지는 모든 속성, 심지어 시간과 공간마저도 사라져 버리리라. 그러니까 현상은 그 자체가 아니며, 단지 우리 안에 존재하는 것일 뿐이다.[50]

이 텍스트는 참으로 많은 대목이 의문스럽다. 도대체 〈단지 우리 안에 존재하는〉 시간과 공간이라는 게 무얼 말할까? 〈우리 안〉이라고 하는 것은 장소의 표기, 곧 공간을 말하는 게 아닌가? 〈우리〉는 시간 속의 우리, 어제 존재했고, 오늘 존재하며 희망컨대 내일에도 존재할 시간 속의 우리가 아니란 말인가?

주관적 진리들

구성주의는 부조리하다. 그러나 그 속내는 대개 간파되지 않았다. 주변의 모든 게 그 어떤 문화적 구성물이며, 기껏해야 자연 과학만이 사물 그 자체를 묘사한다는 분위기에 우리가 너무 익숙해진 탓이다. 이런 사정은 이른바 〈정신 과학〉, 곧 인문학을 어려운 지경에 빠뜨린다. 자연 과학과 달리 인문학은 문화적 구성물만 다뤄야 한다는 입장에서 보면, 참과 거짓의 차이는 사라지고 시(詩) 혹은 역사의 해석은 말 그대로 자의적인 환영이 되어 버린다. 그래서일까, 기분이 좋아진 구성주의자는 이런 구호를 외친다. 〈누구나 저마다 독특한 『파우스트』를 읽거나, 자신의 입맛에 맞는 11월 혁명*의 기치를 올리자! 결국 모든 것은 저마다 다른 취향의 문제니까.〉

* 1918년 11월 7일에 일어난 민주주의 혁명. 이 혁명으로 독일 제국이 붕괴하고 의회민주주의 공화국이 탄생했다.

앞서 언급했던 책 『세계라는 이름의 책을 쓰다』에서 시어도어 사이더는 새로운 리얼리즘을 단박에 구성주의와 합치해 주는 상당히 정확한 진단을 내놓았다. 사이더가 즐겨 하듯 약간의 변형을 주면 이게 무슨 말인지 쉽사리 알 수 있다. 정확히 두 쪽으로 나뉜 세계, 절반은 검은색이며 다른 절반은 흰색인 극단적으로 단순화된 세계를 떠올려 보자.

내가 〈사이더 세계〉(그림 6)라 부르는 세계에는 손가락으로 꼽을 만큼 적은 사실만 존재한다. 곧, 두 개의 절반을 가졌으며, 하나는 검은색, 다른 하나는 흰색이며, 각각의 절반이 가지는 크기라는 사실이다. 이제 사이더는 이 세계의 사실을 묘사하는 모든 표현을 〈그 이음매를 따라가는 표현〉이라 부른다. 그럼 아래와 같이 문장으로 정리해 보자.

사이더의 세계에는 두 개의 절반이 존재한다.

그리고

왼쪽 절반은 흰색이며,
오른쪽 절반은 검은색이다.

그림 6 사이더 세계

    두 문장은 사이더 세계의 이음매를 따라가며 차이를 짚어 낸다. 그러나 이제 우리는 대각선 언어도 만들어 보자. 대각선 언어란 미국의 철학자 넬슨 굿맨이 토론을 위해 제안한 대각선 술어에 빗댄 표현이다.[51] 예를 들어 보자.

이 대각선 사각형은 희검다,*
곧 희기도 하고 검기도 하다.

    나는, 〈희검다〉라는 술어와 이 비슷한 술어를 사이더 세계를 대각선으로 가로지르기 때문에 대각선 술어라고 부르겠다. 이제 사이더 세계로부터 일부는 희고 일부는 검

* 원서는 weiß(희다)와 schwarz(검다)를 이어 붙인 schweiß로 표기하고 있다. 마찬가지로 영어판은 white와 black을 결합시킨 whack으로 표기했다.

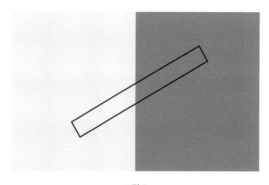

그림 7

은 사각형, 곧 사이더 세계를 대각선으로 가로지르는 사
각형을 오려 내 보자(그림 7).

대각선 언어는 오려 낸 사각형을 두고 〈희검다〉라고 표
현한다. 대각선 사각형은 정의에 충실하게 일부 검은색,
일부 흰색의 〈희검〉이기 때문이다. 그러니까 대각선 언어
에는 〈희다〉와 〈검다〉 그리고 또 〈희검다〉라는 술어가 존
재한다. 이제 사이더는 〈희검〉에 문제가 있다고 지적한다.
구성주의를 대표하는 미국 철학자 가운데 한 사람인 굿맨
은 참인 명제를 가능하게 해주는 술어는 모두 좋다는 뜻
에서 대각선 술어를 도입했다. 〈희검다〉라는 술어는 대각
선 사각형을 두고 참인 명제를 말할 수 있게 해준다는 점
에서 손색이 없어 보인다. 그러나 〈희검다〉는 술어에서 우
리는 어딘지 모르게 부적절해 보인다는 인상을 받는다. 여

기서 사이더는 〈희다〉와 〈검다〉만을 술어로 인정해야 한다고 주장한다. 〈희다〉와 〈검다〉는 사이더 세계의 구조를 드러내는 데 알맞은 술어이지만, 〈희검다〉는 인간이 개입한, 다시 말해서 인간의 의도가 반영된 일종의 〈투사 Projection〉이기 때문이다.

이게 무슨 말인지는, 참인 명제를 가능하게 만들어 주기는 하지만 완전히 부적절한 다른 대각선 술어를 생각해 보면 더 분명해진다.

X는 고양이거나 푸무클*이다.

이 대각선 술어에서 실제 고양이는 고양이거나 만화 캐릭터인 대상과 중첩한다. 위의 명제를 대각선 언어로 바꾸어 쓰면 이렇게 된다.

X는 〈고양무클〉이다.

이제 위의 문장에 아래와 같은 명제를 덧붙여 보자.

고양이는 우유를 먹거나, 푸무클은 우유를 먹는다.

* 독일의 유명한 만화 영화 캐릭터. 목수 할아버지 눈에만 보이는 요정으로 먹지 않고도 살 수 있는 존재로 나온다.

이 문장은 고양이가 우유를 먹는다면 참이다. 푸무클이 절대 우유를 먹지 않는다 하더라도 이 문장은 참이다. 이런 식으로 가상의 캐릭터에게 우유를 먹는다는 참인 명제는 꾸며 낼 수 있다. 그렇지만 정상적인 술어와 대각선 술어 사이에는 근본적인 차이가 존재한다. 그래서 사이더는 모든 대상이 각기 다른 대상과 어울리는 것은 아니라고 강조한다. 전자(電子)는 전자와 어울릴 뿐, 고양이와 어울리지는 않는다. 바로 그래서 우리는 이를테면 〈전냥이〉라는 말은 쓰지 않는다.

대상의 경계를 허물어 자의적으로 교접시키는 대각선 영역에 등장하는 〈희검〉, 〈고양무클〉 혹은 〈전냥이〉와 같은 술어는 참인 명제를 말할 수 있게 해주기는 하지만, 완전히 자의적이다. 이런 확인으로부터 사이더는 새로운 리얼리즘이 일정 정도 구성주의와 합치할 수 있다는 결론을 내린다(물론 사이더는 나와는 다른 식으로 새로운 리얼리즘을 이해하며, 전혀 다른 결론을 내리기는 한다). 다만 이렇게 빚어진 구성물은 상당히 자의적이고 어처구니없는 조합일 수 있다. 그럼에도 이런 구성물을 두고 참인 명제를 말하는 것은 얼마든지 가능하다. 그리고 구성물이 자의적이고 어처구니없다고 해서 모든 게 구성일 뿐이라는 결론은 나오지 않는다.

사이더는 자기 책의 다른 대목에서 또 다른 차이를 언급한다. 우리가 대각선 언어와 인간의 주관을 구별해야 한다는 지적이다. 대각선 언어는 우리에게 자의적으로 필요에 따라 서로 다른 술어를 조합함으로써 언어유희를 다양하게 벌일 수 있도록 허락해 준다. 그러나 주관적 술어는 이런 자의적인 조합을 허용하지 않는다. 여기서 주관적 술어는 개인적이라는 의미에서의 주관과 아무런 상관이 없다. 그러니까 주관적 술어는 나나 너를 말하지 않는다. 그것은 특정 사회의 모든 주체를 포괄하는 술어다. 아래의 예를 들어 생각해 보자.

오늘은 아름다운 봄날 아침이다.

인간은 어떤 봄날 아침을 아름답다고 느낀다. 비록 많은 경우 아름다운 봄날 아침에 별로 기분이 좋지 않더라도 아름답다는 느낌에는 변함이 없다. 아름다운 봄날 아침을 맞이하는 우리의 감각, 우리의 봄날 정서는 인류라는 우리의 종이 가지는 역사에 그 근거를 두고 있을 것이다. 그러니까 우리 인간에게 아름다운 봄날이라는 정서는 그 동물적 본성에 들어맞는 객관적인 사실이다. 그렇지만 아마도 봄날의 정서를 느끼는 비슷한 다른 존재와 그 이음매에서 반드시 구분되는 지점을 따라 인간이 구분되는 것은 아닐 것이다. 사이더 세계에 빗대 말하자면, 아름다운

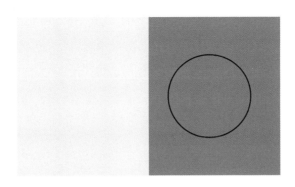

그림 8

봄날이라는 정서를 느끼는 인간을 같은 정서를 가진 동물과 구분하는 것은 검은색의 오른쪽 절반에서 하나의 원을 그리는 것과 같다. 이 원을 오려 낸다면, 아름다운 봄날이라는 정서는 객관적이지, 대각선의 성격을 가지지 않는다. 그렇지만 인간만 아름다운 봄날이라는 정서를 가진다는 말은 성립할 수 없다(그림 8).

이 원은 사이더 세계를 그 이음매에 따라 나누지 않는다. 그렇지만 대각선 술어보다 더 객관적이다. 다시 말해서 구성에는 환상과 자의라는 무수한 하위 종류가 있지만, 그 안에 진리도 포함된다. 구성주의는 너무도 쉽사리 현상의 단 한 가지 형식만 취해 이게 아주 독특한 뇌(인간의 뇌가 돌고래의 뇌와 다르다는 뜻에서)의 산물이거나, 인간 언어 혹은 사회 경제의 산물이라고 선포해 버렸다.

이에 반해 새로운 리얼리즘은 주관적 진리, 그러니까 특정 레지스트리를 쓰는 인간이라는 주관의 진리 혹은 보다 더 일반적인 동물이라는 주관의 진리가 존재함을 인정한다. 다시 말해서 주관적이라고 해서 모두 자의적인 환상이라거나, 전부 틀렸다고 주장할 근거는 어디에도 없다. 그러니까 사물 그 자체를 인식할 수 없다는 주장은 성립하지 않는다. 우리는 이음매를 넘나들며 얼마든지 사물을 있는 그대로 인식한다.

그릇된 길

구성주의는 인간 인식과 학문의 거의 모든 영역에 걸쳐 횡포를 일삼아 왔다. 〈세계관〉이라는 개념과 맞닥뜨릴 때마다 우리는 구성주의가 배후에 숨어 있음을 간파해야만 한다. 이런 정황은 하이데거가 자신의 논문 「세계관의 시대」에서 이미 언급했다.

세계관이란 본질적으로 세계의 그림이 아니라, 그림에 가둔 세계로 이해되어야 한다. 존재자 전체를 마치 그림을 그리는 인간이 있어야만 존재하는 것처럼 강요하는 게 곧 세계관이다.[52]

세계를 그림으로 그릴 수 있는 것으로 떠올린다면, 우

리는 이미 세계를 마주 볼 수 있는 것으로 여기는 셈이고, 이렇게 그린 그림을 세계 자체와 비교할 수 있다고 간주하는 셈이다. 〈이론〉이나 〈모델〉이라는 말도 이와 같은 전제를 당연한 사실로 여긴다. 세계의 이론 혹은 심지어 〈모든 것의 이론〉은 다양한 이유에서 성립할 수 없다. 하이데거가 적시한 가장 간단한 근거는 세계가 마주 보며 그릴 수 있는 대상이 아니라는 점이다. 우리는 세계 바깥으로 나가 그림을 그리고 이 그림이 대상과 맞아떨어지는지 물어볼 수 없다. 모든 것을 담은 사진, 곧 사진을 찍는 사진기까지 포함된 사진을 찍는다는 것은 불가능하다. 사진에 등장하는 사진기는 사진을 찍은 사진기와 결코 동일한 게 아니다. 거울에 비친 내 모습이 나 자신과 완전히 동일한 게 아니듯 말이다. 모든 세계관은 기껏해야 그 안에서 그린 그림, 말하자면 세계가 자신을 그린 그림에 지나지 않는다.

그러나 우리는 이런 식의 표현 역시 어긋난 것임을 안다. 세계, 곧 모든 의미장의 의미장인 전체 영역은 존재하지 않으며, 존재할 수도 없다. 그러므로 세계관이라는 것에 깔린 기본 생각 자체가 말이 되지 않는 소리다. 모든 세계관은 있지도 않은 것의 그림이고자 한다는 점에서 거짓이다. 그리고 세계관이 비록 완전하지는 못할지라도 어쨌거나 일정 정도 전망은 가능하게 해주지 않느냐는 반론 역시 성립할 수 없다. 세계관은 세계의 그림이 아니라, 고작해야 그 일부만 그려 주기 때문이다. 세계관은 그 자체로 이미 왜곡이며 하나의 단면만 가지고 서둘러 일반화한 결과에 지나지 않는다.

구성주의는 우리가 꾸며 내는 이론과 모델에 아무런 의심을 두지 않는다. 이론은 말하자면 세계에 던지는 일종의 그물망이다. 이 그물망에 걸려드는 그만큼만 가지고 전체라고 강변하는 게 곧 이론이다. 그러나 이런 식으로 세워진 이론은 새로운 리얼리즘의 핵심을 이루는 아주 간단한 사실을 간과한다. 바로 사실성의 논증이다.[53]

사실성은 아무튼 무엇인가 존재한다는 정황이다. 이 정황은 하나의 〈팩트fact〉, 곧 사실이다. 사실성 논증은 구성주의가 구성되지 않은 사실의 존재를 간과하고 있다며 반론을 펼친다. 다시 말해서 구성주의 그 자체가 진위 판별을 할 수 있는 하나의 사실이어야만 한다. 그러니까 구성주의가 바나나 열차가 아닌 구성주의 자체를 말할 수 있으려면, 구성주의와 들어맞는 몇몇 사실이 존재해야만 한다. 구성주의는 특정 주장, 무엇보다도 모든 이론이 구성되었다는 주장이다. 더 나아가 구성주의는 그 어떤 사실 집합은 그 어떤 인식 체계에 상대적이라는 주장도 곁들인다. 확신이든 레지스트리든 특정 형식의 구조든 인식 체계에 따른 사실 집합이 성립해야 한다는 게 구성주의의 논리다. 그러니까 일반적으로 아래와 같은 명제가 내세워진다.

사실 집합 T는 인식 체계 S에 상대적이다.

예를 들어 신경 구성주의는 우리에게 나타나는 다채로운 세계가 인간이라는 생명체, 특히 우리 뇌에 상대적이라고 주장한다. 그러니까 특정 종류의 뇌가 없다면, 내가 지금 오르후스에서 코펜하겐으로 향하는 열차를 타고 있으며, 밖에는 비가 내리고 있고, 20분 동안 열차는 짙푸른 초원과 노란 유채꽃밭을 지나가고 있다고 하는 말은 거짓이 되고 만다. 또 이 구절들을 쓰는 동안 우주에서 모든 뇌가 사라져 버린다면, 내가 쓰는 이 문장 구절들 역시 거짓일 수밖에 없다. 달리는 열차도, 짙푸른 초원도 존재하지 않는다. 해석학적 구성주의, 곧 텍스트 해석을 문제 삼는 구성주의는 『파우스트』가 독자 없이는 아무런 의미를 가지지 않는다고 주장한다. 『파우스트』에 마녀가 등장하는지는 특정 해석에 따른 상대적인 사실일 뿐이다.

이제 우리는 보편적인 구성주의가 성립할 수 있는가 하는 아주 간단한 물음을 품게 된다. 보편적 구성주의, 곧 오로지 단 하나의 인식 체계로 모든 사실을 설명하는 보편적 구성주의라는 게 과연 가능할까? 그런데 실제로 모든 것이 상대적이라는 보는 사람들이나, 우리는 세계를 두고 단지 하나의 불충분한 그림, 모델 혹은 이론을 만들 수밖에 없다고 여기는 사람들은 적지 않다. 이 경우 구성주의와 관련된 모든 사실은 하나의 인식 체계, 즉 구성주의 자체에 상대적이어야 한다. 그렇지만 이 입장을 그대로 받아들인다면, 우리는 무한한 사실이 꼬리에 꼬리를 무는 상황에 직면할 수밖에 없다.

{[(T는 S에 상대적이다)는 S에 상대적이다]는
S에 상대적이다}는 S에 상대적이다…….

이 모델에서는 모든 게 구성주의에 상대적이다. 모든 게 상대적일 뿐, 궁극적인 준거가 되는 최후의 체계는 없다. 상대적인 게 무한하게 맞물린 고리는 결국 허공에 뜨고 만다. 그럼에도 보편적 구성주의는 모든 게 상대적이라는 주장만 되풀이한다. 결국 상대적이지 않은 게 없다는 결론, 그 무한하게 꼬리를 무는 사실의 고리만이 남는다. 도대체 무한하게 꼬리를 무는 사실만 있다는 단 하나의 사실이 무슨 의미가 있을까? 이 지경으로까지 논리를 밀어붙이고자 하는 사람은 없지 않을까.

한마디로 정리해서, 모든 게 구성되었다는 사실은 역설적으로 그 어딘가에 구성되지 않은 사실이 있어야만 한다는 사실을 강제한다. 모든 게 구성되어 있다면 모든 것이

상대적이라는 말은 성립할 수 없다. 모든 것을 끌어안는 총체적 관계 체계가 없다면, 〈모든 것〉이 그 어떤 것에 상대적이라는 주장은 할 수 없다.

이런 모든 이유에서 구성주의는 잘못이라는 통찰은 사물은 어떻게 그 자체로 존재하는가 하는 통찰로 이어진다. 사실을 두고 철학의 고민을 밀어붙이면 우리는 고양이와 매트리스의 차이 혹은 단백질과 광자의 차이만큼이나 객관적인 사실을 알게 된다.

사실성 논증은 우리로 하여금 이성의 리얼리즘에 이르게 만든다. 이성의 리얼리즘은 인간의 이성 자체가 하나의 사실 구조를 가짐을 밝혀 준다. 이 사실 구조를 우리는 학문적으로 연구할 수 있다. 이른바 〈외계〉 혹은 〈우주〉는 이런 이유에서 더는 홀로 특권을 누리는 사실의 영역이 아니다. 아주 간단하게 말해서 밖에 비가 내리는 것을 보고 내가 비가 내린다는 생각을 한다면, 두 가지 사실이 존재한다. 첫째는 비가 내린다는 사실이고, 둘째는 비가 내린다는 옳은 생각을 내가 하고 있다는 사실이다. 결국 사실은 과학적 세계관이 주장하는 것처럼 〈세계 쪽〉에만 있는 게 아니라, 〈세계 쪽〉의 사실에 관계하는 쪽에도 존재한다. 설령 물질적인 대상이 단 하나도 없다고 할지라도, 물질적인 대상이 단 하나도 없다는 사실만은 존재한다.

그렇기 때문에 사실성 논증은 우리가 그 배후를 캐고

들어갈 수 없는 사실성이라는 게 있다는 결론에 이른다. 언제나 구성되지 않은 사실이 존재하는 것이다. 우리의 과제는 이 사실이 무엇인지 알아내는 일이다. 우리는 이미 일상생활에서 이성의 리얼리즘을 전제하고 살아간다. 익숙한 상황이 그림처럼 떠오른다. 마침 점심시간을 앞두고 오늘 구내식당에서 뭘 먹어야 좋을지 그려 본다. 여러 가지 메뉴를 떠올리며 어제는 생선 요리를 먹었고, 구내식당에서 파는 생선 요리는 튀긴 거라 건강에 좋지 않다는 점이 새삼 되새겨진다. 소시지 역시 추천한 만한 게 아니라는 생각도 따라온다. 그래서 오늘은 차라리 샐러드를 고르기로 하고 접시를 들고 샐러드 바로 가서 마음에 드는 것을 고른다. 식당을 오가며 동료들과 마주치고 이따금씩 휴대폰에 걸려오는 전화를 받으며, 벌써부터 퇴근하고 뭐 할까 하는 생각을 한다.

이 모든 게 점심시간이라는 의미장에서 나타나는 사실이다. 이렇게 얻어진 모든 개별적 인식은 사물 혹은 사실 그 자체의 인식이다. 이런 상황에서 누구도 입자가 지금 우리가 하는 생각이나 샐러드의 다채로운 색깔보다 더 객관적이고 사실적인지 진지하게 따져 묻지 않는다. 리얼리즘의 이름으로 특정 사실에 더 무게를 실어 주는 것은 한마디로 전혀 근거가 없는 오해일 뿐이다. 바로 그래서 새로운 리얼리즘은 선입견으로부터 빠져나와 존재하는 게 무엇인지 자유롭게 연구해야 한다고 강조한다. 그 어떤 전래된, 고대나 근대 초의 〈종교〉나 〈과학〉과 같은 권위가 강변하는 것만 〈현실적〉이라거나 〈실존〉한다고 여기는 세계관에 사로잡히지 말아야 한다. 자연 과학이 연구하지 않는 것이라 할지라도 참인 것은 많다. 더 나아가 자연 과학 역시 상상에 의존한 많은 대각선 술어에 물들었다. 이런 모든 것은 과학의 발달로 제거되어야 하리라.

지그문트 프로이트는 이런 사정을 그의 흥미롭고도 심오한 책『농담과 무의식의 관계』에서 게오르크 크리스토프 리히텐베르크*가 했다는 농담에 빗대어 표현한다. 햄릿이 잘 알려진 경구를 읊조린다. 〈너희가 학교에서 배운 지식보다 하늘과 땅에는 더 많은 것이 있다네.〉 과학적 세계관에 대한 고전적 비판이다. 물론 이 말에 이어 다음처럼 덧붙일 수 있지 않을까. 〈그러나 학교에서 배운 지식에는 하늘에서도 땅에서도 찾을 수 없는 것들이 많다네.〉[54]

과학과 예술

과학적 세계관은 특정 인간관을 전제한다. 이 인간관은 과학자를 철두철미하게 합리적 존재로 이상화한다. 이 이상은 지식 생산이 다음과 같이 이뤄져야 한다고 본다. 과

* Georg Christoph Lichtenberg(1742~1799). 독일의 수학자이자 실험 물리학자.

학자는 미지의 현상, 이를테면 원인이 알려지지 않은 질병을 연구하며 가설을 세운다. 이 가설을 과학자는 통제된 방법을 자랑하는 검증 절차를 거쳐 근거를 확보하거나, 폐기한다. 검증의 모든 단계는 정확히 되풀이될 수 있으며, 다른 과학자가 고스란히 추적할 수 있어야 한다. 이런 방법론의 원조는 데카르트다. 그는 우리가 인생을 살며 한 번쯤 모든 것을 의심해 보고, 이 의심으로부터 순전히 합리적으로 입증된 새로운 지식의 기초를 놓아야 한다고 주장했다. 이 기초 위에 이상적인 과학 검증 절차를 거쳐 완전히 중립적인 가설을 세울 때, 하나의 세계관이 도출된다.

이런 방식으로 과학과 합리성을 강조하자면, 우리의 모든 확신은 과학의 검증을 받아야 하는 가설이 된다. 물론 우리가 가지는 확신은 대개 과학적으로 검증된 게 아니다. 이를테면 데이트 중에 상대방이 점차 사랑에 빠진다는 확신이 든다고 해서, 과학적 가설을 세우고 정말 상대가 나를 사랑하는지 검증하는 사람은 없다(그런 사람이 아주 없지는 않겠지만). 정치 신념이나 아름다움의 경험을 두고도 같은 말을 할 수 있다. 물론 그런 시도를 한다 해도 오늘날 과학자 세대는 전혀 놀라워하지 않을 것이다.

이런 의미에서 심지어 오늘날에는 예술 작품을 해석하는 데 어떤 신경 자극 반응이 일어나는지 연구해 위대한 작품의 특성을 밝히려는 시도까지 이루어진다. 대다수 과학자는 우리가 어떤 예술 작품을 보거나 듣고 아름답다고 느끼는 이유가 특정 신경 자극이 촉발되기 때문이라고 믿는다. 그래서 영화에 나타나는 색감과 동작이 우리의 신경 체계와 맞물려 어떤 상호작용을 일으키는지 알아보려는 연구도 있다. 이런 게 그 어떤 목적에 유용할지는 모르겠으나, 정작 예술 작품의 이해에는 보탬이 되지 못한다. 피카소의 〈청색 시대〉 작품을 감상하는 데 있어 우리 몸이 어떤 반응을 보이는지, 말하자면 좋은 기분이라는 반응이 일어나는지 어떤지 따져 보는 것은 그리 중요한 문제가 아니다(말이 나온 김에 청색 시대의 작품은 추함과 기형과 충격과 섬뜩함의 미학을 중시한 현대 미술의 대표적 작풍을 보여 준다).

피카소를 이해하려면 예술사의 배경 지식과 창의적 상상력 그리고 새로운 해석을 꺼려 하지 않는 개방성이 반드시 요구된다. 전반적으로 현대 예술은 기회가 있을 때마다 과학적 세계관을 거부하는 태도를 취해 왔다. 거의 모든 미학 운동과 예술가는 예술을 과학적 현상으로 국한하려는 입장에 반대의 목소리를 분명히 한다. 그 좋은 예로 잭슨 폴록이 〈액션 페인팅〉이라는 기법으로 그린 1949년의 작품 「넘버 8」을 감상해 보라.

얼핏 보면 이 그림은 특정 바탕색 위에 그냥 아무렇게나 물감을 뿌려 놓은 것만 같다. 이렇게 보자면 이 창작 시기의 폴록 작품들은 모두 똑같아 보이고, 우리는 그저 어떤 게 가장 마음에 드는지 주관적인 의견만 가지는 것 같다. 신경 과학은 그 원인을 찾아낼 수 있다고 장담한다. 그러나 이런 식으로 폴록 작품을 해석하는 사람은 정작 자신이 무엇을 보았는지 전혀 이해하지 못한다. 매우 역동적인 폴록의 작품은 아주 다양하고 복잡한 해석의 가능성을 열어 주기 때문이다. 〈액션 페인팅〉을 이해하려면(그냥 아름답다고 여기지만 말고 작품에 담긴 뜻을 알아보려면) 하나의 특정한 색깔을 왼쪽에서 오른쪽으로 따라가며 봐야 한다. 말하자면 읽어야 한다. 예를 들어 검은색에 집중해 그 흔적을 따라가는 식이다. 이렇게 읽다 보면 그저 아무렇게나 이어진 것만 같던 검은 선이 의미를 드러내면서 꿈틀대며 작품의 전체 주제가 반짝이기 시작한다. 이제 시각을 바꾸어 녹색을 따라가 보라. 아니면 배경 자체에 주목하면서 그림을 각기 다른 방향에서 관찰해 보는 것도 좋은 감상 방법이다. 전통적인 인물화나 풍경화도 이런 식으로 감상해 보라. 모든 그림은 화폭에 담은 색으로 의미장을 열어 보인다.

폴록이 그려 낸 그림은 말하자면 〈메타 회화〉이다. 이런 그림은 우리에게 예술 작품의 감상은 어떻게 이루어져야 하는지 보여 준다는 점에서 감상의 차원을 더 높게 끌어올린다. 폴록 그림의 색깔들이 가지는 윤곽을 따라가노라면 각기 다른 차원을 넘나들며 의미의 역동적 이해가 이루어진다. 우리는 예술사의 배경지식을 바탕으로 자발적 감상을 즐기며 다양한 해석을 시도한다. 그리고 이렇게 얻어진 감상을 다른 사람들과 함께 토론하기도 한다. 이런 이해 과정은 자의적인 게 전혀 아니며, 오히려 자유로운 해석이다. 예술 작품 이해의 자유는 우리가 어떤 것을 이해함과 동시에 이 이해의 생생한 과정을 직접 체험함으로써 맛볼 수 있다.[55]

인물이나 정치 문제 혹은 예술 작품의 이해는 생물학이나 수학으로 할 수 있는 게 아니며, 완전히 자의적이거나 단순한 취향 문제도 아니다. 과학적 세계관은 우주, 곧 자연 과학의 대상 영역이라는 특권적인 사실 구조만 중시함으로써 인간 실존의 의미는 건너뛰어 버리는 잘못을 저지른다. 그리고 우주에는 실제로 의미 문제가 들어설 자리가 없다. 그러나 인간, 그리고 인간이 만들어 낸 것은 전혀 다르다.

19세기 초 독일 관념론자들은 의미는 이해되어야 하는 것이라 보고 이를 〈정신〉이라고 불렀다. 오늘날까지 정신 과학이라는 이름이 남게 된 연유다. 정신은 단순히 인간의 주관적 정신을 말하는 게 아니라 인간 이해의 의미 차원을 이른다. 그러니까 정신 과학은 인간 이해의 의미 차원을 연구한다. 포스트모더니즘의 구성주의가 성급하게 정신을 탐구의 영역에서 내몰려는 태도에 맞서 정신을 복권시키는 일은 매우 중요하다. 20세기의 몇몇 프랑스 철학자, 특히 자크 데리다가 〈정신〉은 정치적으로 오염된 말이며, 전체주의의 혐의를 담은 범주라 규정했다고 해서, 폴록이나 호메로스 혹은 「사인필드」 시리즈를 이해하는 게 아무 의미도 없다고 주장해서는 곤란하다.[56] 다양한 의미장이 존재하며, 각기 다른 방식으로 접근해 해석되어야 한다. 여기서 자의가 비집고 들어갈 자리는 없다. 문학은 물리학이나 신경 과학 못지않게 객관적이며, 진리 능력을 가진다. 심지어 물리학이나 신경 과학에 비해 마르셀 프루스트나 이탈로 칼비노를 훨씬 더 잘 이해할 수 있게끔 안목을 열어 준다. 소설에도 의미장을 구조화하는 이음매가 있으며, 우리는 소설을 해석하며 대각선 술어에 빠질 수도 있다.

과학적 세계관은 합리성의 왜곡된 인식에 기초한다. 과학적 세계관은 이해를 위한 우리의 모든 노력에서 가설을 세우고 이를 실험으로 증명하거나 폐기하는 방법만 인정한다. 이런 종류의 방법은 분명 나름대로 의미를 가지기는 하지만, 그렇다고 모든 경우에 적용할 수는 없다. 우주라는 현상을 연구하는 데에는 가설과 검증이 도움을 준다. 그러나 인간과 의미의 이해는 우주에서 일어나는 현상이 아니다. 우리는 정신 혹은 의미를 해석하며 접근하는 가운데, 이를테면 소통이라는 지극히 일상적인 방법을 쓰면서 의미의 이해에 다가갈 뿐이다. 정확히 이 점을 하이델베르크의 철학자이자 유명한 해석학자인 한스게오르크 가다머는 다음과 같은 문장으로 상기시켰다. 〈이해될 수 있는 존재는 언어다.〉[57] 숱하게 인용된 이 문장은 가다머의 대표작 『진리와 방법』에 수록된 것으로, 예술 작품 해석과 인간 세계의 이해는 우리의 자연 이해와 전혀 다른 종류의 것임을 강조한다. 인간의 진리 탐구가 가설과 검증이 없이 이루어진다고 해서 그게 자의적이라거나 완전히 제멋대로인 것은 아니다.

우리는 더불어 사는 인간을 일반화라는 방법을 써서 이해하지 않는다. 어떻게 인간을 이해하는가는 우리 인성의 표현이며, 우리 인성은 먹고 자고 짝짓기 하는 습관을 모두 더한 것이 결코 아니다. 오히려 인성은 그 자체가 일종의 예술 작품이다. 바로 그래서 현대 회화와 연극은 이미 오래전부터 우리가 우리 자신의 화가이자 배우라는 암시를 담아내 왔다. 인간은 살아 있는 창의성이다. 창의성과 상상력과 독창성은 인성의 특징이다. 자연 과학이든 인문학이든 인성을 무시하는 학문은 성립할 수 없다. 모든 시대를 통틀어 가장 위대하며 가장 독창적인 학자 중 한 명인 베르너 하이젠베르크는 언젠가 이런 글을 썼다.

시대정신은 자연 과학의 그 어떤 사실과 마찬가지로 객관적 사실일 것이다. 이 정신은 시간과 무관하며, 이런 의미에서 영원하다고 할 수 있는 세계의 특징을 드러낸다. 예술가는 작품으로 이 특징을 이해하도록 만들려 시도한다. 이 시도로 예술가는 자신의 작업 양식을 빚어낸다.

창작 과정과 표현 양식의 형성 과정은 과학과 예술이라고 해서 크게 다른 게 아니다. 과학과 예술은 세월의 흐름과 더불어 인간의 언어를 빚어낸다. 이 언어로 우리는 현실의 서로 멀리 떨어진 부분들을 이야기한다. 이런 상이한 부분들을 서로 맺어 주며 맥락을 만들어 내는 개념 체계는 서로 다른 예술 양식과 마찬가지로 이 언어의 다른 단어들 혹은 단어군일 따름이다.[58]

과학적 세계관은 과학 그 자체 때문이 아니라, 과학을 우상화하고 마찬가지로 잘못 이해된 종교와 가깝게 두는 의심스러운 비과학적 사고 탓에 좌초한다. 과학은 세계를 설명하는 게 아니라, 단지 그것으로 설명할 수 있는 것, 이를테면 분자나 일식을 설명할 뿐이다. 이와 마찬가지로 문학은 소설의 한 구절을, 철학은 논증의 논리적 오류를 설명한다. 전체로서의 세계가 존재하지 않는다는 통찰은 우리가 현실을 보다 더 바로 보고, 우리가 인간이라는 사실을 알 수 있게 돕는다. 인간은 정신으로 활동하는 존재다. 정신을 무시하고 우주만 관찰한다면, 당연히 인간의 모든 의미는 사라진다. 이 책임은 우주가 아니라 바로 우리 자신에게 있다. 현대의 허무주의는 비학문적인 오류, 곧 사물 그 자체를 우주의 사물과 혼동하고 다른 모든 것은 생화학 과정의 산물로만 축소한 채 환영으로 취급하는 오류 탓에 생겨난다. 우리는 이런 착각에 빠지지 않도록 주의해야만 한다.

5장

종교의 의미

철학은 그 시작부터 전체라는 물음을 가지고 씨름해 온 학문이다. 전체라는 게 무엇인가 하는 물음은 인간의 인생이 어떤 의미를 가지는지 하는 물음과 밀접하게 맞물린다. 과연 우리 인생은 우리 자신이 그것에 일상적으로 부여하는 것 이상의 어떤 의미를 가질까? 혹시 우리가 인생과 결부 짓는 의미는 그저 인간적인, 너무나도 인간적인 꾸밈은 아닐까? 죽음과 불쾌함, 또는 자주 감당해야만 하는 아무 의미 없는 고통을 이겨 내려 스스로 지어낸 환상 말이다.

철학은 인생의 의미를 묻는 학문이다. 철학은 우리가 그저 지능을 가진 살덩이나 종교와 형이상학의 환상에 빠진 원숭이로서 아무 의미 없는 물질 세계에 살아간다는 것을 당연한 사실로 전제하지 않는다. 바로 그래서 인생의 의미가 무엇인가 하는 물음, 종교와 밀접하게 맞물린 이 물음에 철학은 직접적으로 답하지 않는다. 그에 앞서 철학은 인간의 모든 의미가 그저 기만에 지나지 않으며, 우리는 냉혹한 우주, 무한한 무의미함과 삭막함을 가지기만 하는 우주에 잠깐 스쳐 지나가는 나그네일 뿐이라고 주장하는 현대 허무주의가 그 바탕에 어떤 전제를 가지는지 우선적으로 살핀다.

전체라는 게 도대체 무엇인지 묻는다면, 우리는 일단 최대한의 거리를 두고 우주나 세계 혹은 현실을 위 또는 바깥에서 바라보는 것 같은 자세를 취한다. 이런 조감의 시선으로 종교를 끌어들여 〈신의 입지〉를 선취한 철학자는 많다. 그러나 이런 식으로 피조물을 바라볼 자격은 신에게만 있는 게 아닐까. 물론 그런 입지는 환상이다. 〈전체〉나 〈세계〉 또는 〈현실〉이라는 개념은 그에 맞는 대상을 가지지 않는다. 오히려 전혀 있지도 않은 어떤 게 있는 양 꾸며 대는 것일 따름이다. 전체라는 것은 흡사 자연수와 같다. 최대의 자연수를 찾는다고 가정해 보자. 이런 탐색 끝에 우리는 끝내 최대의 자연수는 있을 수 없다는 것을 깨우친다. 그냥 간단하게 1을 더해 주면 자연수는 계속 커지기 때문이다. 형이상학이 말하는 전체 개념도 이와 비슷하다. 최대의 의미장을 눈앞에 두었다고 생각할 때마다, 곧바로 더욱 큰 의미장이 새롭게 열린다.

우리가 이런 생각의 흐름을 좇다 보면 극단적이고 철저히 자유롭게 떠도는, 원칙적으로 어떤 경계도 가지지 않은 창의성을 경험할 수 있다. 항상 우리가 생각한 것보다 더욱더 큰 의미장이 열리며, 의미장은 생각할 수 있는 모든 방향으로 무한하게 뻗어 나간다. 이 확장이 어떤 법칙을 따르는지 확인할 겨를조차 없다. 어떤 의미장이 무슨 식으로 다음 의미장과 맞물리는지 확정해 주는 법칙이 있다면, 세계는 존재하리라. 그렇다면 전체 혹은 세계는 바로 이 모든 것을 포괄하는 법칙이다. 그러나 이런 법칙은 존재하지 않으며, 존재할 수도 없다. 최대의 자연수와 똑같이 전체는 존재할 수 없다.

바로 앞 장에서 우리는 과학적 세계관이 실패할 수밖에 없음을 확인했다. 과학적 세계관은 우리에게 딛고 설 바탕을 제공해 주겠다고 강변하는 거대한 환상이다. 그러나 그 환상의 결과, 역설적이게도 의미는 세계로부터 내몰리고 말았다. 이런 의미의 위기는 종종 〈세계의 탈마법화〉를 연상시킨다. 〈세계의 탈마법화〉는 위대한 사회학자 막스 베버가 사용했던 표현이다. 베버는 1917년 뮌헨에서 행한 유명한 강연 〈직업으로서의 학문〉에서 근대 과학의 발달을 〈과학과 과학에 방향을 맞춘 기술로 합리화한 지성〉이라고 묘사했다.[59] 다시 말해서 〈세계의 탈마법화〉는 갈수록 강화되어 가는 분업화된 노동에 종사하느라 어떤 개인도 일의 전모를 가늠할 수 없는 지경에 처하고 말았음을 뜻한다. 더욱이 현대의 생활 현실은 근대 초와 비교도 할 수 없을 정도로 복잡해졌다. 뭐가 뭔지 그 전모를 파악하기는 그동안 거의 불가능해졌다. 그럼에도 우리는 모든 게 합리적이며, 사회 질서의 근본 바탕이 과학으로 확보되었다고 여긴다. 그리고 이런 과학적 방법은 누구나 배우고 익힐 수 있다고 안심하는 게 오늘을 살아가는 우리의 확신이다. 합리화에 빠진 지성은 시간과 관심을 가지고 주위를 돌아보기만 하면 모든 게 흠결 하나 없이 깔끔하다고 맹신한다. 더욱이 사회가 전반적으로 전문가, 곧 관리 전문가, 과학 전문가, 법률 전문가의 손에 확실하게 장악되었다고 믿는다. 그러나 자세히 살피면 이런 믿음은 환상이거나 이데올로기에 지나지 않는다. 베버는 이런 맹신을 〈세계의 탈마법화〉라고 불렀다.

갈수록 심해지는 지성 중심의 합리화가 우리의 생활 조건이 일반적으로 보다 더 나아진다는 것을 뜻하지는 않는다. 오히려 전혀 다른 것을 의미한다. 원하기만 한다면 언제라도 경험할 수 있다는 지식이나 믿음, 원칙적으로 신비에 가득 차 계산해 볼 수 없는 힘이라는 것은 없다는 지식이나 믿음, 외려 모든 것은 근본적으로 계산을 통해 지배할 수 있다는 지식이나 믿음은 세계의 탈마법화를 뜻한다.[60]

그러니까 베버는 우리가 흔히 그의 입장이라고 짐작하

는 것과는 정반대의 입장을 위의 문장으로 피력한다. 그는 과학 만능에 물든 현대가 완전히 투명하며, 이런 뜻에서 탈마법화한 세상이라고 주장하지 않았다. 오히려 그는 탈마법화라는 사회의 지배적인 현상을 사회학으로 연구해 그 허약한 근거를 투명하게 밝혀야 한다고 보았다. 우주라는 게, 호그레베의 표현을 다시 한 번 빌리면 〈냉혹한 고향〉일 뿐이라는 발견이 탈마법화가 아니다. 오히려 탈마법화는 사회 질서가 합리적이라는 잘못된 생각을 우리가 무의식적으로 당연하게 여기는 사회 현상이다. 그러나 우리가 살아가는 인생에는 자연 과학으로 관찰할 수 있는 현상만 있는 게 아니다.

탈마법화와 구별해서 봐야 하는 것에는 우선 〈세속화〉가 있다. 오늘날 세속화는 종교를 대개 과학의 설명, 그러니까 순전히 세속적인 설명으로 대체하는 현상으로 이해된다. 베버는 탈마법화를 반어적으로 〈우리 시대의 운명〉이라고 표현했다.[61] 이 표현에서 우리는 이미 베버가 나아가고자 하는 방향을 읽어 낸다. 다시 말해서 베버는 합리화라는 게 근대에 들어 시작되어 진행 중인 사실이란 점을 입증하는 게 아니라, 탈마법화가 근대 이후의 시민, 곧 자신이 살아가는 사회를 꿰뚫어볼 수 없는 시민의 자기 묘사라는 점을 입증하고자 했다. 탈마법화는 우리가 사회 질서의 근저에 합리성이 있다고 믿으면서 일어난다. 합리성이 실제로 존재하든 안 하든 전혀 영향을 받지 않는 게 탈마법화다. 바로 그래서 베버는 반어적 분위기를 물씬 풍기며 인용된 문장에서 〈지식 또는 믿음〉이라는 표현을 쓴다. 결론적으로 베버는 근대 시민의 자기 묘사가 일종의 착각이었다고 간주한다. 결국 베버는 사회학자이며, 사회학은 실제로 일어나는 객관적인 사회 변화 과정을 연구한다. 이런 과정은 이게 자연 과학과 어떤 차이를 가지는지에 대한 우리의 인식 여부와 상관없이 일어난다. 여기서 차이는 사회 변화 과정은 인간이 없이는, 곧 인간의 지각과 행동이 없이는 일어나지 않는 반면, 지구는 우리가 없어도 태양 주위를 돈다는 점이다.

단순하게 〈합리화〉를 믿기만 한다면, 탈마법화의 바탕에 깔려 있는 과정을 우리는 인식할 수 없다. 이 과정은 결국 사회가 그 하위 체계를 계속 분화해 가며 가지를 뻗어 나가는 과정이다. 이런 변화의 전모는 그 누구도 가늠할 수 없다. 니클라스 루만*은 이 과정을 자신의 체계 이론으로 재구성하려 시도했다. 이 시도에서 루만은 항상 합리성 믿음, 곧 탈마법화가 〈유럽의 해묵은 유산〉임을 강조한다. 〈유럽의 해묵은 유산〉이라는 표현 역시 사회학의 반어적 함의를 담고 있다. 루만은 이 유산을 〈합리성 연속

* Niklas Luhmann(1927~1998). 독일의 사회학자. 사회 체계 이론으로 유명하다.

체Rationalitätskontinuum〉라 부른다. 이 말이 품은 뜻은 전체로서의 세계를 조망하며 세계의 질서 원칙으로 떠받드는 합리성이 단 하나의 형태로 존재한다는 가정이다. 이 가정은 우리가 앞서 살펴보았듯 존재론적 근거가 전무하다. 근거 없는 오류인 탓에 실제로 우리가 벗어던져야만 하는 역사의 부담스러운 짐이다.

과학에 마법의 힘을 실어 주는 근대 이후의 발달 신앙을 주목한 사람은 베버나 루만에 그치지 않는다. 과학의 마법에 빠진 믿음은 물신 숭배의 현대식 변형이다. 물신 숭배는 인간이 스스로 만든 물건에 초자연적 힘을 실어 주는 태도다. 이런 태도는 자신의 고유한 정체성을 한사코 합리적 전체와 묶으려 시도한다. 자신을 어떻게든 이해할 수 있는 전체의 한 부분으로 그려야만 안심하는 게 인간의 성정이다. 부분들이 사회적 협력을 통해 모든 게 무너져 내리지 않도록 노력하면 편안한 질서가 이루어진다고 믿을 때 인생은 한결 손쉬워지기 때문이다. 자신을 그 부분으로 엮어 놓은 거대한 전체는 대개 그 차별화와 분화를 가늠하기 어려운 사회 그 자체다. 물신 숭배는 모든 대상에 이 거대한 전체를 투사함으로써 성립한다. 이로써 자신의 정체성을 지켜야 할 책임을 사회로 떠넘기는 방임이 생겨난다. 결코 완벽히 통제할 수 없는 전체의 한 부분임을 자임함으로써 자신의 책임을 사회로 떠넘기는 것이다.

물신 숭배Fetischismus는 포르투갈어 〈페이치수feitiço〉(〈거짓〉이라는 의미)에서 비롯되었다. 〈페이치수〉의 어원은 다시금 라틴어 〈파세레facere〉로 〈만든다〉는 뜻이다. 그러니까 물신 숭배는 자신이 만든 대상을 자신이 만들지 않은 것처럼 꾸며 보이는 태도다. 그러나 〈과학적 세계관〉의 경우 어떤 형태의 물신 숭배가 숨어 있을까? 그리고 이런 물신 숭배는 종교에 어떤 의미를 가질까?

프랑스의 정신분석학자 자크 라캉은 인간은 항상 자신의 의견을 〈그 아래에 두며〉 일종의 소속감을 느낄 〈주체〉를 찾는다는 적확한 진단을 내렸다. 그는 이런 사정을 〈~을 안다고 가정할〉이라는 말로 표현한다. 이 말이 염두에 두는 것은 지극히 일상적인 현상이다.

하나의 익숙한 상황을 떠올려 보자. 자전거를 타고 횡단보도 앞에서 신호등이 바뀌기를 기다린다. 반대편에는 보행자들이 많다. 우리는 신호등이 녹색으로 바뀌면 서로가 충돌하지 않도록 잘 협조되기를 기대한다. 다른 사람도 우리와 똑같은 규칙으로 도로를 건너기에 서로 간에 충분한 여유를 주어야만 한다. 이런 규칙의 준수가 성공적인 도로 교통의 전제 조건이다. 다른 사람이 규칙을 무시하거나, 심지어 위반한다면 도로는 완전히 마비되고 만다. 그래서 적용 범위가 늘 새롭게 협상되어야 하는 불문율이라 할지라도 우리는 기꺼이 이런 규칙을 지키려 한다.

이를테면 자전거를 탄 사람은 보행자를 배려해 신중하게 행동해야 한다는 게 그런 불문율 가운데 하나다. 금속으로 만든 더 강력하고 위험한 탈것을 이끄는 사람은 보행자에게 상처를 입힐 수 있기 때문이다. 그래서 보행자 대다수는 자전거에게 양보하지 않는 것을 당연하게 여긴다. 보행자야말로 약자의 위치에 있다고 여기는 탓이다. 자전거를 탄 사람은 자동차 운전자를 상대로, 승용차 운전자는 화물차 운전자를 상대로 똑같은 실랑이를 벌인다. 바로 그래서 도로 교통은 실제로 끝을 모르고 이어지는 논란과 같다. 주지하듯 스트레스로 얼룩진 일상에서 교통 문제는 분쟁을 빚어내기 일쑤다.

사회 질서를 생각해 볼 수 있는 또 다른 예는 슈퍼마켓의 계산대 앞에 줄을 서는 일이다. 줄 서기는 사회마다 매우 다른 약속 체계를 가진다. 길모퉁이에 자리 잡은 어떤 고급 슈퍼마켓은 쾌적한 분위기를 자랑하며 오래 줄을 서서 기다리지 않아도 된다는 이유 하나만으로 다른 곳보다 훨씬 더 비싼 가격을 받는다. 말하자면 편안함의 대가를 요구하는 셈이다. 대가를 지불하는 대신, 우리는 슈퍼마켓의 점주와 계산원이 최소한의 합리성과 질서를 지켜 줄 것이라 기대한다. 이른바 〈보호 요금〉을 치르는 것이랄까. 사회 질서는 언제나 이 질서를 잘 알고 지켜 주는 주체를 전제로 한다. 이 주체는 다양한 형태를 취한다. 이를테면 공적인 법률이거나 경찰, 국가, 사장, 슈퍼마켓 점주, 공항 보안요원 또는 바로 과학자의 모습으로 나타난다. 아예 한걸음 더 나아가 궁극적으로 질서를 지켜 주는 익명의 주체를 상정하기도 한다. 이것이야말로 물신 숭배나 다름없다. 아마도 우리 인간은 이런 물신 숭배를 완전히 벗어던지지는 못하리라. 라캉과 더불어 우리는 이런 〈위대한 타자〉에 의지하는 믿음을 〈빅 브라더〉 신앙에 빗댈 수 있다.

베버가 〈세계의 탈마법화〉라는 논제로 우리의 주의를 환기시키고 싶었던 것은 과학이 사회 질서의 합리성을 보증해 주는 주체의 자리에 올라섰다는 사실이다. 그렇지만 이런 기대는 과학이 감당할 수 없는 너무 지나친 요구다. 그 어떤 과학 연구도 더불어 사는 데 필요한 규칙을 항상 새롭게 협상해야만 하는 일로부터 우리를 해방시켜 주지 못하기 때문이다. 계산에만 매달리는 합리성은 사회 질서를 정신의 생각하는 능력인 이성의 토대 위에 세울 수 없다. 과학을 향한 물신 숭배는 질서를 갈망하는 우리의 소원을 전혀 존재하지 않는 전문가 위원회에 떠넘기도록 조장할 뿐이다. 전문가에게 머리를 조아리며 도대체 어떻게 사는 게 잘 사는 인생인지 결정을 내려 달라고 매달리는 일은 우상숭배와 다르지 않다.

물신 숭배

이런 배경을 염두에 두고 우리는 두 가지 형식의 종교를 구분해야 한다. 첫 번째 형식의 종교는 물신 숭배다. 곧, 모든 것을 포괄하는, 모든 것을 지배하고 질서 지우는 세계 원칙을 갈망하는 믿음이 물신 숭배다. 첫 번째 형식의 종교에는 과학적 세계관도 속한다. 이와 반대로 두 번째 형식의 종교는, 낭만주의 신학자이면서 철학의 문제에도 관심이 많았던 프리드리히 슐라이어마허가 『종교에 관하여』라는 책에서 종교 개념을 정의했듯, 무한함을 바라보는 우리의 취향과 의미의 표현이다.[62]

슐라이어마허는 종교란 〈우주〉를 대상으로 가지며 〈인간이 우주와 맺는 관계〉라고 보았다.[63] 그는 〈우주〉를 무한함, 우리도 그 안에 한 자리를 차지하는 무한함으로 이해했다. 그러나 우주만 무한한 게 아니라, 우주를 마주하는 우리의 태도도 무한하다고 슐라이어마허는 강조한다. 무한함을 바라보는 직관과 그에 대한 묘사는 단 하나만 있는 게 아니다. 무한함을 이해한다는 측면에서 참된 종교 역시 단 하나가 아니다. 오히려 슐라이어마허에게 종교는 특정한 신념의 체계들이다.

그러니까 무한함의 모든 직관은 완전히 그 자체로 성립하며, 다른 직관에 의존하지 않으며, 다른 직관을 필연적인 귀결로 이끌지도 않는다. 직관은 무한하게 많으며, 왜 반드시 그러한지 왜 다른 것과 다른지 그 안에 아무런 근거를 담고 있지 않다. 또한 보는 관점이 바뀔 때마다 전혀 달라지기 때문에 전체 종교는 다른 식으로 생겨나는 모든 직관의 서로 다른 견해들 전부를 합하지 않고는 존재할 수 없다. 그래서 다양한 형태로 무한히 존재하는 것이 바로 종교이다……[64]

〈모든 종교는 독단적이며, 일방적인 세계관과 맞물려 원칙적으로 다른 종교에 관용을 보이지 않는다〉는 일반적인 선입견과는 달리, 슐라이어마허는 종교를 그 무어라 파악할 수 없는 무한함에 맞춘 탓에 〈판단과 관찰의 무제한적인 다양성을 보장할 근거〉로 이해한다.[65] 심지어 두 번째 논의에서 슐라이어마허는 종교를 〈무신론〉이라고까지 표기한다.[66] 모든 종교가 반드시 유신론이거나 유일신교는 아니기 때문이다. 〈신은 종교에서 모든 것이 아니라 그중 하나이며, 우주는 그 이상이다.〉[67] 당시로서는 귀를 의심하게 할 만한 이런 주장은 오로지 우연 덕분에 프로이센의 검열 당국을 통과했다(담당 검열관이 병에 걸렸다). 물론 슐라이어마허가 무신론을 주장하는 것은 아니다. 그는 종교의 의미가 일반적으로 특정 종교, 이를테면 유대교나 기독교나 이슬람의 전통처럼 유일신교에만 있는 게 아니라고 봤다. 그리고 힌두교나 불교도 종교적 관점에서는 그들과 대등하다는 점에 주목했다. 그러니까 슐라이어마허는 종교의 의미를 최대한의 열린 자세에서 찾는다. 정확히 이런 태도, 곧 서로 다른 의견들이 어깨를 나란히 하고 똑같이 소중한 것으로 보호받아야 할 개별적 관점이 존재한다는 통찰이야말로 실제로 종교 역사가 일궈 낸 위대한 성과 가운데 하나다.

역사에서 종교가 자주 잔혹한 살인의 피바람을 불러일으켰던 것은 두 번째 형식의 종교보다는 첫 번째 형식의 종교 탓이다. 여기서 우리는 종교가 물신 숭배로부터 완전히 자유롭지 않다는 점에 주목해야 한다. 무신론 역시, 아니 바로 무신론이야말로 물신 숭배에 물들어 있다. 무의미하며 순전히 물질적인 우주를 떠받드는 숭배도 마찬가지로 종교적 성격을 띤다. 슐라이어마허는 바로 이런 사실을 깨달았다. 슐라이어마허 자신은 〈자연주의〉를 명시적으로 〈개인의 의식과 개별적 요소의 의지를 전혀 배려함이 없이 우주를 그저 무수한 입자로 바라보는 직관〉이라 정의했다.[68] 바로 과학적 세계관의 뿌리에 딱 들어맞는 정의다. 그럼에도 과학적 세계관은 한사코 자신이 이 세계의 유일한 진리라고 강변한다. 그러나 과학적 세계관은 무수히 많은 종교들 가운데 하나일 따름이다. 있지도 않은 전체에 의미를 불어넣으려는 또 하나의 시도가 과학적 세계관이다.

　심지어 극도로 다변화한 사회에서 다양한 종교들이 서로 갈등을 일으키지 않고 나란히 공존하는 나라, 이를테면 미국이나 브라질에서조차 완전히 세속적인 자유, 말하자면 온전히 열린 종교의 자유가 보장된다고 말하기 어렵다. 어떤 형태로든 물신 숭배의 위험이 도사리고 있기 때문이다. 니컬러스 레이가 감독한 영화 「실물보다 큰Bigger than Life」은 이런 정황을 철저하게 파고들어 그림처럼 보여 준다. 영화의 주인공 에드 에버리는 미국의 교사이지만 가족을 부양할 정도로 넉넉한 월급을 받지 못해 〈콜센터〉 아르바이트까지 한다. 그렇게 고된 생활을 이어가던 중 에드는 쓰러지고, 진단 결과 매우 희귀한 혈관 질환을 앓고 있는 것으로 밝혀진다. 이 병은 코르티손이라는 호르몬으로만 치료할 수 있다. 에드는 죽지만 않을 정도로 과도하게 코르티손을 복용한 끝에 정신착란을 일으킨다. 정신착란은 이내 과대망상으로 발전한다. 제목 그대로 에드는 〈실물보다 큰〉 망상에 사로잡히며, 이 망상을 카메라는 아주 뛰어난 솜씨로 잡아내어 보여 준다.

　종교적 망상에 사로잡힌 에드는 아브라함이 이삭을 제물로 바쳤듯이, 자신도 아들을 제물로 희생시켜야 한다고 굳게 믿는다. 실제로 일을 저지르는 게 아닐까 두려움에 사로잡힌 아내는 신이 아브라함에게 마지막 순간에 인간

제물을 바치는 것을 막아 주지 않았느냐며 남편을 설득하려 안간힘을 쓴다. 그래도 에드는 신이 잠깐 착각을 일으켰던 것뿐이라며 한사코 아들을 죽이려 한다. 다시금 환영에 사로잡히고 나서야 에드는 아들을 죽일 생각을 포기한다. 환영에서 깨어난 에드의 눈을 사로잡은 인물이 의사인 닥터 노턴이다. 망상 속에서 에드는 의사를 아브라함 링컨으로 여겼다. 에드는 성경에 등장하는 아버지 아브라함을 아브라함 링컨으로 대체하고, 아브라함 링컨을 다시 의사와 동일시했다. 이런 설정이 흥미로운 것은 레이가 미국 정치 문화의 바탕에 깔린 함의를 꼬집고 있기 때문이다. 아브라함은 기독교를 대표하는 교부이며, 미국 건국의 아버지 가운데 한 명이다. 그러나 이 아버지는 아들, 곧 미국 국민을 험하게 대한다. 교사가 박봉을 받는다는 게 그 비유다(이런 주제는 드라마 「브레이킹 배드Breaking Bad」에서도 고스란히 반복된다. 천재이지만 박봉에 시달리며 폐암을 앓는 화학 교사는 자신의 병원비를 마련하기 위해, 또 만약 자신이 암으로 죽게 되더라도 가족의 생계를 보장해 주기 위해 마약을 만든다).

니컬러스 레이는 미국 사회가 편집광적인 종교와 과학의 권위를 동일시한다는 진단을 내린다. 이른바 〈필름 누아르〉의 많은 감독들과 서부 영화 감독 존 휴스턴이 그러했듯 레이는 미국 사회에서 작동하는 억압의 원리를 적시하고 있으며, 미국 사회는 이를 치료할 각오와 합의가 결여되어 있다고 지적한다(심지어 휴스턴은 일종의 프로이트의 전기라 할 만한 영화 「프로이트」를 감독하기까지 했다. 이 영화의 최초 시나리오는 철학자 장 폴 사르트르가 썼지만, 이 시나리오를 영화 제작에 사용하지는 않았다). 사회는 개인들이 심리적으로 감당하기 어려운 상황을 빚어내고, 그에 상응하는 질병을 조장한다. 오늘날 우리 사회에 우울증이라는 심리 질환이 만연한 것은 우연이 아니다. 마찬가지로 사회는 종교를 단순히 미신이라 취급하지 않고, 종교로 억압적 분위기를 키운다. 종교가 항상 〈사랑하는 주님〉의 물음만 다룬다고 지적하는 종교 비판가의 말이야말로 사안의 본질을 놓친 미신일 뿐이다.

과학적 세계관이 가진 물신 숭배 성격을 자세히 살펴보면, 이 세계관이 종교와 경쟁을 벌이는 게 우연이 아니다. 과학적 세계관은 일종의 종교 행세를 하기 때문이다. 앞서 설명했던 첫 번째 형식의 종교는 모든 것을 조종하는 특정한 유일신이나 복수의 신들이 존재한다는 주장이 아니다. 오히려 모든 것을 조종하는 그 〈무언가〉가 존재한다는 게 그런 종교의 주장이다. 그 무엇은 성경이 말하는 하느님이나 힌두교의 신들, 모든 자연법칙을 도출해 내는 물리학의 우주 공식이다. 그러니까 물신 숭배는 어떤 특정한 대상을 숭배하는 게 아니라, 어떤 것이든 하나의 대상을 숭배하는 태도다. 도대체 왜 이 대상이 그토록 숭배할 가치가 있는지 하는 물음을 물신 숭배는 절대 허락하지 않는다. 물신 숭배는 하나의 대상을 모든 것의 근원으로 동일시하며, 이 대상으로 정체성의 표본을 만들어 내고 모든 사람이 이에 따르도록 강요한다. 섬겨지는 게 신인지 〈빅뱅〉인지는 그저 피상적으로만 중요하게 다뤄질 뿐, 정작 중요한 문제는 그게 어떤 것이든 간에 보편적 근원으로 꾸며진 것을 숭배하라고 강요하는 태도다.

첫 번째 의미의 종교가 주로 착각이나 환상을 주장하는 이론과 맞물린다는 점은 주목해 볼 필요가 있다. 많은 고전적인 구원론은 우리에게 나타나는 현실 전체와 우리가 그 안에서 살아가고 해석하는 다채로운 세상이 하나의 환상에 지나지 않는다고 주장한다. 그러니까 환상이라는 장막 뒤에 가려진 진리를 알아내는 게 중요하다는 주장이다. 정확히 이런 태도가 과학적 세계관의 특징이기도 하다. 색깔, 모든 볼 수 있고 만지며 들을 수 있는 대상은 원래 환상일 뿐이며, 그 배후에 숨은 참된 본질을 알아내야만 한다고 과학적 세계관은 강변한다. 오직 사제 혹은 과학 전문가만이 이 본질과 접할 통로를 가진다. 옛날에 전문가는 라틴어를 말했다면, 오늘날 그가 쓰는 언어는 수학이다.

니체는 이런 맥락에서 물신 숭배(물론 니체 자신이 이런 표현을 쓰지는 않았다)는 〈배후 세계〉를 가정한다고 말한다. 『차라투스트라는 이렇게 말했다』의 아주 흥미로운 부분에서 니체는 인생을 살며 고통을 받다가 죽을 수밖에 없는 자신의 상황을 애써 잊으려 배후 세계를 지어내는 〈배후 세계꾼Hinterweltler〉이 있다고 꼬집는다.

술을 찾는 주정뱅이는 자신의 아픔에 눈을 돌려 그냥 자신을 잊고 싶을 뿐. 한때 술 마시며 자신을 잊어버리는 게 나에게는 세계로 보였으니……. 그래서 나 역시 내 망상을 인간의 피안으로 던져 버렸네, 모든 배후 세계꾼과 똑같이. 인간의 피안이 진리인가?

아, 너희 형제여, 내가 만든 이 신은 인간의 작품이자 망상이라네, 모든 신들과 마찬가지로!

인간이 신이었네, 신은 그저 인간과 나의 하찮은 조각일 뿐. 불길과 재로 이 유령은 나에게 나타났네, 정말이야! 피안에서 나를 찾아온 게 아니라네![69]

물론 니체는 여기서 한 걸음 더 나아가 인간은 오로지 인간 세계만 볼 뿐이며, 그것을 넘어서는 모든 것은 요술에 지나지 않는다고 말했다. 니체는 안타깝게도 구성주의에 빠지고 말았다.

그럼에도 니체의 물신 숭배 비판은 정확하다. 배후 세계를 끌어들이는 태도는 대개 이 배후 세계를 속속들이 꿰뚫어 보았다는 주장과 맞물린다. 이런 주장은 이 세계 혹은 우리 각자의 인생이 단수나 복수의 신이 만든 꿈에 지나지 않는다거나, 우리가 살아가는 세계, 곧 해석이 가능한 세계는 무한하게 많은 입자나 파장의 복잡한 어울림이라고 윽박지른다. 자연법칙에 따른 이런 어울림은 그저 우연히 어떤 존재자를 만들어 낼 뿐이며, 이렇게 만들어진 존재자가 지금 좋아하는 요구르트를 냉장고에 넣어 두는 게 좋을지 물어본다는 게 이른바 과학적 세계관이다.

물신 숭배는 열악하기 짝이 없는 종교다. 마르크스는 니체에 앞서 상품 물신 숭배를 분석하면서 분업에 매달리는 인생은 물신 숭배에 빠질 수밖에 없다는 논리를 펼쳤다. 상품이라는 게 어떻게 만들어지는지, 또 그 가치는 어찌 결정되는지 그 전모를 모르면서 우리는 끊임없이 상품을 교환하고 구매하기 때문이다. 이렇게 해서 마르크스는 상품 물신 숭배와 물신 숭배로서의 종교를 하나로 엮어 낸다.

유추해 보자면 우리는 종교 세계의 뭐가 뭔지 모를 안개 속으로 피한 꼴이다. 안개로 덮힌 종교 속에서 인간의 머리가 빚어낸 생산품은 독자적인 생명력을 가지고 인간과 관계하는 자립적인 형태를 띤 것처럼 보인다. 인간의 손으로 만든 생산품이 이런 독립적인 상품 세계를 꾸민다. 이런 것을 나는 물신 숭배라 부른다. 물신 숭배는 상품이 생산되기 무섭게 노동 생산품에 달라붙는다. 바로 그래서 상품 생산과 떼어 내 생각할 수 없는 게 물신 숭배다.[70]

상품 물신 숭배를 보여 주는 좋은 예는 오늘날 우리 사회에 만연한 육류 소비다. 고기 소시지는 어떤가? 얼핏 보기에 고기 소시지는 육류를 대표하는 상품 같다. 그러나 자세히 살피면 고기를 갈아 양념을 하고 가공 처리한 소시지는 그 원산지와 품질이 대단히 의심스럽다. 물론 고기로 만들었으니 고기 소시지라는 이름이 틀린 것은 아니다. 그러나 그게 동물의 고기로 만들어졌다는 사실에 주목하는 사람은 거의 없다. 그걸 먹으며 재료가 된 동물을 떠올리지도 않는다. 오히려 고기 소시지는 그게 동물이나 동물의 잔재로 만들어지지 않았다는 인상을 풍긴다. 위생적으로 깔끔하게 포장된 닭 가슴살이나 잘 구워진 스테이크를 두고도 같은 말을 할 수 있다. 이런 육류 소비는 단어 그대로의 정확한 의미에서 물신 숭배다. 고기 소시지는 마치 저절로 냉장고에 온 것 같은 인상을 주지만 사실은 다르다. 그 어딘가의 대형 목장에서 키운 돼지들을 체계적으로 도살한 다음, 식품 위생법을 벗어나지 않는 범위 안에서 가공해 만든 게 고기 소시지이다. 그래서 고기 소시지의 진실은, 크리스토프 슐링엔지프가 영화 「독일 전기톱 대학살Das deutsche Kettensägenmassaker」에서 잔혹미를 극대화한 것처럼 충격적이다. 슐링엔지프의 영화는 허무주의와 치열한 대결을 벌인 끝에 나온 작품이다. 감독은 이 영화의 대사에 이런 풍자를 담았다. 〈모든 게 소시지인 시대에는 좋든 나쁘든 상관이 없다.〉*

무한함

그렇다고 모든 종교가 물신 숭배인 것은 명백히 아니다. 전혀 반대로 모든 세계 종교에는 어떤 대상을 섬겨야만 한다는 가정으로부터 우리를 해방시켜 온 흐름이 엄존한다. 유대교나 기독교 혹은 이슬람의 전통을 살펴보면, 이른바 이들이 전하는 〈계명〉에는 항상 신을 두고 형상을 만들지 말라는 가르침이 포함된다. 내가 마르크스와 니체와 정신분석에 빗대어 〈물신 숭배〉라고 표현한 데에는 유대교와 기독교와 이슬람의 전통이 말하는 〈우상숭배Idolatrie〉의 뜻이 담겼다. 이 단어는 고대 그리스어 〈아이돌론eidôlon (형상 혹은 작은 신상)〉과 〈라트레이아latreia(무릎 꿇는

---

* Christoph Schlingensief(1960~2010). 독일의 영화 감독. 1990년에 발표한 「독일 전기톱 대학살」은 베를린 장벽의 붕괴를 소재로 피에 굶주린 자본주의가 동독 주민들을 잡아먹는다는 내용을 그린 작품이다. 〈모든 게 소시지다Alles Wurst!〉라는 표현은 본래 독일 속어로 아무래도 좋다는 허무적인 태도를 나타낸다.

숭배〉〉에서 비롯된 것이다. 형상을 짓지 말라는 금령은 물신 숭배를 멀리하라는 가르침이다. 종교는 모든 현상의 배면에 그 어떤 숭배 대상이 숨어 존재한다는 가정을 받아들이지 말라고 가르친다. 슈퍼 대상의 형상을 만들지 말라는 율법은 그런 대상이 존재하지 않는다는 통찰에 이르는 첫걸음이다.

나는 종교를 이런 뜻에서 슐라이어마허의 견해와 연결지었다. 그는 무한함을 바라보는 우리의 취향과 의미의 표현이 바로 종교라고 정의했다. 〈신〉, 곧 파악할 수 없는 무한함의 상징인 신은 우리와 무관하지 않다. 신은 우리의 이해력을 넘어서지만, 그럼에도 전체가 의미로 충만하다는 생각 그 자체다. 인간의 〈신〉을 향한 믿음은 우리가 잡을 수 없는 의미, 그렇지만 우리를 포섭하는 의미가 존재한다는 확신의 표현이다. 물신 숭배가 아닌 종교는 우리가 의미(비록 이 의미가 우리가 파악하는 모든 것을 넘어선 것이라 할지라도)를 공유한다는 표현이다. 〈주님의 길은 측량할 수가 없다〉는 성경 말씀에 담긴 의미가 바로 이것이다. 신약의 「로마서」를 보면 바로 이런 뜻에 꼭 맞는 구절이 나온다.

깊도다 하나님의 지혜와 지식의 풍성함이여, 그의 판단은 헤아리지 못할 것이며 그의 길은 찾지 못할 것이로다.[71]

성경이 말하는 무한함은 수학의 무한함이 아니다. 수학의 무한함은 항상 어느 정도까지 계산할 수 있는 반면, 무한함이라는 이념은 측량될 수 있는 게 아니다. 그렇다고 우리가 굴복해야만 하는 어떤 신의 예측할 수 없는 자의적 무한함도 아니다. 무한함은 의미의 실마리를 찾아가는 탐색이자 모색의 표현이다. 물신 숭배가 아닌 종교는 무한함이라는 의미의 실마리를 찾는다.

달리 말해서 오늘날 종교적 세계관으로 공격받고 거부당하는 것은 정말이지 의미 탐색으로서의 종교와 아무런 관련이 없다. 종교는 과학 이론과 경쟁을 벌이는 지식의 요구가 아니다. 종교는 오늘날 우리가 이해하는 뜻에서 세계 설명이라는 욕구에서 비롯되지도 않았다. 과학의 세계관도 종교의 세계관도, 그것이 세계를 형상화한 것, 곧 세계의 그림을 다루는 한, 거짓이다.

문화의 역사, 그 출발점으로 돌아갔다고 상정해 보자. 물론 우리는 정확히 무엇이 어디서 어떻게 시작되었는지 알지 못한다. 인류의 역사는 언제나 진화론이라는 일방적인 주장에만 끌려다녔을 뿐 거의 연구되지 않았다. 그러나 근래에는 SF 영화마저 진화론에는 반대한다. 그 좋은 예가 리들리 스콧 감독의 「프로메테우스Prometheus」다. 이 영화의 시나리오는 우리가 본래 외계인이 지어낸 존재라는 섬뜩한 내용을 담고 있다. 진화론은 인류의 역사가 어느 정도 성공적인 선택을 받아 시작되었다고 강변하지만, 정작 뭐가 어디서부터 어떻게 시작되었는지 전혀 알려 주지 못한다. 우리가 인류 역사를 두고 아는 것은 충격적일 정도로 적다. 안타깝게도 스페인 정복자들은 메소아메리카 고대 문명의 흔적을 대부분 짓밟아 없애 버렸다. 또 인도의 위대한 문화와 종교의 역사에 접근할 수 있게 해주는 연구도 터무니없이 부족하다. 유럽이라고 해서 사정이 더 나은 것도 아니다. 이른바 〈암흑의 세기〉라 불리는 기원전 12세기에서 기원전 8세기 사이 고대 유럽에서 무슨 일이 벌어졌는지 아는 사람은 아무도 없다. 그저 막연히 이 시기에는 크레타 섬에 미노스 문명이 출현했다고만 알려져 있을 뿐이다.

바로 그래서 나는 다른 이야기를 들려주고자 한다. 저 먼 옛날 언젠가 우리 별 위에 일군의 인간 비슷한 존재가 동물처럼 오랜 동면을 하다가 깨어났다. 그들은 깜짝 놀라며 뭐가 어찌된 것인지 자문했다. 〈왜 우리는 동물과 다른 거지?〉〈도대체 왜 우리가 저 동물을 사냥하는 거야?〉〈아니, 왜 우리는 지금 이런 모습일까?〉 도무지 답을 알 수 없는 물음인지라 최초의 인간의 역사는 혼란으로 시작되었다. 이해할 수도, 자기 뜻대로 통제할 수도 없는 무수한 일이 왜 일어나는지 몰라 속을 끓였다. 이 순간 실마리의 탐색이 시작되었다. 주변에서 일어나는 일에 어떤 질서가 숨어 있는 게 아닐까? 앞뒤가 맞아떨어지는 어떤 이야기가 존재하는 게 아닐까? 종교는 하나의 이야기를 들려주며, 인간을 포함하는 동시에 인간을 훌쩍 넘어서는 사건의 질서를 알아내려 진력했다. 그러니까 종교는 본래 인간이 할 수 있는 한, 가장 멀리 나아간 의미의 탐색이라고 말할 수 있다. 우리는 우리 자신을 포섭하기는 하지만, 우리 운명이 허락해 주는 것보다 훨씬 더 나아간, 심히 해독하기 힘든 역사 안에 처해 있다고 알려 주며, 이를 풀어 볼 실마리를 찾아 보자고 다독이는 게 종교가 아닐까.

인간은 자신이 무엇인지 혹은 누구인지 알고 싶어 하는 존재다. 이런 상황은 당혹스럽기는 하지만, 어쨌거나 인간의 정신 역사를 촉발시켰다. 인간의 정신적 진화는 우리가 문화를 가졌다는 것만으로 그 속내를 남김없이 드러내는 게 아니다. 정신은 문화와는 또 다른 무엇이다. 정신은 의미를 모색하는 의미, 곧 어떤 것도 이미 결정된 것으로 받아들이려 하지 않는 활짝 열린 의미다. 그래서 인간의 자유는 특정한 사실에 매달리지 않고 무수한 가능성을 염두에 둔다. 바로 그래서 인간의 자유는 불안함의 원천이기도 하지만, 발전의 원동력이 되기도 한다. 물론 발전이 저절로 일어나리라고 기대할 수는 없다. 오히려 인간 정신의 자유는 우리가 발전도 퇴보도 할 수 있고, 우리의 자율적인 선택이 실패할 수도 있다는 것을 그 본질로 삼는다.

인간은 자신이 누구인지, 무엇인지 모른다. 인간은 탐색으로 출발하는 존재다. 인간으로 살아간다는 것은 자신이 누구인지 찾아나서는 여정과 같다. 하이데거는 이런 사정을 강조해 이렇게 표현했다. 〈자기 자신으로 살아감은 탐색에서 길어 올리는 발견이다.〉[72] 자아를 찾을 수 있으려면, 자아는 잃어버린 것이어야 한다. 인간의 본질에 심어진 이런 간극이 결국 우리 자신이다. 이 간극의 경험 가운데 첫째가는 것, 곧 최대한에 이른 간극의 경험을 우리는 〈신〉 혹은 〈신적인 것〉이라 부른다. 인간 정신은 바로 그래서 자기 자신을 신의 형상에서 연구함으로써 시작한다. 물론 자기 자신의 바깥에서 찾는 이 신적인 것이 인간 정신 그 자체인지는 아직 모른다.

이 말은 곧 인간이 아직 완성된 가설의 조립자로, 현대의 학문 주체로 세계 무대 위에 오르지 못했다는 뜻이다. 신은 결코 인간이 지어낸 것이 아니다. 인간이 신을 지어냈다면, 이는 물리를 물구나무 세우는 것이나 다름없다. 과거와 현재를 마구 뒤섞는다고 해서 오늘을 살아가는 우리의 현재가 이해되는 것은 아니다. 그럼에도 이런 뒤섞음, 곧 비과학적인 투사는 오늘날 매우 널리 퍼져 있다. 종교라는 개념을 한사코 미신이라는 개념으로 가져다 놓는 것이랄까. 미신은 틀린 것으로 입증된 가설 혹은 그냥 말이 안 되는 생각을 믿는 것이다. 이를테면 별의 움직임이 우리 인생을 정해 준다는 점성술은 이런 의미에서 단적으로 미신이다. 더욱이 정신 역사의 여러 단계들을 마구 뒤섞어 놓은 미신이다. 종교의 개념을 올바르게 이해하고 이성적인 종교 개념을 다듬고자 한다면, 우리가 사안에 접근하는 방식은 달라져야 한다.

종교와 의미 탐색

올바른 종교 개념의 정립을 위해 우리는 아마도 매우 어려워 보이는 문제를 명확히 해야만 한다. 이 문제는 곧 우리 자신, 우리 인간의 자기의식이다. 자기의식이란 무엇이며, 인간 정신과 어떤 관계를 가질까? 의식은 오늘날 흔히 두뇌의 어떤 특정한 상태로 이해된다. 이를테면 의식은 투명하게 접근할 수 있는 인지 상태와 감정 상태라는 것이 그런 이해다. 나는 내 시야에 들어오는 것 가운데 어떤 것은 주의해서 보고, 다른 것은 그냥 흘려 본다. 지금 어딘지 모르게 피곤하기는 하지만, 그 밖에는 아무 이상이 없다. 이런 상황은 나에게 투명하다. 나는 내가 어떤 기분인지 알며, 무엇에 주목하는지도 명확히 이해한다. 이게 의식이라면 우리는 아마도 자기의식이라는 게 무엇인지도 알 수 있으리라. 자기의식은 말하자면 의식의 의식이다. 자기 자신의 의식을 주목하는 것, 자신의 생각과 지각 과정을 주목하는 게 자기의식이다.

이런 관점에서 보면 다시 우리는 저마다 의식이라는 이름의 영화관에 앉아 세계라는 영화를 관람하는 것만 같다. 물론 이 영화는 그 안에 우리도 등장하기 때문에 아주 뛰어난 쌍방향 소통을 자랑한다. 그렇다면 의식은 두개골 안에서 벌어지는 상황인 걸까? 그럼 다시 우리는 신경 구성주의에 빠지는 걸까? 그렇지 않다면 대체 의식 또는 자기의식이란 무엇일까?

　의식이란 언제나 무엇에 대한 의식이다. 다시 말해서 의식은 항상 대상과의 관계에서만 일어난다. 의식은 지금 내 기분이 어떤지, 시야에 무슨 물건이 들어오며 어떤 일이 빚어지는지에 대한 것은 물론 음향이나 다른 감각적 인상과도 관계한다. 의식을 모든 다른 대상과 구별하고 자기의식에 도달하려면, 나는 나 자신이라는 이름의 대상과 관계해야만 한다. 그런데 이 나 자신이라는 대상은 다른 모든 대상과 마찬가지로 착각을 일으킬 수 있다. 그러니까 뭐가 의식인지 정확히 안다는 것은 결코 간단한 문제가 아니다. 내가 의식하는 것은 대개 의식 그 자체가 아니라, 하늘이나 이 글을 입력하는 내 손가락이다. 또 많은 경우 나 자신의 의식이 아니라 대화 상대방의 의식이다. 나는 어떤 사람이 아픔을 의식한다는 것을 얼마든지 의식할 수 있다. 또 내가 의식했다는 것을 의식하기도 한다. 그렇다면 도대체 이 의식이라는 게 정확히 어떤 현상인가?

자기의식, 곧 의식의 의식은 오류를 저지르지 않는다는 잘못된 의견에 사로잡힌 철학자들이 오늘날까지도 많이 있다. 그들은 누구나 자기 자신에게 오류 없이 접근할 수 있다고, 말하자면 자기 자신을 완벽하게 알 수 있다고 생각한다. 그러나 이런 생각은 다음과 같은 의문에 아무런 대답을 해주지 못한다. 도대체 왜 의식이 무엇인지를 제대로 아는 사람이 아무도 없는 걸까. 의식은 오류를 저지르지 않는다는 이론을 고집하는 사람은 이미 대화 상대일 수가 없다. 그 이론대로라면 대화라는 것 자체가 필요 없기 때문이다. 스스로 완벽하게 안다고 주장하는 마당에 대화가 무슨 소용이란 말인가.

　우리가 자신의 자아와 간극을 가진다는 사실이 이미 우리가 의식에 관해 잘못 알 수 있으며, 바로 그래서 자기의식이 본래 무엇인지 말해 줄 수 없음을 웅변한다. 우리는 모든 대상과 마찬가지로 자신의 자아를 탐색하고 인식해야만 한다. 이 자아 인식의 과정에서 우리 자신은 변화하기도 한다. 모든 인생은 하나의 역사이기도 하다. 우리는 끊임없이 이 역사를 써나가며, 자신의 이야기를 재구성하려 시도한다.

　이런 사정은 개인에게만 해당하지 않는다. 우리는 인생을 살아가며 자기 자신보다 남을 더 잘 알게 마련이다. 이처럼 타인과 교류를 나눌 때, 이 교류 과정을 통해 자신을 깨닫기도 한다. 이를테면 사랑이나 우정과 같은 여러 종류의 인간관계를 거치며 우리는 자신의 모습을 홀로 관찰할 때보다 더 잘 깨우친다.

지극히 일상적인 차원에서도 이런 정황은 선명히 드러난다. 나는 마침 창밖을 보며 한차례 가벼운 비가 왔음을 알아차린다. 더 나아가 비가 왔다는 사실을 의식함으로써 〈비가 왔음을 생각하는 나〉라는 자기의식에 이른다. 이제 동료가 내 연구실로 와서 다음에 창문을 같이 청소했으면 좋겠다고 제안한다. 빗방울이 남긴 흔적으로 유리창이 지저분해진 것을 보고 동료 역시 비가 왔음을 의식했기 때문이다. 그러나 나는 비가 왔음을 의식한 반면, 동료는 더러워진 창문을 의식했다. 이처럼 서로 다른 의식을 가졌다는 사실은 대화 없이는 알아낼 수 없다. 또 서로 다른 것에 주목한다는 점을 확인하면서 상대는 물론이고 나 자신도 왜 다른 것을 주목했는지 그 정황을 헤아리며 각자의 자아를 인식할 기회를 얻는다.

이처럼 자기의식을 하는 방법에는 타인과 대화를 나누는 것뿐 아니라, 책을 읽고 사전을 찾아보며 바로 나 자신과 대화를 나누는 방법도 있다. 이렇게 쌓아 가는 인생 경험은 모두 나 자신을 찾아가는 여정이다. 그리고 정확히 이것이 정신의 이해 과정, 곧 자아와의 만남이라는 의미의 이해 과정이다. 우리는 의미를 이해하며, 의미는 오로지 이해되기 위하여 어떤 형태로든 존재해야만 한다. 이론이든, 사전이든, 인생 경험으로든. 그러니까 의미를 이해한다는 것은 의미가 이미 존재한다는 사실을 전제한다.

이런 전제를 우리 현대인은 비교적 아무 문제없이 수긍할 수 있다. 어쨌거나 자신을 정신을 가지지 않은 기계라고 여기지 않는다면 말이다. 우리가 자아라는 환상을 가진 생체 기계에 불과하다면, 그래서 이 생체 기계가 의식이라는 영화를 상영하는 것이라고 한다면, 기계의 전원 스위치를 끄듯 정신을 지워 버릴 수 있으리라. 과연 인간의 정신을 스위치 끄듯 지워 버릴 수 있을까?(물론 그렇지 않기에 인간의 정신은 두꺼운 책을 쓰는 수고도 마다하지 않는 것이다.)

종교는 이해될 수 있는 의미가 이 세상에 어떻게 존재하는지 알고자 하는 인간의 욕구에서 비롯된다. 꾸며낸 의미가 아닌, 실제 존재하는 의미를 이해하려고 노력하는 게 종교다. 이렇게 본다면 종교는 일종의 의미 탐색이라고 하는 말은 전적으로 옳다.

종교는 최대한의 간극을 뛰어넘어 신에게 나아갔다가 다시 자기 자신에게로 돌아오고자 하는 우리의 욕구에서 비롯한다. 인간은 될 수 있는 한 자기 자신으로부터 멀리 나아가, 무한함의 바다를 탐색할 줄 아는 존재다. 이런 탐색에서 다시 자기 자신에게로 귀환할 때, 인생이 도대체 의미를 가지는지, 아니면 저 태평양과도 같은 무한함의 바다에 떨어지는 하나의 물방울에 불과한지 하는 물음이 생겨난다. 종교는 바로 그래서 무한함, 어떻게 측량할 수도 바꿀 수도 없는 무한함에서 자기 자신을 완전히 잃어버리지 않으려 자아로 귀환하는 일이다.

종교는 전체라는 에움길을 통해 빙 돌아 오는 고난의 여정 끝에, 자아를 이해할 때 터져 나오는 감격의 표현이다. 자신으로부터 출발해 전체를 향해 나아갔다가 다시 자신에게로 되돌아오는 이 운동이 무의미하지 않다는, 그래서 나 자신이 뭐가 뭔지 모를 전체 안에서 어떻게든 하나의 의미를 가진다는 확인이 종교다.

이런 맥락에서 처음으로 실존이라는 생각을 철저하게 밀어붙인 덴마크 철학자 쇠렌 키르케고르의 글은 음미해 봄 직하다. 실존 철학, 흔히 실존주의와 동일시되는 실존 철학은 존재 개념만을 다루는 존재론에 그치는 게 아니다. 실존주의는 인간 실존의 연구이다. 키르케고르, 니체, 하이데거, 사르트르 혹은 카를 야스퍼스와 같은 사상가는 실존을 인간의 본래적인 문제로 여겼다. 자신의 책 『죽음에 이르는 병』에서 키르케고르는 인간에게 특별한 병, 그가 〈절망〉이라 부른 병의 세 가지 형태를 구분한다. 이 병을 키르케고르는 인간 실존의 근본 상태라고 보았다. 사람들은 키르케고르의 이런 생각에서 염세적인 태도를 읽어 냈다. 이런 진단이 틀린 것은 아니지만, 그럼에도 실존 철학은 중요한 사실을 알아냈다. 그가 제시한 절망의 세 가지 형태는 다음과 같다.

1. 자아를 가졌다는 사실을 의식하지 못하는 절망(부적절한 절망).
2. 절망에 사로잡혀 자기 자신이고자 하지 않는 절망.
3. 자기 자신이고자 하는 데서 오는 절망.

이런 구분의 배면에 숨은 생각은 쉽사리 읽어 낼 수 있다. 우리 인간은 자기 자신이 누구인가 하는 물음을 품고 있다. 인간으로서의 성장은 이 물음과 더불어 시작된다. 인간이 동물과 다른 점은 자신이 무엇이고 어떤 존재인지 주어진 답에 만족하지 않고 자아 탐색에 나선다는 사실이다. 바로 그래서 우리는 도대체 자신이 어떤 존재가 되고 싶은지, 또는 어떤 존재가 되어야 마땅한지 하는 물음을 놓고 끊임없이 격론을 벌인다. 인간은 자신의 존재를 변화시킬 수 있으며, 윤리적 가치에 비추어 자신을 변화시켜야 마땅하다는 것을 안다. 우리는 모두 살인이나 폭행이 극복되어야 할 문제이며, 전 세계의 기근을 퇴치해야 한다거나, 인간은 누구나 윤택한 삶을 누릴 수 있어야 한다고 믿는다. 그러나 어쩔 도리가 없어 그저 팔짱만 끼고 지켜봐야 할 일이 많다는 것도 안다.

반면 동물은 그 존재를 두고 소란을 피우지 않으며, 그냥 주어진 대로 산다. 그냥 타고난 생존 프로그램에만 충실할 뿐, 자신을 바꾸려는 생각은 하지 않는다. 물론 주어진 대로 살아간다고 해서 동물이 의식을 가지지 않는다는 말은 아니다. 동물도 분명 감정이라는 내면을 가진다. 다만 키르케고르가 말하는 뜻에서 정신을 가지지는 않을 뿐이다.

생각을 한다거나 합리적으로 사고하는 게 인간이 동물과 다른 점은 아니다. 동물 역시 생각을 하며, 일련의 개념 질서를 따른다. 내가 키우는 개는 먹이 그릇이 어디에 있는지 알며, 더 먹고 싶을 때에는 나에게 달려와 꼬리를 살랑거리고 설득할 줄도 안다. 개 역시 주인과 상호작용을 하면서 많은 개념을 사용하는 게 틀림없다. 물론 개는 자신이 개념을 가졌다는 것을 곰곰이 따져 가며 숙고하지는 않을 것이다. 생각을 두고 다시금 곱씹어 보는 숙고의 능력을 지닌 것은 분명 아니다. 아마도 이런 능력은 최소한 지구라는 이름의 별에서 인간만이 가지는 유일한 특권이리라. 그렇지만 생각을 두고 생각하는 숙고의 능력이 정신과 동일한 것은 아니다. 인간 정신의 자기 이해는 숙고로만 이뤄지지 않기 때문이다. 우리는 보통 생각함이라는 과제를 철학에 떠넘기지만, 정신은 단순한 생각 그 이상의 것이다.

정신은 인간이 자기 자신을 인격체로 끌어올리는 정황이다. 다시 말해서 자아를 탐색하고 끊임없이 자신을 바꾸어 가는 과정에서 정신은 영글어 간다. 우리는 생각의 주체일 뿐만 아니라, 무엇보다도 인격체다. 자신을 인격체로 고양시키는 부단한 작업을 통해 우리의 정신은 비로소 그 구체적인 모습을 드러낸다. 인간 실존은 이처럼 정신의 단련이기에 무척 까다로운 문제다.

인간은 불안과 두려움에 시달리면서도 자기 확신을 가지거나 자만에 빠진다. 바로 그래서 인간 정신의 스펙트럼은 감정보다 훨씬 더 폭이 넓고 다채롭다. 깊은 불안감이나 확고한 자신감은 분노나 기쁨과 같은 단순한 감정이 아니라 정신의 표현이다. 정신은 병이 들기도 한다. 단순한 감정 장애 말고도 숱한 정신질환이 있지 않은가. 그래서 대개의 정신질환은 환자가 자기 자신을 마주하는 태도와 무의식 속에서 자신을 괴롭히는 문제를 가려낸 뒤, 감정적으로 만족감을 주는 새로운 자기 이해를 세워 주는 방법으로 치유된다.

키르케고르는 정신이란 우리가 자기 자신을 다루는 태도라고 썼다. 우리가 자기 자신을 바라보는 방식, 스스로 자신을 규정하는 방식이 곧 우리 정신을 나타낸다. 실존이란 우리가 자신의 존재를 다루는 방식, 곧 자기 자신을 규정하는 방식의 문제다. 그리고 이런 자아 규정은 항상 의식되는 게 아니다. 정신은 자기 이해의 구축이자 이를 유지하려는 노력이다. 그리고 이런 식으로 우리가 자기 자신을 규정하는 방식은 어떤 점에서 우리가 타인을 규정하는 방식과 같다. 우리는 어떤 단계에 이르면 자신을 낯선 타인처럼 느끼기도 한다.

지난 세기 정신분석이 일궈 낸 위대한 성과 이후 심리학은 우리의 자기 이해가 다른 사람을 대하는 태도를 결정해 주며, 역으로 다른 사람을 대하는 태도가 우리의 자기 이해를 규정하기도 한다고 확인해 주었다. 우리가 다른 사람을 대하며, 바로 우리 자신을 대하듯 해야만 하는 이유는 여기에 있다. 인간은 다른 사람과 더불어 인생을 가꾸어 가며, 다양한 인간관계를 통해 자신의 이상적인 자화상을 완성하거나, 거꾸로 파괴한다. 같은 맥락에서 상대방을 발전시키거나 끌어내리기도 한다. 또는 상대가 전혀 가지지 않은 태도를 한사코 그의 것이라 우기는 일도 저지른다. 인간은 관계를 이뤄 가며 상대를 자기 이해의 틀 안에서 바라보기 때문이다. 상대를 있는 그대로의 모습으로 인정하지 않고 자기 이해의 틀 안에 가두는 것이다. 정확히 그래서 우리는 다른 사람을 보며 자신이 누구인지 깨닫는다. 타인을 바라보는 시선에 담긴 자기 이해가 고스란히 자신에게 되돌아오기 때문이다.

키르케고르는 아직 무의식과 투사Projection라는 정신분석의 개념을 알지 못했지만, 이런 개념을 〈절망〉이라는 형태로 매우 근접하게 짚어 냈다. 우리 인간은 자신의 자아를 잘 알아보지 못한다. 자아를 발견한 뒤에는 이내 고정시켜 변화의 동력을 꺾어 버리거나, 반대로 기존의 자아를 떨쳐버리고 새로운 자아를 다듬어 내려 시도하는 게 인간이다. 우리는 죽음에 이르는 병의 세 가지 형태 가운데 어느 하나에 시달리는 사람을 주변에서 보고 마찬가지로 자신도 같은 병으로 괴로워한다. 많은 경우 우리는 그저 자신을 저버리고 정신과 한사코 거리를 두려 한다. 변화가 두려워 자신을 고정시키는 것이다. 또는 팔을 걷어붙이고 인생을 근본부터 뒤엎어 바꿔 나가려 혼신의 힘을 기울이기도 한다.

키르케고르의 분석에서 우리 맥락에 중요한 것은 정신이 자기 자신을 바라보는 자기 이해라는 점이다. 또 자신을 변화시키는 게 얼마든지 가능하다는 발견이다. 우리는 변화할 수 있다. 그래서 우리는 자신을 다른 사람과 비교하거나 어떤 인생이 자신에게 맞는지 심사숙고한다. 정확히 이 대목에서 키르케고르는 신을 자신의 논의에 끌어들인다. 키르케고르는 〈신〉을 〈모든 게 가능하다〉는 사실로 정의한다.[73] 곧, 우리가 생각할 수 있는 최대한의 간극까지 끌고 올라가 모든 게 가능하다는 경험을 하면 신 혹은 신적인 것을 만난다는 뜻이다. 실존적 의미에서 볼 때, 기존의 현실에 안주하지 않고 집착을 버리고 자기 자신을 완전히 다른 태도에서 바라볼 때 우리는 전혀 다른 인생을 살아갈 수 있다. 그 확인이 바로 키르케고르의 신 정의에 담긴 함의다. 무한함에 빠져 자신을 잃는 게 아닐까 두려워하지 않을 때 정신의 길은 열린다. 돌이 돌로 남듯, 변함없는 모습으로 남는 사람은 아무도 없다. 인생을 살며 가능한 한 자신의 최선을 이끌어 내려 노력해야 하는 이유다.

신의 기능

나는 신이 실제로 존재한다고, 그러니까 법을 정하거나 우리가 접근할 수 없는 우주 바깥에서 우리를 굽어보는 어떤 인격체로서 신이 존재한다고 주장하는 것은 아니다. 종교의 의미를 탐구하는 철학은 이런 물음에 아예 답을 하지 않는다. 물론 신은 존재한다. 문제는 신이 어떤 의미장에 존재하는가, 다시 말해 우리에게 어떻게 나타나는가 하는 것이다. 키르케고르는 신이 우리와 최대한의 간극을 두고 있다고 분석한다. 기독교 신학자로 근본 교리를 익히 알았던 키르케고르는 이런 분석 아래 신을 정신의 언어로 풀어 준다. 이를테면 그는 〈원죄〉를 정신의 거부라고 이야기한다. 기독교가 말하는 죄는 어떤 〈악행〉이나 〈음흉한 생각〉이 아니라 자기 자신을 대하는 태도, 곧 자신의 정신을 지워 버리려는 태도다.

다른 종교를 두고도 같은 분석은 얼마든지 할 수 있다. 한마디로 문화적으로나 역사적으로 불변하는 종교의 의미는 없다. 종교는 의미를 이해하고자 하는 대결로부터 그 의미를 얻는다. 의미를 이해하려는 가장 근원적인 만남이 곧 인간의 정신이다. 인간의 정신은 언제부터인가 자기 자신이 누구인지 묻기 시작했고, 이 순간부터 정신의 역사가 막을 올렸다. 그동안 정신의 역사는 여러 차례 활짝 꽃을 피우는 기적적인 만개를 이루어 냈으며, 현대 과학도 그 결실 가운데 하나다. 그럼에도 모든 종교를 형편없는 미신쯤으로 무시해 버리는 것은 자신의 자화상을 왜곡시키는 자해 행위일 따름이다. 과학과 계몽과 종교는 우리가 짐작하는 것보다 훨씬 더 밀접한 관계를 이룬다.

인도 사회를 예로 들어 보자. 인도 사회에서 종교는 대단히 중요한 비중을 차지한다. 이슬람교, 힌두교, 불교는 물론이고 크고 작은 수많은 종교 집단이 공존하는 곳이 인도 사회다. 그로 인해 비롯되는 갈등이 없지 않으나, 그럼에도 인도가 민주주의 국가라는 사실이 부정되는 것은 아니다. 서구 사회 역시 완전히 세속화한 것은 아니다. 우리의 별 지구에는 여전히 수많은 사람들이 이런저런 방식으로 종교를 추구한다. 완전히 무신론자이거나 막스 베버가 자신을 두고 말한 것처럼 〈종교적으로 음치〉인 경우보다 종교를 따르는 쪽이 훨씬 더 많다.[74] 우리 사회가 종교와 먼 거리를 두지 않는 원인은 무엇보다도 종교가 인간 경험의 전혀 다른 영역, 곧 과학과는 전혀 다른 영역을 다루기 때문이다. 종교의 핵심은 인간의 세계이다. 그 의미장은 이해할 수 있는 의미를 제공한다. 우리는 이 의미가 어디에서 비롯되는지 물을 따름이다. 인류가 수천년 동안 그 답을 찾아온 수수께끼가 이 물음이다.

반대로 현대 자연 과학은 우리가 빠진 세계만을 문제 삼는다. 심지어 인간 유전학이나 의학도 정신이 아닌 몸만 중시한다. 물론 우리 몸은 정신의 표현 수단이기는 하다. 우리는 옷을 구입하고 몸을 꾸미며 몸짓과 표정을 가꾸면서 우리 몸을 자기 이해의 표현 수단으로 사용한다. 그럼에도 의학이 다루는 몸은 철저히 익명이다. 의학은 인간이 자신을 표현하는 몸, 인격이 아름다운 울림을 내는 소리통인 몸이 아니라, 자연 과학이 다루는 대상으로서의 몸, 우주를 이루는 한 부분으로서의 몸에만 관심을 가진다.

현대 의학과 정신의 관계를 더 자세히 다루는 것은 우리 주제를 너무 벗어나는 일이기에 이쯤에서 삼가기로 하자. 어쨌거나 과학의 발달은 축복이기는 하지만 위협이 될 수도 있다는 점만 의식해 두자. 물론 반드시 위협으로 이어지는 것이 아니라 다행일 따름이다.

키르케고르의 사상이 품은 근본 생각은 우리 자신의 그

림과 전체 맥락에서 우리의 위치를 나타내는 과학과 종교가 정신의 산물이라는 것이다. 우리는 모든 자기 묘사에서 일종의 규범이 되어야 하는 자아 이해와 살아가기 위해 의지하는 삶의 방식을 기록한다. 이런 통찰을 키르케고르는 〈신〉이라 불렀다. 종교가 범접하기 어려운 어떤 것을 향해 인간 정신을 열어 주는 한, 우리는 키르케고르의 이런 견해에 동의한다. 물론 이런 열린 자세가 좋아하는 대상 혹은 대상 영역을 골라 우상화하는 결과로 나아가서는 안 된다. 이런 우상화야말로 미신이거나 물신 숭배일 따름이다.

우리는 모든 것을 알지 못한다. 더욱이 모든 것을 떠받들며 그 어떤 질서로 조직화해 내는 원리라는 게 없기 때문에 우리는 모든 것을 알 수도 없다. 세계는 존재하지 않는다. 신 역시 우리가 〈신〉이라는 용어로 그런 원리를 이해하는 한, 존재할 수 없다. 우리는 자신이 누구인지조차 알지 못한다. 다만 자신의 자아를 탐색할 뿐이다. 키르케고르와 하이데거가 얻은 깨달음과 마찬가지로 우리는 자아 탐색에 나선 존재들이다. 이런 탐색을 어떤 단순한 답으로 막아 내려는 모든 시도는 미신이자 자기기만에 지나지 않는다.

참된 의미의 종교는 세계관과는 정반대다. 참된 종교는 세계가 존재하지 않는다는 논제에 충실할 따름이다. 인생은 한바탕 흐드러진 꿈에 지나지 않는다는 힌두교의 확신에서부터 〈내 왕국은 이 세상 것이 아니다〉 하는 예수의 유명한 말씀은 물론이고 현세의 극복을 말하는 불교에 이르기까지 종교가 한결같이 세계를 부정하고 있는 것은 절대 우연이 아니다. 심지어 살짝 도발적으로 표현해 보자면, 참된 의미의 종교는 신이 존재하지 않는다는 통찰이라고 말할 수 있다. 신은 우리 인생의 의미를 보장해 주는 그 어떤 객체 또는 슈퍼 대상이 아니다. 우주와 인생을 이끌어 주는 어떤 위대한 통치자가 있다고 여기는 사람은 스스로에게 속을 뿐이다. 그 무언가가 다스리는 세계 전체라는 것은 존재하지 않기 때문이다.

그렇다고 해서 종교 혹은 신을 말하는 일이 무의미하다는 뜻은 아니다. 거꾸로 참된 의미의 종교는 우리의 유한함을 인정한다. 종교는 무한함을 향해 우리 자신을 최대한 열어 두어야 한다고 강조한다. 이로써 종교는 정신의 역사에서 신과 단독으로 대화를 나누는 모험을 감행한 인간에게로 되돌아온다.

종교 없이는 결코 형이상학에 이를 수 없으며, 형이상학이 없다면 과학은 절대 불가능하다. 과학이 없었다면 오늘날 우리가 누리는 지식은 결단코 존재할 수 없었을 것이다. 이런 과정에서 일어난 모든 것을 그저 계몽이었다고 싸잡아 말할 수는 없다. 근대 이후 오늘날에 이르기까지 역사의 의미는 종교의 해체가 아니라, 자유 개념의 확장이었다. 인간이 곧 정신이며, 이 정신이 역사를 써나간다는 생각은 근대 이후 계몽주의의 뚜렷한 특징이다. 이런 차원은 계몽 이전에는 인간에게 숨겨져 있었으며, 그저 실마리로만 접근할 수 있었을 뿐이다. 그러므로 정신과 그 역사의 인정은 인류가 일궈 낸 중요한 성과임에 틀림없다.

종교 역시 정신의 인정을 그 기초로 한다. 물론 종교 본연의 의미를 벗어난 형태, 단순한 미신이나 조작을 일삼는 사이비 종파가 존재하기는 한다. 과학의 경우도 크게 다르지 않다. 과학 안에도 무수한 오류와 착각이 있다. 하지만 그런 오류와 착각이 없었다면 과학은 지금처럼 발달하지 못했을 것이다. 질병 퇴치를 위해 세균을 배양하는 병리학 연구가 위험하다고 해서 병리학을 폐지해야 한다는 결론은 나오지 않는다. 정신을 한사코 지워 버리려는 태도 역시 정신이다. 물론 최악의 정신이다. 스스로 자신을 부정하는 정신은 키르케고르가 표현했듯, 부적절한 절망이다. 신이 존재하느냐 하는 물음은 바로 그래서 엉터리 사이비 종교나 신무신론자가 주장하는 것보다 훨씬 더 신중하게 접근해야만 한다. 신이라는 문제를 정신의 역사성과 무관하게 다루는 사람은 이미 문제의 본질에서 비켜서 있는 것이다. 정신을 강조해 온 독일 철학자들, 이를테면 가다머 역시 신과 정신의 관계를 정확히 강조했다.

신의 존재는 자연 과학의 문제가 아니다. 신은 우주에

나타나는 현상이 아니기 때문이다. 신을 우주의 한 부분으로 간주하는 모든 종교적 가르침은 헛소리로 간주해야 마땅하다. 그런 종교는 기껏해야 물신 숭배에 지나지 않는다. 그렇다고 모든 종교가 물신 숭배인 것은 아니다. 종교의 본질은 인간이며, 의미 맥락 안에서 인간이 서야 할 자리를 찾아 주려는 안간힘이다. 이런 자리매김을 어떤 전문가에게 의뢰하는 식으로 〈아웃소싱〉할 수는 없다. 인간으로 살아가는 문제에 있어서 이런 의뢰를 맡아 줄 전문가는 없기 때문이다.

6장

예술의 의미

왜 우리는 박물관이나 콘서트, 극장이나 영화관을 즐겨 찾을까? 〈오락〉은 이 물음에 충분한 답이 되지 못한다. 〈재밌어서〉, 어쨌거나 단어의 직접적인 뜻 그대로, 즐거워서 찾는 게 아닌 예술 작품은 많기만 하기 때문이다. 대체 예술이 주는 자극은 무엇일까? 고대 이후 흔히 들어온 전형적인 대답, 곧 예술 작품은 아름다워서 우리를 유혹한다는 대답 역시 충분치 않다. 거부감을 주거나 심지어 추해 보이는 예술 작품도 많기 때문이다. 작품의 개성이 곧 아름다움이라고 강변하는 것은 궁색한 논리다. 피카소의 작품 「아비뇽의 여인들」에 등장하는 여인을 두고 아름답다고 말할 수 있을까? 이 작품은 물론이고 다른 많은 예술 작품(공포 영화든 신음악의 추상적인 음조든)이 가진 핵심은 전통적인 아름다움의 개념을 깨고, 〈예술은 일종의 오락〉이라는 논제를 거부하는 대항 정신이다.

예술의 의미는 무엇인가 하는 물음을 다른 관점에서 접근해 보자. 우리가 박물관을 찾는 이유는 모든 것을 전혀 다르게 보는 자유를 맛보기 위함이다. 예술을 다루면서 우리는 확정된 세계 질서, 곧 그 안에서 우리는 오로지 수동적인 관객이기만 한 그런 질서가 있다는 주장을 거부하는 법을 배운다. 수동적인 관객은 박물관에서 기존의 해석만 받아들인다. 혼란스럽기만 하며, 심지어 무의미해 보이는 예술 작품이라 할지라도 그 의미의 해석을 위해 노력해야만 한다. 해석하지 않으면 미켈란젤로든 잭슨 폴록이든, 그들의 작품은 그저 칠해진 색에 지나지 않는다. 예술이라는 의미장은 우리가 작품과 적극적으로 대결하며 그 의미를 풀어 볼 때에만 성립한다.

예술의 의미는 우리로 하여금 의미에 직면하게 해주는 바로 그것이다. 의미는 보통 대상 안에 담겨지거나 숨겨져 우리에게 나타난다. 말 그대로 꿰뚫어 볼 줄 아는 시각이 필요하달까. 시각에 들어온 대상은 그 안에 간파되어야만 하는 의미를 숨기고 있기 때문이다. 우리는 눈으로 대상을 보지만, 사실 대상이 아닌 그 안에 담긴 의미를 본다. 조형 예술의 경우, 작품을 관람하며 드러나는 것은 우리가 대상을 보는 시각 습관이다.

음악을 두고도 같은 이야기를 할 수 있다. 곡을 들으며 우리는 청각이라는 구조 자체에 주목해 그동안 자신이 지녀 온 습관을 깨닫기도 한다. 일상생활의 소음을 그대로 들려주며 우리의 습관을 고스란히 드러내 보이는 곡도 있지 않은가. 회화 또는 영화도 마찬가지다. 표준적인 예술이라 보기 어려운 요리 예술도 우리의 식습관을 대상으로 삼아 우리 미각이 가지는 의미를 바꾸어 준다. 예술은 이처럼 우리가 대상을 대하는 다양한 태도가 있음을 환기시켜 그에 맞춤한 의미장을 열어 준다. 또 예술은 대상을 일반적으로 우리에게 나타나는 의미장에서 끌어내 그동안 의식하지 못하던 새로운 의미장에 넣어 주기도 한다.

양면성

예술이 실제 무엇을 가르쳐 주느냐 아니면 그저 아름다운 가상에 지나지 않는 게 아니냐 하는 논쟁은 고대부터 끊이지 않았다. 오늘날 우리가 흔히 구분하는 현실과 허구 역시 이런 논쟁과 맞물려 있다. 실제와 허구를 갈라놓는 관점은 이미 〈실재〉하는 대상이나 인물이나 사건만이 아니라, 단순히 〈가능한〉 것, 〈허구적〉이거나 〈공상적〉인 것 역시 이야기할 수 있음을 전제한다. 고틀로프 프레게는 이런 뜻에서 〈소설과 전설〉을 함께 취급해, 그 안에 등장하는 고유명사, 이를테면 〈오디세우스〉나 〈구스타프 폰 아센바흐〉가 실제 대상과 관계하는 게 아니라고 강조한다.[75] 이런 고유 명사는 의미만 가질 뿐, 지시체가 없다.

그러니까 관계하는 실제 대상은 없지만 얼마든지 이해할 수 있는 게 곧 허구적 세계다. 프레게는 어떤 표현의 의미를 그게 우리에게 나타나는 방식으로 이해하는 반면, 표현의 지시체는 그 표현이 관계하는 대상이라고 강조한다.

그렇다면 〈트로이〉나 〈베네치아〉라는 고유명사는 어떨까? 그리스 신화가 그리는 수많은 사건과 장소는 고대 그리스인이 아주 잘 알았던 아테네와 트로이와 테베 등과 관계한다. 토마스 만의 소설 『베네치아에서의 죽음』도 독자가 익히 알며 한 번쯤 방문해 보았음 직한 장소가 그 무대다. 우리가 이미 앞에서 언급한 바 있는, 프루스트가 천재적인 발상으로 지어낸 화가 엘스티르가 그린 그림을 소설 『잃어버린 시간을 찾아서』의 화자는 실물 못지않은 섬세함으로 묘사한다. 동시에 화자는 모네와 그 작품도 언급한다. 그러니까 프루스트 소설은 〈실제 작품〉과 〈허구 작품〉을 토론의 대상으로 삼는다. 소설에서 엘스티르와 모네의 대비는, 『베네치아에서의 죽음』에서 환영과 현실의 대비만큼이나 중요한 비중을 차지한다. 바로 그래서 예술 전체를 현상 세계를 똑같이 모사한 것이라거나 허구를 현실과는 전혀 다른 것으로 규정하는 것은 완전히 잘못이다.

문학과 표현 예술만 항상 분명하게 구분된 현실과 허구 사이의 경계를 넘나드는 게 아니다. 영화 역시 현실과 허구 사이의 경계를 자유롭게 넘나든다. 그 좋은 예로 우리는 「매트릭스」, 「인셉션」이나 이른바 〈네오 누아르〉라는 장르의 현대적 고전들, 이를테면 「파이트 클럽」, 「메멘토」, 「셔터 아일랜드」 및 데이비드 린치 감독 작품의 대다수나 「트루먼 쇼」를 꼽을 수 있다. 이런 영화들은 스토리에 등장하는 세계가 도대체 어떤 법칙에 따르는지, 그 의미장은 무엇인지 관객들을 어리둥절하게 만드는 기이한 상황으로 몰아넣는다. 관객인 우리는 깨어 있는 걸까, 아니면 꿈을 꾸고 있는 걸까? 혹시 우리가 정신분열을 일으켜 우리 인생의 대부분을 그저 공상으로 지어낸 것은 아닐까? 그렇지 않다는 것은 어떻게 아는가?

약간의 상상력만 가진다면 우리는 인생의 많은 측면이 실제로 허구적이거나 순전히 상징적이라는 점을 쉽사리 알아차린다. 특히 인간관계의 상호작용은 우리가 상대방의 관점을 자신의 것으로 받아들이게 만든다. 함께 화제로 삼는 대상은 이런 식으로 실체를 알 수 없게 꾸며지기도 한다. 다시 말해서 우리는 끊임없이 실제 지각과 허구적 그림을 엮어 가며 현재 자신이 처한 위치를 알고자 안간힘을 쓴다. 상상력이 없다면 우리가 경험하는 현실이나 대상의 많은 부분이 흔적도 없이 사라질 수 있으리라. 각자의 인생 경험을 배경으로 우리는 현실이나 대상을 제각각 다르게 지각하기 마련이다.

미국의 현대 철학자 스탠리 캐벌은 영화의 존재론을 다룬 책에서 아래와 같은 적확한 촌평을 했다.

상상을 현실과는 별개의 세상으로 파악하는 것, 곧 세계의 비현실성만 드러낸다고 보는 관점은 매우 빈곤한 관점이다. 상상은 정확히 현실과 혼동될 수 있는 바로 그것이다. 현실의 가치를 바라보는 우리의 확신은 상상으로 빚어진다. 상상을 포기한다는 것은 현실과의 접촉을 포기한다는 걸 의미한다.[76]

예술의 의미는 예술이 오락이라는 주장에서도, 현실의 모사에 지나지 않는다는 주장에서도 찾아지지 않는다. 그럼에도 예술은 그림을, 자화상을, 우리의 시대상을, 때로는 취향을, 때로는 음향을 보여 주거나 들려준다. 물론 예술이 우리에게 전해 주는 그림은 언제나 양면적이며, 다양한 방식으로 해석할 수 있다(그렇다고 자의적인 해석이 용납되지는 않는다).

요하네스 페르메이르의 그림을 예로 들어 살펴보자. 페르메이르는 창문으로 흘러드는 빛살이 표현된 실내 공간, 곧 〈인테리어〉를 보여 주는 그림을 주로 그렸다. 그 좋은 본보기가 「열린 창가에서 편지를 읽는 여인」이다.

이 그림은 여러 가지 다양한 차원에서 현실과 허구 혹

요하네스 페르메이르, 「열린 창가에서 편지를 읽는 여인」, 1657.

은 보다 더 일반적으로 존재와 가상 사이의 차이에 빗대
해석의 가능성을 열어 준다. 화폭의 왼쪽에 난 창문에서

홀러드는 빛은 우리의 주의를 단박에 사로잡는다. 전면에 젖혀진 녹색 커튼은 마치 연극 무대를 보는 것만 같은 분위기를 자아낸다. 이로써 회화에 담긴 구도가 강조된다. 처녀가 읽는 편지는 아무래도 연애 편지인 것으로 보인다. 붉게 물든 처녀의 뺨은 부끄러움으로 해석된다. 그 밖에 처녀가 입은 옷의 색깔이 젖혀진 커튼의 색과 같다. 이 장면은 약간의 정신분석적 소양만 갖고 있다면 얼마든지 그림의 감상자(곧 우리)가 그 시선으로 처녀의 옷을 벗기는 것으로 해석할 수 있다. 우리는 처녀의 아주 은밀한 장면을 훔쳐보고 있기 때문이다. 그림에 담긴 에로틱한 분위기의 또 다른 방증은 마구 흐트러진 침대 위에 엎질러진 과일 접시다. 반쯤 먹은 사과와 복숭아가 어지럽게 굴러 떨어져 있다. 아담과 이브의 원죄가 자연스레 떠오르는 장면이다.

그 밖에도 눈에 띄는 점은 처녀가 빛이 오는 곳을 응시하지 않고 긴장한 채 편지를 읽는 표정이다. 이 표정은 창문의 유리창에 고스란히 반사되어 있다. 이는 다시금 원죄라는 모티브를 비판적으로 암시하는 것으로 해석할 수 있다. 처녀는 신이 내려 주는 빛을 한사코 외면하고, 상당히 세속적인 욕망에 몰두하고 있지 않은가. 물론 그림을 감상하는 우리의 처지도 세속적 욕망에서 자유롭지 못하다. 결국 우리는 처음부터 관음증 환자의 역할을 자처하고 말았기 때문이다. 우리 역시 신의 빛을 외면하고 처녀의 방을 은밀하게 엿본다는 점에서 편지 읽는 처녀와 다를 바 없다.

이 그림이 세속의 쾌락을 극복하라는 요구인지, 아니면 얼마든지 가능한 해석인데, 원죄 사상을 겨눈 반어적인 비판인지 하는 물음은 싱긋이 웃으며 무시하기로 하자. 그럼에도 분명한 점은 르네상스 이후 회화에서 빛과 색깔이 이루는 관계를 집중적으로 연구한 결과, 그림은 우리가 살아가는 속세의 현실을 말 그대로 아름답게 꾸미고 있다는 사실이다. 근대의 과학 혁명이 우리 감각이 빚어내는 환상으로 깎아내린 색깔은 현대 회화에 와서 예술의 의미를 강조하는 결정적인 수단으로 격상했다.

의미와 지시체

예술의 의미는 우리에게 의미의 양면성 혹은 다의성을 친숙하게 만들어 준다. 예술은 대상을 의미와 엮어 줌으로써 대상이 항상 의미장 안에서만 나타나게 한다. 이 논제는 더 설명이 필요한 탓에 우리는 다시금 이 이론을 생각해 보는 에움길로 돌아가야 한다. 1장에서 우리는 다양한 대상 영역이 있음을 보았다. 이를테면 물리학의 대상 영역과 예술사의 대상 영역이 서로 각자의 영역에서 엄존한다. 그렇지만 대상 영역을 갈라 주는 것은 도대체 무엇

일까? 무엇이 하나의 대상 영역을 다른 게 아닌 바로 그것
으로 만들까?

앞서 언급했듯, 우리는 어떤 표현의 〈의미〉를 고틀로프
프레게의 이론에 빗대어 〈주어져 있음의 종류〉라고 이해
한다. 이 주어져 있음의 종류는 철저히 객관적이다. 어떤
대상이 어떻게 주어지는가는 대상이 우리에게 나타나는
방식에만 달린 게 아니다. 소렌토에서 보는 베수비오 산이
나폴리에서 보는 베수비오 산과 달라 보이는 것은 관찰자
의 눈 때문이 아니다. 그것은 하나의 객관적인 사실이다.
의미는 우리가 표현과 결합시키는 연상이나 본보기와 전
혀 관련이 없다. 이를테면 〈녹차〉라는 단어를 듣고 녹색을
떠올리는 것은 〈녹차〉라는 표현의 의미와 아무런 상관이
없다. 표현의 〈지시체〉를 프레게는 그 표현이 지시하는 대
상으로 이해한다. 대상은 하나의 대상 영역에 속한다. 이
대상 영역에 의미가 나타나지 않는다면 우리는 그것에 접
근할 수 없다.

상황을 이런 식으로 풀어 본다면, 베수비오 산이 우연찮
게 소렌토와 나폴리에서 각기 다르게 보이는 것일 수도 있
다. 그렇지만 이런 착각은 의미와 지시체를 혼동한 결과
다. 그러니까 의미장과 그 안에서 나타나는 대상과 사실을
서로 대립하는 것으로 갈라 보아서는 안 된다. 마치 단 하
나의 동질적인 대상 영역이 존재하고(모든 것을 포괄하는

사물 그 자체라는 현실), 우리가 그때그때 달리 접근하는 탓에(우리의 관점) 다르게 보일 뿐이라는 생각은 착각이다. 의미는 그 자체로 존재하며, 하나의 대상으로 그 고유한 대상 영역을 가진다. 대상이 어떤 영역에 속하느냐 하는 물음은 무시해도 좋은 게 아니다. 내 책상이 〈상상〉이라는 의미장에 속하는지, 아니면 내 연구실이라는 의미장에 속하는지 하는 물음은 결정적인 차이를 만들어 준다.

우리는 객관적인 의미가 존재한다는 것을 인정하는 데서 그치지 않고 한 걸음 더 나아가야 한다. 다시 프레게의 논의를 따라가 보자. 프레게는 의미 외에도 또 하나의 범주, 곧 〈조명〉 혹은 〈채색〉이라고 부른 범주를 끌어들인다. 이 범주는 이를테면 〈개〉와 〈멍멍이〉의 차이를 나타내 준다. 이 차이는 의미가 아닌, 조명의 차이다. 개를 보고 〈멍멍이〉라고 낮잡아 부르면, 우리는 개를 다르게 본다. 개가 다른 조명을 받아 나타나기 때문이다.

모든 대상은 저마다 특정한 방식으로 나타나며, 특정한 방식으로 주어진다. 모든 것은 항상 어떤 특정한 빛 안에서 나타난다. 대상은 매우 다양한 방식으로 주어질 수 있기 때문에, 그때마다 다른 의미장에 속하기도 한다. 우리가 〈의미〉로 이해하는 것은 언제나 어떤 표현이나 생각의 〈조명〉 또는 〈향기〉를 함께 포괄한다.

얼핏 보면 예술 작품은 워낙 다의적이어서 작품을 두고

논쟁을 벌이는 것조차 힘들게 여겨지기도 한다. 모든 게 그저 우연히 생겨나는 인상에 달린 평가인 것처럼도 보인다. 이런 전제에서 보면 객관적인 타당성을 인정받을 수 있는 작품 해석은 없을 것만 같다. 이런 식이라면 문학의 작품 해석은 상당 부분 그저 주관적인 인상 모음일 뿐이지 않을까. 그렇지만 작품을 다양한 방식으로 해석할 수 있다고 해서, 이 다양한 해석, 조명까지도 고려해야 하는 해석이 객관적이지 않다는 결론이 나올 수는 없다. 또 이 객관적 다의성을 작가의 의도로만 줄여 버리는 것도 온당치 않으며, 작가의 의도라는 것도 양면성을 가진다. 작품의 다양한 해석은 말 그대로 그 작품이 지닌 다양한 의미다. 이 의미 가운데에는 예술 작품이 가지는 특별한 미적 요소도 포함된다.

대상은 대개 나타나는 방식을 드러냄이 없이 우리에게 나타난다. 마침 담배를 피우는 한 쌍의 연인이 내 연구실 창문 앞을 지나간다. 나는 연인을 보며 이들이 어떻게 나타났는지 반드시 의식하는 게 아니다. 그럼에도 우리는 많은 대상을 그게 어떻게 나타나는지 그 현상의 방식을 조금도 알지 못하면서도 이해한다. 철학자는 흔히 이 현상 방식이 무엇인지 생각에 생각을 거듭한다. 생각을 두고 생각해 보는 이런 태도를 우리는 반성이라 부른다. 반성은 대상만이 아니라 이 대상이 나타나는 방식도 함께 드러내 준다. 말하자면 대상을 그냥 보기만 하면서 그게 어떤 의미 장에 속할지 관찰하는 데 그치는 게 아니라, 어떤 게 무슨 의미장에서 나타나며, 이런 일은 어떻게 일어나는지 하는 의식에 도달하는 게 반성이다. 대상 영역에서 나타나는 대상에 맞추었던 초점을 대상 영역 자체의 개성으로 옮기는 게 곧 반성이다. 이런 방식으로 우리는 의미를 이해한다.

예술은 우리에게 순수 의미를 직면하게 한다. 순수 의미라고 해서 예술이 그 어떤 실제적인 대상을 가지지 않는다는 뜻은 아니다. 물론 의미 직면의 경험은 예술이나 철학에서만 할 수 있는 게 아니다. 경험이라는 보물을 선사해 주는 훌륭한 기회는 여행이다. 그저 돈벌이에만 급급한 관광 산업을 말하는 게 아니다. 그런 관광은 여행이 아니라 기분 전환을 위해 장소를 바꾸어 본다거나 어디 어디 다녔다고 자랑하려고 사진 찍는 것에 지나지 않는다. 진짜 여행은 항상 어떤 낯선 것을 체험하게 해준다. 낯선 환경에 처하면 우리는 모든 것을 낯설게 느낀다. 한마디로 의미를 찾기가 간단치 않다. 우리는 낯선 환경에 운을 맞추려 시도해야만 한다. 다시 말해서 돌연 바뀐 환경을 보며 그게 어떤 의미장인지 의미 탐색에 나서야만 한다. 반대로 익숙한 환경은 편안하기는 하지만, 판에 박힌 일상이라는 틀을 벗어나지 못하는 탓에 우리의 감각을 무디게 만든다. 짐작하지 못한 채색이나 조명에도 심드렁하기만 하다. 이처럼 의미를 읽어 내지 못할 만큼 권태에 빠뜨리는 것이 익숙한 환경이다.

예술의 의미는 우리가 평소 당연하다고 여긴 것을 돌연 다른 빛으로 비추는 데 있다. 예술은 무대 위에서 연기를 펼치거나 신비로운 영상미를 선사하거나 전혀 들어 보지 못한 방식의 조화로운 음률을 들려줌으로써 우리에게 일상의 틀을 깨는 새로운 언어를 일깨운다. 예술은 익숙하지 않은 독특한 관점으로 대상을 조명해 새로운 의미로 우리에게 경이로움을 선물한다. 예술가들은 이런 맥락을 읽어 내고 집중적으로 연구해 왔다.

유추라는 이름의 악마

그 좋은 예가 스테판 말라르메의 〈유추라는 이름의 악마〉라는 제목을 가진 짧막한 산문시다.[77] 이 시에서 화자는 〈끝에서 둘째 음절은 죽었다〉는 기이한 문장을 읊조린다. 〈끝에서 둘째 음절〉, 곧 〈파에눌티마Paenultima〉는 라틴어 시 작법에서 중요한 역할을 하는 규칙으로, 일반적인 강조 규칙과 같다. 이 문장은 도대체 무얼 뜻하는지 분명치 않아, 심지어 무의미한 헛소리가 아닐까 의문스럽다. 화자 역시 일단 그런 의심을 가졌는지, 〈이런 저주 받은 엉터리 문장이 있나〉 하고 불평한다.[78] 이때 돌연 화자의 머리에는 다음과 같은 그림이 떠오른다.

악기의 줄을 천천히 부드럽게 쓰다듬는 날갯짓은, 이내 잦아드는 멜로디로 이런 말을 하는 목소리로 바뀌었네. 〈파에눌티마는 죽었다.〉 목소리는 마치

파에눌티마는

하고 매듭을 지었다가

죽었다

하는 게 의미의 진공 속에서 무의미함을 깨닫고 운명에 두려워 떨기를 멈추는 것처럼 들렸다.[79]

이 문장에 사로잡힌 화자는 허청거리며 거리를 걷다가 돌연 낡은 현악기를 파는 어떤 골동품 가게 앞에 발길을 멈춘다. 이 순간 화자는 다시금 그 문장을 떠올리고 가게 안에서 시에 등장한 악기가 벽에 걸려 있는 것을 발견한다. 그는 〈바닥에는 누렇게 변한 야자나무 이파리가 깔렸으며, 어둠 속에 묻힌 날개, 한때는 새의 날개였을 깃털〉을 알아본다.[80] 이로써 기이한 문장이 불러일으켰던 인상은 객관화되고 놀랍게도 사실로 확인되었다. 화자는 겉으로 봐서는 이상하기만 했던 착상이 진리를, 〈그때까지 자신

의 늠름한 정신〉이 기이하다고만 여겼던 표현이 하나의 진리를 일깨워 준다는 사실을 깨달았다.[81]

이 산문시는 아주 많은 의미를 담고 있다. 화자 자신은 〈파에눌티마〉라는 단어에 음절 〈눌Null〉이 들어가 있음을 강조한다. 〈Null〉은 〈0〉을 뜻한다. 화자에게 이 단어는 프랑스어 발음으로 〈페-눌-티앙〉(Pé-nul-tième)이라고 들리기 때문이다. 그는 처음에는 의미를 가려듣지 못했다. 오히려 불가사의함, 의미의 진공만을 들었다. 그러나 끝에서 두 번째 음절 〈Null〉이 담은 의미를 깨우치는 순간, 시는 완전히 새로운 의미의 차원으로 올라선다. 정확히 이런 시를 프레게는 지시체 없이 단어의 〈향기〉로만 의미의 연쇄 고리를 이끌고 오는 문학이라 부른다. 이제 상황은 화자에게 〈파에눌티마는 죽었다〉는 문장으로 시가 종결에 임박했다는 사실을 일러 준다. 〈파에눌티마〉는 라틴어로 시를 쓰는 시인이 중시해야 하는 규칙이기 때문이다. 이로써 불가사의함, 의미 진공이라는 인상은 사라진다. 언어가 운명 앞에 두려워 떨다가 인생의 허망함에 체념하고 마는 현실을 포착해 냈기 때문이다.

말라르메 자신은 시에서 이런 상황을 〈초자연적인 것의 피할 수 없는 침입〉이라 표현한다.[82] 초자연적인 것이란 말라르메가 진리를 부르는 이름이다.[83] 겉보기로는 완전히 무의미하고 지시체도 없는 문장이 자의적 착상으로 해석하는 주관의 심리 상태를 넘어서는 진리를 밝혀냄으로써 참으로 증명된다. 이처럼 말라르메에게 있어 불가사의함은 전반적으로 의미를 담아내는 실체가 된다.

말라르메는 이로써 우리 인간의 지각과 생각의 중요한 근본 조건에 주목한다. 마치 침입이라도 하듯 불현듯 떠오르는 진리의 깨달음은 일회성에 그치지 않고 지속적으로 일어나기 때문이다. 만약 나에게 갑자기 비가 온다는 생각이 떠올랐는데, 실제로 비가 내리고 있다면, 비는 나에게 그런 생각을 하도록 침입한 것이나 다름없다. 우리는 생각을 자의적으로 고르는 게 아니다. 마치 생각의 배후에 서서 이런저런 생각을 하면 좋겠다고 고르는 게 진리를 담은 생각일 수는 없다. 비가 내린다는 생각은 말하자면 실제로 내리는 비로부터 나에게 〈뛰어든 것〉이다. 〈뛰어든 것〉은 미국의 철학자 윌프리드 셀라스가 적확하게 짚어 낸 표현이다.[84] 모든 진리의 착상은 결국 〈설명할 수 없는 파에눌티마〉처럼 설명할 수 없는 현상이다.[85] 우리는 항상 나중에야 비로소 생각을 정리해, 이런 방식으로 그때그때 가지는 확신의 내용을 다듬어 낸다. 이런 과정은 논리 법칙을 포함해 무수히 많은 법칙의 옷을 입지만, 늘 논리 추론의 형식을 따르는 것은 아니다. 그렇다고 우리 생각이 아무 의미 없이 헤매며 때로는 시로부터 자극을 받고, 때로는 논리로 단련받는다는 뜻도 아니다. 시는 잘 정리된 수학 명제와 똑같이 진리 능력을 가진다. 중요한 차이는 시가 지닌 특성에서 나온다. 시는 언제나 그 자체의 언어로 이야기한다. 다시 말해서 수학과 시는 전혀 다른 의미장을 가진 판이한 언어를 쓴다. 더욱이 시는 말하는 내용뿐 아니라, 그 표현 자체를 가지고도 이야기한다. 시는 언어 그 자체를 문제 삼는다. 고유의 언어로 언어와 현실의 성공적인 교접을 이야기한다. 말라르메의 산문시는 정확히 이런 사실을 보여 준다.

반성

자연주의의 시대를 사는 우리는 예술의 의미를 늘 새롭게 되새겨야만 한다. 많은 사람들이 박물관이나 콘서트 혹은 영화관을 찾지만, 대체로 아름다움의 경험을 오락거리로 치부하는 경향을 보인다. 그렇다면 예술은 그저 간질임, 곧 우리 몸과 두뇌에 자극을 주는 특정한 방식에 지나지 않으리라. 사물을 보는 이러한 관점은 자연 과학의 태도를 일반화한 결과이다. 그리고 이런 일반화는 결코 허용될 수 없다. 마치 자신의 자아를 고찰하겠다고 하면서 유령과 같은 골격만 보여 주는 뢴트겐 사진을 들여다보는 모습과 같다.

지그문트 프로이트는 자신의 책『농담과 무의식의 관계』에서 조명이나 향기 대신 〈심리적 강세〉라는 표현을 썼다. 여기서 그는 무의식이 발음의 순서에 따라 촉발된다는 생각에서 출발해 〈심리적 강세〉를 엉뚱하게 다른 곳으로 옮긴다는 전이 이론을 다듬어 냈다.[86]

프로이트가 든 유명한 사례는 어려서 검은 딱정벌레를 잡으려 할 때마다 공황장애에 시달린 미스터 E라는 환자의 이야기다.[87] 분석이 진행되는 동안 밝혀진 사실은 그가 어려서 사귄 첫 여자 친구, 무의식적으로 애틋한 끌림을 느낀 여자 친구는 프랑스 출신으로 그에게 늘 이렇게 물었다고 한다. 〈케 파Que faire?(너 지금 뭐해?)〉 이 기억을 그는 다시금 어머니가 원래 아버지와 결혼하기를 망설였다는 이모의 이야기와 결부시킨다. 〈Que faire?〉의 발음은 〈케퍼Käfer(딱정벌레)〉와 비슷한 울림을 준다. 유추라는 이름의 악마는 〈Que faire〉를 〈Käfer〉로 바꿔 놓았으며, 심리적 억압에 시달리는 환자에게 공포증을 앓게 만들었다. 그러니까 〈Käfer〉는 좋아했던 여자 친구, 어머니(어머니의 이름은 마리Marie였으며, 다시금 〈마리엔케퍼 Marienkäfer(무당벌레)〉와 비슷한 발음을 가진다) 그리고 어머니가 아버지와 결혼하기를 망설였다는 이야기가 집약된 상징이 된다. 아무튼 프로이트는 이 맥락을 이처럼 해석한다.

프로이트의 논제는 알리 사마디 아하디의 코미디 영화 「살라미 알라이쿰Salami Aleikum」에서도 그 의도를 분명히 확인할 수 있다. 영화의 제목부터 이미 프로이트가 머릿속에서 그렸던 것을 분명한 그림으로 보여 준다. 영화 제목 〈살라미 알라이쿰〉은 〈당신에게 평화를〉을 뜻하는 아랍어 인사말을 슬쩍 비튼 것이다. 〈평화〉를 뜻하는 〈살람Salam〉이 들어가야 할 자리에 소시지의 일종인 〈살라미〉가 떡하니 들어선 것이다. 〈살라미〉와 〈살람〉을 독특하게 결합시킨 우스꽝스러운 제목에서 이미 이 영화가 코미디일 거라는 짐작은 어렵지 않게 할 수 있다.

소시지의 한 종류인 살라미와 〈평화〉를 대비시킨 의도는 무엇일까? 이 대비는 영화가 말하고자 하는 핵심 주제의 바탕을 이룬다. 영화는 쾰른에 사는 이란 혈통의 도축업자 아들이 아버지와 마찬가지로 도축업자가 되는 과정을 그린다. 아들은 무엇보다도 소시지 만드는 법을 익히느라 진땀을 흘린다. 영화에서 도축이라는 활동은 살아있는 생명을 죽여서는 안 된다는 이슬람 율법과 대비를 이룬다. 특히 주인공 모센이 채식주의자인 처녀 아나와 사귀기 시작하면서 갈등은 더욱 불거진다. 이런 식으로 살라미와 평화는 놀랍게도 어깨를 나란히하고 극명한 대비를 이룬다. 영화는 그 밖에도 동독 대 서독, 독일 대 페르시아, 남자 대 여자, 공산주의 대 자본주의와 같은 대비를 계속 이끌어 내며, 이를 제목에 담긴 재치로 풀어 간다.

가슴 깊숙한 곳에 똬리를 튼 무의식 속 어린 시절의 회극이 의식의 수면 위로 떠오르게 되면 우리는 애써 무시하거나 억눌러 왔던 문제를 다룰 수 있게 된다. 프로이트는 농담이 어떤 단어가 가진 심리적 강세를 전이시켜 줌으로써 무의식의 연상을 허락해 주어 우리가 웃어넘길 수 있다고 생각했다. 평소 심리적 억압에 시달리는 사람은 농담을 통해 자신의 무의식을 극복할 수 있다는 진단이다. 그러나 농담은 동시에 무의식이 마치 심리 건강에 아무런 위협이 없는 것처럼 꾸미는 역효과도 자아낸다. 그래서 프로이트는 모든 심리적 강세 전이를 무릅쓰고 더 깊게 파고들어 가야 무의식과 마주할 수 있다고 강조한다. 특히 무의식은 무모순과 일관성과 생각의 명확한 규정을 중시하는 합리적 논리를 따르지 않기 때문에 포착하기 매우 힘들다.

말하자면 어린 시절은 무의식의 원천이다. 무의식적인 생각이란 오로지 유년 시절에 만들어진 것이다. 농담을 빚어 보려 무의식에 침잠해 보면 거기서는 그저 어린 시절 단어를 가지고 놀던 흔적만 찾게 될 뿐이다. 어려서 누리던 즐거움을 다시 느껴 보고 싶다면 생각을 어린 시절의 단계로 되돌려야 한다.[88]

〈생각의 자유를 누리는 즐거움〉[89]으로서의 예술 또는 희극은 자기 통제를 위해 강제하는 강박적 사고로부터 우리를 해방시켜 준다. 예술은 우리로 하여금 대상과 거리를 두게 함으로써 그 의미를 드러낸다. 예술은 말하자면 우리를 거울 앞에 세운다. 「살라미 알라이쿰」과 같은 사회 비판적인 코미디는 바로 이런 거울 효과를 능숙하게 이용한다. 이 영화는 무엇보다도 다른 생각과 다른 문화를 보는 수많은 복잡한 선입견을 문제 삼고 있기 때문이다. 선입견이란 한마디로 굳어진 의미장이다. 예술과 희극의 도움을 받을 때 우리는 이처럼 경직된 의미장의 배후가 무엇인지 캐물어 들어갈 수 있다.

예술 작품을 통해 우리는 어떤 대상뿐 아니라, 그 대상과 함께 나타나는 의미를 본다. 예술 작품은 거울처럼 반영을 해주는 의미장, 곧 반성적이며 성찰적인 의미장이다. 예술 작품 안에 나타나는 대상은 바로 의미장의 대상이다(또 많은 다른 의미장을 함께 끌어들이기도 한다). 더욱이 예술이 그리는 대상과 그 의미는 무수히 많은 변형으로도 나타난다.

두 가지 예를 들어 보자. 말레비치의 「흰 바탕 위의 검은 사각형」과 페르메이르의 「열린 창가에서 편지를 읽는 여인」 두 작품은 언뜻 보기에 공통점이라고는 전혀 없는 것 같다. 페르메이르의 그림은 조형적인 반면, 말레비치의 작품은 완전한 추상화다. 페르메이르의 그림은 다채로운 색상을 자랑하는 반면, 말레비치는 단조로운 검은 사각형으

카지미르 말레비치, 「흰 바탕 위의 검은 사각형」, 1915.

로 이런 다채로움을 거부한다. 추상 미술은 전반적으로 대상을 가지지 않은 것처럼 보인다. 또 그게 당연한 것처럼도 보인다. 그러나 정말 그렇다면 어떻게 추상화를 두고 반성적인 의미장을 다룬다는 주장을 할 수 있을까? 추상화에서도 대상은 의미와 함께 나타날까? 그리고 페르메이르의 경우 작품의 반성적 의미장이란 무엇일까?

간단한 관찰, 곧 말레비치의 그림이 아무런 대상을 가지지 않는 것은 아니라는 관찰로 시작해 보자. 그림은 오히려 아주 익숙한 대상, 그러니까 흰 바탕 위에 그려진 검은 사각형을 보여 준다. 물론 예전 사람들은 미술이 우리에게 친숙한 대상을 그려 주기를 기대했다. 말레비치는 이런 기대를 거스르고 대상이 본래 어떤 방식으로 우리에게 나타나는지 보여 준다. 일반적으로 모든 대상은 배경을 가지고 나타난다. 그러니까 의미장을 배경으로 깔고 대상은 우리에게 나타난다.

시각을 예로 들어 이게 무슨 말인지 분명히 해보자. 시각은 그 공간성으로 전면과 배면을 비유하기에 특히 알맞다. 나는 마침 내 책상 위에 놓인 물병 하나를 본다. 물병은 책상이라는 배경을 가지고 나타난다. 두 눈으로 물병을 집중해 보느라 다른 대상들은 흐릿하게 보인다. 그렇지만 배경은 결코 완전히 가려지지 않는다. 다시금 물병의 배경(책상)에 시선을 맞추면, 이내 다른 배경, 이를테면 내 연구실이 시야에 들어온다. 그러니까 책상은 연구실이라는 배경의 전면이 된다.

물론 연구실에 집중하노라면 다시금 연구실을 전면으로 하는 다른 배경이 나타난다. 바로 그래서 고대 로마인이 〈앞으로 나온다〉는 뜻을 나타내는 〈엑시스텐티아exist-entia〉를 〈존재〉라는 단어로 삼은 것은 매우 중요한 의미를 가진다. 존재하는 모든 것은 배경 앞으로 나온다. 배경은 결코 앞으로 드러나는 일이 없으며, 기껏해야 거기에 주목하면 다른 배경을 가지고 앞으로 나올 따름이다.

정확히 이런 상호작용을 말레비치는 기하학이라는 순수 형태로 담아냈다. 하얀 바탕에 검은 사각형을 그린 이유가 달리 있는 게 아니다. 우리가 대상을 기대하며 검은 사각형에 집중한다고 해보자. 첫 눈길에 대상이 전혀 없지 않나 하고 생각할 수 있다. 이 작품을 대상이 없는 추상화라 여기기 때문이다. 다음 순간 검은 사각형이 하나의 배경 앞에 돌출해 있음을 알아차린다. 이제 우리는 배경을 주목하려 하지만, 이 배경은 새로운 배경의 전면이 될 따름이다.

말레비치는 자신이 쓴 예술 이론서들, 특히 『절대주의: 대상이 없는 세계』에서 우리가 한 걸음 더 나아가야만 한다고 힘주어 강조한다. 전면과 배경의 상호작용에 머물러 있어서는 안 된다는 주장이다. 다시 말해 흰 바탕 위의 검은 사각형이라는 예술 작품을 감상할 때 세계, 곧 우리가 그 안에서 움직이는 세계는 예술 작품이 앞으로 나오는 배경이 됨을 알아야 한다는 뜻이다. 말레비치의 작품에 담겨 있는 전면과 배경의 상호작용은 그 자체로 예술 작품이라는 형태를 취하며 세계를 배경으로 앞으로 나온다. 이 세계가 작품을 감상하는 우리의 배경이다.

작품에 집중해 감상하는 동안 세계는 우리의 시야에 흐릿하게 들어올 뿐이다. 그렇지만 흔히 〈추상 미술〉을 이야기하며 당연한 것처럼 전제하듯, 작품이 대상을 가지지 않는 것은 아니다. 오히려 우리가 감상하는 작품 자체가 대상이며, 세계는 배면으로 밀려난다. 완전히 배경으로 내몰린 세계는 관찰되지 않고 알지 못하는 것으로 가려진다. 이처럼 세계를 공허하게 만드는 것을 말레비치는 자신의 회화가 자아내는 중요한 효과라고 보았다. 이 효과는 겉보기로 대상을 가지지 않은 작품을 감상하면서, 이 작품이 바로 우리와 세계 사이에 가로놓인 대상을 다루고 있음을 깨달을 때 비로소 나타난다.

모든 것은 세계가 인간이 알지 못하는 것이기 때문에 일어난다. 인간이 세계를 안다면, 그 모든 것은 아무것도 아니다. 심지어 세계를 아는 인간은 세계가 무엇인지 그림을 그릴 필요조차 없다. 우리는 늘 알지 못하는 것을 어떻게든 규정하고 모든 현상을 파악할 수 있는 〈어떤 것〉으로 다듬어 내려 노력한다. 그러나 오히려 그 정반대가 참된 의미를 갖는다. 모든 〈어떤 것〉에 대항해 항상 〈없음〉이 고개를 든다. 〈어떤 것〉으로 규정된 〈없음〉은 〈모든 것〉이 되며, 모든 〈어떤 것〉은 〈없음〉으로 변화해 〈없는 것〉으로 남는다.[90]

우리는 보통 세계가 아닌 대상과 씨름한다. 또 우리는

292

대상이 그 의미장에서 어떤 위치를 차지하는지 골몰하지 않으며, 그냥 대상을 찾아볼 뿐이다. 바로 그래서 대상은 우리와 세계 사이에서 세계를 가려 버린다. 정확히 그래서 결정적인 사실, 곧 세계가 존재하지 않는다는 정황을 대상은 가려 버린다. 대상 때문에 우리는 세계가 존재한다고 생각한다. 그러나 이 생각은 착각일 뿐이다. 예술은 바로 이 착각으로부터 우리를 해방시킨다.

결국 모든 것은 배경 앞으로 나옴으로써 존재한다. 배경은 항상 배경으로만 남는다. 말레비치가 작품을 통해 선보인 생각을 따라가며 배경은 배경으로만 남음을 의식할 때 우리는 비로소 세계가 존재하지 않는다는 걸 이해할 수 있다. 모든 것이 그 앞으로 나오는 궁극적인 배경이란 존재하지 않는다. 「흰 바탕 위의 검은 사각형」은 모든 대상이 하나의 의미장에서 나타나며, 이 나타남의 배경 자체는 나타나지 않음을 상징적으로 보여 준다. 바로 그래서 우리에게 익숙한 세계는 말레비치의 절대주의에 등장하지 않는다. 이런 식으로 말레비치는 세계를 공허하게 만들고, 이것이 그가 원한 효과다. 말레비치는 모든 것을 포괄하는 하나의 의미장, 우리가 모든 것을 그 안에 집어넣어야만 하는 의미장이 존재한다는 강박관념으로부터 우리를 해방시킨다. 이런 강박관념은 존재하는 모든 것이 따라야만 하는 단 하나의 개념 질서를 전제한 탓에 생겨난다.

다채로움

「살라미 알라이쿰」이나 슐링엔지프의 영화「독일 전기톱 대학살」은 바로 이런 강박관념을 주제로 삼았다. 두 편의 영화는 누구든 적응하고 통합하려 노력해야만 하는 단 하나의 통일적인 독일 사회는 존재하지 않음을 성공적으로 보여 주는 작품이다. 사회는 그 구성원을 마치 무슨 벽돌 찍듯 모두 똑같이 만드는 것일 수 없다. 단 하나의 통합적인 사회를 건설하자는 주장은 이런 위험을 간과하고 있다. 동독과 서독 사이에만 중요한 문화적 차이가 있는 게 아니다. 각 연방 주, 모든 도시는 저마다 독특한 특성을 지닌다. 게다가 사회는 하위문화와 연령층과 각종 사회 집단으로 계속 가지를 쳐가며 분화한다. 사회는 언제나 그 사회를 바라보는 다채로운 관점일 뿐, 이른바 이방인이 적응하고 통합해야만 하는 통일체가 아니다.

다른 것은 다르게 생각하고 다르게 살아가야 한다는 정황을 인정하는 것이야말로 모든 것을 포괄해야 한다는 강박관념을 극복하는 첫걸음이다. 바로 그래서 민주주의는 전체주의에 대항해야 한다. 모든 것을 포괄해 완결 짓는 단 하나의 진리라는 것은 존재하지 않으며, 오로지 관점들의 관리가 민주주의의 중요한 덕목이기 때문이다. 이 관점의 관리가 바로 정치다. 모든 사람이 평등하다는 민주주의의 근본 사상에는 구성원들 저마다 사물을 다른 관점으로 볼 권리를 갖고 있다는 의미가 담겼다. 사상의 자유는 곧 관점의 다름을 인정하는 데서 출발한다. 물론 그렇다고 해서 모든 관점이 똑같이 좋다거나 모든 게 진리라는 뜻은 아니다. 관점이 다른 탓에 우리는 최선 혹은 차선의 해결책을 찾으려 서로 토론하며, 어떤 길을 택하고 버릴지 알아내고자 학문을 하고 예술을 한다.

예술로 추진된, 자유를 향해 나아가는 세계의 공동화(空洞化)는 우리가 대상을 하나하나 격리시켜 대비가 없는 것으로 간주하는 대신, 대상이 각기 가지는 맥락에서 파악되어야 함을 강조한다. 그냥 격리되어 홀로 존재하는 것은 없다. 어떤 것도 그냥 단순하게 존재하지 않으며, 저마다 다르고 독특한 방식으로 의미장에 나타난다. 검은 사각형은 그 그림에 나타나는 의미장 안에서 나타난다. 그림 자체는 그 대상의 테두리가 되며, 이 테두리야말로 대상이 특정한 의미장을 지닌다는 증명이다.

이런 배경에서 또 주목할 점은 페르메이르가 편지 읽는 여인의 장면을 그리며 아주 다양한 방식으로 테두리를 강조하고 있다는 사실이다. 그림은 테두리와 틀로 넘쳐날 정도다. 빛이 들어오는 열린 창문의 창틀, 다시금 격자 틀로 나뉜 작은 유리창, 그 틀 안에 비친 처녀의 모습, 그림 전체의 틀은 무대 장면의 테두리를 떠올리게 하며 열린 커튼 역시 하나의 테두리 역할을 한다. 또 편지 자체도 일종의 테두리다. 그 안에서 텍스트가 나타나는 의미장이 편지다. 과일 접시는 그 안에 과일이 나타나는 테두리다.

관점 다양성의 발견은 바로크 시대가 일궈 낸 성과이며, 라이프니츠 철학의 핵심을 이룬다. 자신의 책『모나드론』에서 라이프니츠는 무한하게 많은 관점, 물론 서로 조화를 이루는 관점들이 있다고 주장했다. 흔히 인용되는 문장에서 라이프니츠는 이렇게 썼다.

> 그리고 하나의 동일한 도시가 각기 다른 측면에서 바라볼 때 전혀 다르게 보이며, 관점에 따라 다양한 면모로 나타난다. 하나의 실체가 가지는 무한한 다채로움의 결과, 우주 역시 무수히 많다. 이 무수히 많은 우주들은 개개의 모나드의 다양한 관점에 맞는, 단 하나의 유일한 우주가 드러내 보이는 다채로운 면모다.[91]

우리가 유념해야 할 점은 관점이라는 게 본래 하나의 단순한 의견이 아니라는 사실이다. 시각에서의 관점은 하나의 객관적인 구조다. 이 구조가 가지는 수학 법칙은 르네상스 회화의 중심을 이루었으며, 바로크 시대에 이르러 철저하게 다원화되어 근대의 수학 방법, 곧 수학이 무한함을 계산할 수 있는 방법의 발견을 이끌었다. 바로크 시대에 세계는 무한해졌으며, 무한하게 많은 테두리로 다양한 면모를 과시했다. 바로 이 관점 다원주의를 우리는 페르메이르의 그림에서 확인한다.

근대는 지난 5백 년의 위대한 과학 혁명으로, 한스 블루멘베르크가 폭넓은 연구를 통해 밝혀냈듯, 과학의 측면에서 일방적이고도 단호하게 〈세계의 해독 가능성〉을 키워왔다.[92] 다른 한편으로 근대 초에 이미 과학의 발달과 더불어 세계를 바라보는 관점도 다양해질 수 있음이 분명해졌다. 관점은 너무도 다양한 나머지 어떤 것을 선호해야 할지 간단히 결정할 수 없는 성질의 것이었다. 이로써 수많은 영역에서 무한함의 발견이 이루어졌다. 무한함의 연구가 워낙 활발히 이루어지다 보니 심지어 무한함을 충분히 연구해 낼 수 있을 것만 같은 착각이 들 지경이다. 그러나 무한히 많은 게 존재할 뿐만 아니라, 그 무한히 많은 것을 바라보는 무한하게 많은 관점도 존재한다.

여기서 분명히 하고 넘어가야 할 점이 있다. 모든 관점이 참은 아니라는 사실이다. 우리는 많은 경우 대상을 부적절한 의미장에 가져다 놓음으로써 착각을 일으킨다. 착각 역시 하나의 의미장이다. 그러니까 착각도 분명 존재한다. 바로 그래서 관점주의는 혼란을 빚어낼 수 있다. 관점주의란 현실을 바라보는 무한히 많은 관점이 존재한다는 주장이다. 관점주의는 이미 단 하나의 현실만 존재하며, 이 현실에 모든 관점이 관계한다고 전제한다. 한편으로는 객관적 관점주의가, 다른 한편에는 주관적 관점주의가 있다. 객관적 관점주의는 모든 관점이 객관적이어서 현실을 왜곡하지 않는다고 전제한다. 반대로 주관적 관점주의는 관점을 우리가 살아남으려는 목적으로 만들어 낸 일종의 허구로 간주한다. 당시 이 문제를 두고 숙고했던 니체를 인용하자면, 관점이란 〈도덕과 무관한 거짓말〉이다.[93]

두 입장은 여러 가지 이유에서 받아들여질 수 없다. 객관적 관점주의는 관점을 결국 관점과 무관한 단 하나의 현실에 관계하는 것으로 정의하면서 관점의 진리 능력을 과대평가한다. 주관적 관점주의는 관점이 우리에게 현실을 가려 주는 장막이라며 관점의 진리 능력을 과소평가한다. 두 입장은 관점을 너무 일방적으로 인간의 관점으로 이해하고 있다. 반면 의미장 존재론은 인간의 관점을 존재론적 사실로서 이해한다. 세계는 존재하지 않으며 우리는 그 안에 던져져 있고, 그 사이에서 연결 통로를 만드는 무한하게 많은 의미장이 존재하기 때문이다. 관점은 인간 관점 그 이상의 것, 곧 존재론적 사실이다.

우리는 주어진 의미장에서 출발해 새로운 의미장을 만들어 낸다. 이런 의미장의 생산은 결코 무로부터의 창조가 아니라 계속되는 의미장의 전환일 뿐이다. 인간은 개인이다. 그러나 인간이 공유하는 의미장 역시 개별적이다. 바로 그래서 우리는 의미장을 우리 자신이나 우리 의식에만 한정시켜서는 안 된다. 개인들로서 우리는 함께 무한하게 많은 의미장에서 살며, 그때마다 늘 새로운 방식으로 의미장을 이해해야 한다. 이런 확인을 넘어 더 말할 것은 없다. 뭘 더 바랄까?

7장

무한함을 향한 감각의 긴 여행

우리가 유독 시각을 신뢰하는 것은 인간의 생물학적 특징 가운데 하나로 보인다. 고대 그리스 철학자들, 특히 아리스토텔레스가 『영혼에 관하여』에서 지어낸 오감이라는 표준(시각, 미각, 촉각, 후각, 청각) 가운데 진화론적으로 볼 때 가장 두드러지는 능력은 시각이다. 시각은 가까이 가지 않고도 멀리 있는 대상이 무엇인지 알아볼 수 있는 능력을 우리에게 선사했다. 이 능력은 험난한 세상에서 살아남는 데 결정적인 역할을 한다. 이런 조건을 염두에 두고 본다면 인간의 발명품에 〈멀리 본다〉, 곧 〈텔레비전〉*이라는 이름을 붙여 준 것은 대단한 상찬이 아닐 수 없다. 멀리서 현장을 중계하는 〈방송〉은 우리에게 세계를 터득할 수 있을 것만 같은 희망을 키워 준다.

* 독일어로 텔레비전은 〈Fernsehen〉이다. 이 말은 문자 그대로 멀리서fern 보는 것sehen을 의미한다.

그래서 방송의 뉴스는 무엇보다도 전쟁과 끔찍한 사고 혹은 초인적인 스포츠와 일기예보로 채워진다. 그래야 시청자들에게 현장에서 멀리 떨어져 있다는 기분 좋음을 선물할 수 있고, 이들 사건에 대한 상징적인 통제력을 제공할 수 있기 때문이다. 다행히도 전쟁은 다른 곳에서 일어나며, 그냥 방송을 통해 하는 불구경일 뿐이다. 물론 그걸 볼 최소한의 한가로움은 필요하다. 물론 이런 겉보기는 많은 미디어 비평가가 늘상 강조하듯 허상이다. 한가로이 전쟁 구경을 하다가 머리에 폭탄을 맞을 수도 있지 않은가. 그럼에도 박물관과 극장과 영화관보다 훨씬 더 큰 대중적 영향력을 자랑하는 〈멀리 보기 기계〉가 인류가 일궈낸 괄목할 만한 성과라는 사실만큼은 인정할 수밖에 없다. 라디오는 대개 방송을 볼 수 없는 처지에서, 이를테면 자동차 안에서 켤 뿐이다.

그래서 말이지만 현대에 들어 특히 드라마 시리즈가 핵심적인 이데올로기 매체의 지위로 올라선 것은 조금도 놀라운 일이 아니다. 고전적인 영화는 여러 가지 이유에서 시청자를 마약에 중독된 것처럼 홀리는 이른바 〈고품격 드라마 시리즈〉와 경쟁할 수 없다. 심지어 많은 드라마 시리즈는 이런 정황을 의도적으로 연출해 낸다. 「소프라노스The Sopranos」나 「더 와이어The Wire」, 「브레이킹 배드」 또는 「보드워크 엠파이어Boardwark Empire」는 아예 마약

거래를 소재로 삼고 있다. 「소프라노스」는 다양한 중독에 빠진 주인공(이를테면 섹스와 헤로인에서부터 파스타, 소시지, 와인에 이르기까지)처럼 시청자까지 중독시킨다. 한 편의 드라마 시리즈는 80시간을 훌쩍 넘길 정도다. 내레이터가 캐릭터를 해설할 여유까지 주느라 시간은 고무줄 늘이듯 길어진다. 바로 그래서 「소프라노스」 같은 드라마는 한 편의 묵직한 소설, 이를테면 프루스트의 『잃어버린 시간을 찾아서』와 비교되기도 한다.[94]

「사인필드」, 「소프라노스」, 「브레이킹 배드」, 「매드멘 Mad Men」, 「커브 유어 엔수지애즘Curb Your Enthusiasm」, 「더 와이어」, 「오피스」 또는 「루이Louie」와 같은 지적인 분위기를 자랑하는 드라마는 몇몇 아주 심오하고 폭넓은 시대 진단을 담아낸다. 이런 드라마는 우리 시대를 고스란히 반영하는 거울이다. 또 작품도 시대의 자화상이라는 주제를 명시적으로 강조한다. 이를테면 영국의 드라마 「블랙 미러Black Mirror」는 실제로 현대의 암울한 미디어 현실을 고스란히 그려 낸다. 첫 편에서 이미 영국의 수상은 방송에서 공개적으로 돼지와 섹스를 하라는 강요를 받는다.

물론 영화라는 매체가 그 영향력을 완전히 잃어버린 것은 아니다. 2011년에 개봉한 「아티스트The Artist」라는 작품은 영화의 고유한 가능성을 잘 되살려 냈다는 평가를 받는다. 마찬가지로 데이비드 크로넨버그 감독의 「코스모 폴리스Cosmopolis」는 시대를 심도 있게 진단하려는 노력의 산물이다. 그러나 이데올로기 분위기를 선도하는 쪽은 아무래도 미드 시리즈다. 이런 드라마들은 우리가 자신과 환경을 어떻게 이해해야 좋은지 상당 부분 정의하고 이끌며, 우리의 유머 감각을 주무른다.

독일에서도 더이상 가벼운 웃음을 유발하려 애쓰는 드라마가 경멸의 대상은 아니다. 비록 유일하게 품질을 견줄 만한 드라마는 「슈트롬베르크」 정도일지라도 이 역시 시장을 지배하기에는 턱없이 부족한 게 독일의 현실이다. 게다가 이 드라마는 사실 「오피스」의 기본 구상을 베낀 것에 지나지 않는다. 독일인은 여전히 너무 심각하고 진지하다는 평판에서 벗어나지 못한다. 이런 의미에서 그 자신이 『유머에 관하여』라는 책을 쓴 뉴욕의 철학자 사이먼 크리츨리는 얼마 전 나와 대화를 나누며 입가에 야릇한 미소를 머금고 요즘 독일 사람들의 웃음이 너무 헤픈 게 아니냐고 꼬집었다. 대화를 나누며 웃을 기회만 엿본다나.[95]

이런 분위기를 선도하는 쪽은 의심의 여지없이 미국의 〈문화 산업〉이다. 심지어 문화 산업은 미국이 성공을 거둬온 비결이라고도 말할 수 있다. 늦어도 2차 세계 대전 이후부터 미국의 문화 산업은 막강한 영향력으로 대중문화를 지배해 왔기 때문이다. 냉전 이후 미디어 지배력은 경제력의 실질적 우위보다 더 확실하게 승자의 지위를 굳혀 주었다. 글로벌화한 세계에서 세계관의 지배야말로 권력의 핵심을 이루는 요소이기 때문이다.

앞서 언급한 드라마들은 우리 시대의 민감한 구석을 건드리며, 사회 현실을 그 다층적인 모습에서 고스란히 드러내고야 말겠다는 거창한 요구를 내걸기는 했다. 하지만 언제나 그 바탕에는 현대의 서열 사회에서 자신의 자리를 얻어 내기 위해서는 유머든 폭력이든 수단과 방법을 가리지 말고 싸워야 한다는 암시가 깔려 있다. 이런 맥락에서 문화 비평가 디트리히 디더리히센은 여기에 암시적이든 명시적이든 세계의 멸망 시나리오로 대중에게 공포감을 심어 주어 기존 사회 질서에 순응하게 만들려는 미국의 세계 지배 욕구가 숨어 있는 게 아닌지 묻는다.[96]

아무것도 아닌 것에 관한 쇼

방송은 해묵은 물음을 새롭게 꾸며 우리에게 던진다. 우리 인생은 비극일까, 희극일까?(아니 한 편의 개그는 아닐까?) 즐겨 보는 드라마가 선보이는 실존 분석은 우리가 익히 아는 철학의 성찰과 일치할까?

하이데거를 비롯한 실존주의 철학자들, 이를테면 키르케고르는 우리의 현존, 곧 인간으로 살아가는 일이 희극보다는 비극에 가깝다고 묘사한다. 하이데거는 자신의 대표작 『존재와 시간*Sein und Zeit*』에서, 우리는 근본적으로 〈죽음을 향해 나아가는 존재Sein-zum-Tode〉라고 썼다. 하이데거가 이 말에 담은 참된 혹은 본래적인 뜻은 인생의 매 순간을 임박한 죽음에 비추어 살필 때 드러난다. 〈살아라, 이미 죽은 것처럼!〉 물론 내가 보기에는 별 도움이 되지 않는 충고다(드라마 「브레이킹 배드」에서 보듯, 죽음을 예감한 주인공은 마약과 폭력의 늪에 빠져 헤어 나오지 못하지 않던가). 키르케고르도 비슷한 어조로 우리는 피할 수 없는 〈절망〉과 〈죄악〉과 〈두려움〉에 사로잡히고 만다고 주장한다. 키르케고르의 이런 생각은 라스 폰 트리어 감독의 영화 「멜랑콜리아Melancholia」에서 고스란히 영상에 담긴다. 영화는 어떤 행성이 지구를 향해 날아와 충돌이 예상되는 가운데 인류가 멸망하기 직전의 상황을 묘사한다. 물론 라스 폰 트리어가 이런 관점을 솜씨 좋게 사디즘과 동일시했다는 해석도 설득력을 가지기는 한다. 「멜랑콜리아」에서 우울하고 음울한 분위기를 풍기는 여주인공의 이름이 〈저스틴〉(커스틴 던스트Kirsten Dunst가 연기했다)인 것은 우연이 아니기 때문이다. 이 이름은 사드 후작의 동명 소설을 암시한다.[97]

실존적 우울증은 이미 우리가 〈현대의 허무주의〉로 살펴본 바 있는 위험을 나타내기는 하지만, 피할 수 없는 병은 아니다. 「소프라노스」에서 우울증은 니체와 사르트르라는 에움길을 거쳐 서투른 자살 시도에 이르는 앤서니 주니어를 사로잡는다. 그러나 그가 품은 자살 동기는 사춘기에 사로잡혔던 실존주의와 아무런 상관이 없다. 실존적 한탄은 인생에 전혀 있지 않은 것, 이를테면 불멸의 생명이나 영원한 행복 또는 우리가 품은 모든 물음을 해결해 줄 단 하나의 답을 기대할 때 생겨난다. 이런 기대를 가지고 인생에 접근하는 한 실망과 환멸이 클 수밖에 없다.

바로 이런 요구(그리고 피할 수 없는 참담함)에 맞서 방송 드라마의 신기원을 연 작품은 「사인필드」다. 대중적으로 높은 인기를 끈 이 시트콤은 1989년부터 1998년까지 전부 아홉 번의 시즌을 선보이는 기염을 토했다. 흔히 이 드라마는 포스트모던의 정점으로 간주된다. 얼핏 보기에 포스트모던과 결부 지을 수 있는 온전한 자유분방함을 자랑하기 때문이다.

여기서 드라마를 상세하게 다룰 수는 없기에, 일단 「사인필드」의 기본 구조만이라도 파악해 보자. 코미디언 제리 사인필드를 중심으로 몇 명의 뉴욕 친구들은 서로 만나 각자 겪은 사회생활의 어처구니없는 경험을 두고 이야기를 나눈다. 물론 화제로는 악명 높은 관계 기피증이 빈번하게 등장한다. 오늘날 사람들이 맺는 관계는 매우 느슨하며 유지하기가 무척 힘들다. 이런 문제를 놓고 수다를 떠는 게 주인공 제리, 크레이머, 엘레인 그리고 조지를 함께 묶어 주는 유일한 즐거움이다. 그러다가 조지는 일상생활을 다루는 한 편의 〈쇼〉를 제리가 시장에 내놓으면 좋겠다는 아이디어를 낸다. 바꿔 말해서 드라마 주인공들은 〈쇼〉의 한복판에서 〈쇼〉를 만들자고 의기투합한다. 조지는 제작을 맡아 줄 사람을 설득하며 쇼는 아무것도 다루지 않는다고, 그러니까 〈아무것도 아닌 것에 관한 쇼 show about nothing〉라고 강조한다. 결국 드라마는 아무것도 아니라는 실토나 다름없다. 그것도 드라마 한복판에서 그런 대사가 나온다.

〈쇼〉는 말 그대로 옮기면 〈보여 줌〉이다. 「사인필드」는 스스로 아무것도 아님을 보여 주는 드라마다. 무슨 숨겨진 심오한 의미 따위는 없다. 의미, 이 모든 소동을 둘러싼 의미는 표면에 이미 전부 드러났다. 이로써 드라마는 우리가 살아가는 세계의 배후에 진짜 현실, 그게 물리적 현실이든 그 어떤 신비적 진리든, 아무튼 진짜 현실이 감춰져 있다는 형이상학을 거부하는 반전을 이뤄 낸다. 그럼에도 모든 것은 하나의 의미를 가지며, 이 의미는 쇼가 보여 준다. 바로 그래서 쇼는 그 자체의 내용이다. 쇼는 그 테두리를 넘어가는 일이 없이 일관되게 그 자체만 보여 준다(물론 정확히 그래서 나르시시즘의 특징도 가진다). 「사인필드」는 그 자체를 중심으로 돌아가는 드라마이며, 더욱이 제작자들이 이 드라마 안에서 직접 역할을 맡아 연기하는 드라마다.

　「사인필드」에서 제리와 더불어 제작을 맡았던 래리 데이비드는 「사인필드」에 이어 또 한 편의 시트콤 「커브 유어 엔수지애즘」이라는 후속 작품을 만들었다. 이 드라마는 아예 「사인필드」보다 더 과감한 행보를 보인다. 이 쇼는 아무것도 아닌 것에 관한 쇼일 뿐만 아니라, 쇼의 시나리오 작가 가운데 한 명이기도 한 래리가 자신의 일상생활에 의미를 불어넣으려는 시도이기도 하다. 드라마 한복판에서 그는 자신을 버리고 떠난 아내의 마음을 「사인필드」 새 시즌을 찍기로 했다는 말로 되돌리려 시도한다. 이로써 아무것도 아닌 것에 관한 쇼 안에서 이 쇼의 제작자는 아무것도 아닌 것에 관한 쇼의 새 시즌을 찍는다. 이처럼 꼬리에 꼬리를 무는 쇼의 바깥에 이른바 〈메타-쇼〉는 전혀 없다.

　쇼에 등장하는 인물들은 이 아무것도 아닌 것에 관한 쇼를 보며 마음껏 웃으라고(시청자인 우리도 함께) 그냥 아무렇게나 그 캐릭터를 부여받은 게 아니다. 오히려 이들은 쇼를 직접 제작하는 사람들이다. 이로써 드라마는 테두리를 넘어가는 그 어떤 것도 끌어들이지 않고 그 자체에만 머무르려는 태도를 분명히 한다. 래리 데이비드는 「사인필드」의 자기 관련성을 더욱 강조해, 우리는 저마다 자기 운명의 주인이며, 인생은 우리가 손수 만들어 가는 것임을 웅변한다. 「사인필드」의 캐릭터들은 고대 그리스 비극에 나오는 주인공처럼 그저 자기 자신의 희생자일 뿐이다. 물론 이런 상황 설정이 우스꽝스러울 수도 있지만, 이 아무것도 아닌 것에 관한 쇼를 보며 마음껏 웃는 일은 조금도 이상할 게 없다. 그렇지만 별생각 없이 웃는 시청자는 그 자기 참조라는 것을 어떻게 보아야 도덕적인 판단을 할 수 있는지 헤아리지 못한다. 「커브 유어 엔수지애즘」은 바로 이 사회 공간이라는 것을 주제로 삼는다. 무수한 자아가 서로 충돌하고 엉키면서도 삶의 길을 열어 가는 마당이 바로 사회 공간이다.

그러니까 자기 참조를 두고 웃는 것만으로는 충분치 않다. 우리가 자아의 본질을 직접 탐색해야만 하는 정신적 존재이며, 이 책에서 묘사한 것처럼 무한하게 맞물린 의미 장에서 살아간다는 사실을 두고 그저 웃기만 한다면, 우리는 해방의 환희를 누리는 환한 웃음이 아닌, 의심에 사로잡힌 실소를 짓게 될 것이다.

코미디 시트콤을 보며 그저 재미있다고 낄낄대며 웃기만 할 게 아니라, 〈열기를 식히고〉 존재에서 존재장으로 나아가며 차분하게 인생의 의미를 반추할 줄도 알아야 한다.* 우리가 물어야 할 본래 물음은 우리의 인생, 곧 공동

* 저자는 드라마 제목에 빗대 의미 탐색을 권고한다. 〈Sein(존재)〉에서 〈Seinfeld(존재장)〉를 거쳐 〈Curb Your Enthusiasm〉으로 나아가라는 것이다.

체와 더불어 사는 인생이 어떻게 해야 의미를 잃지 않고도 한 편의 즐거운 희극이 될 수 있는가 하는 것이다.

의미는⋯⋯

모든 웃음이 허무주의를 이겨 내게 해주지는 않는다. 이런 사실은 최근 「커브 유어 엔수지애즘」에 맞선 드라마 「루이」가 분명히 보여 준다. 「루이」는 「사인필드」와 마찬가지로 뉴욕의 코미디언 루이 C. K.의 인생을 다룬다. 물론 「루이」는 「커브 유어 엔수지애즘」의 권위를 인정하지 않는다. 래리 데이비드는 늘 사회적 통념을 깨는 식으로 시청자의 심통을 건드리며 통념을 바꾸려 시도한다. 또 많은 경우 성공하기도 한다. 그러나 루이는 항상 실패만 맛보며, 최악의 상황에 내몰릴 뿐이다. 그는 한 번 이상 강간을 당한 경험이 있으며, 연애를 시도할 때마다 무참한 수모를 겪는다. 그저 매일매일이 한 편의 공포 영화다. 이를테면 어떤 뚱뚱한 아이를 만났는데, 그 아이는 날고기만 먹으며 욕조에 대변을 본다. 또 뉴욕의 거리에서 어떤 노숙자의 머리가 잘려 나가는 데 원인을 제공하기도 한다. 루이와 거리에서 부딪친 노숙자가 도로로 나가떨어졌는데, 달려오던 화물차에 치어 목이 달아났다. 시청자를 경악하게 만드는 장면이다. 드라마 미학이 허락할 수 없는 지경까지 나아간 묘사다. 그러나 이런 지나침이야말로 루이 C. K. 유머의 핵심이다. 루이는 항상 이런 결정적인 행보를 통해 래리 데이비드의 유머가 가지는 허상을 보여 준다.

방송 드라마에 그려진 시대정신이라는 주제를 두고 책을 쓴다면 도서관 전체를 채우고도 남으리라. 아무튼 드라마를 문화 산업이 생산해 내는 대중오락으로만 치부하는 일은 대단히 비판적인 이론가라 할지라도 두 번은 고민해 봐야 할 문제다. 그런 식으로 간단하게 싸잡아 형편없는 대중문화라고 손가락질하는 것은 지능적인 범죄가 아닐까. 드라마가 가지는 조작적인 성격에만 주목하고, 대중문화와 고급문화라는 케케묵은 구분에만 매달리는 일은 지나치게 편협한 관점이다.

이제 글을 마무리해야 할 지점에 이르러 나의 관심을 끄는 것은 다른 물음이다. 성공한 드라마와 방송의 기능과 맞물린 이 물음은 곧 의미장이 우리의 감각과 어떤 관계를 가지느냐 하는 것이다. 이 물음으로부터 답을 얻을 수 있다면, 우리 인생이 의미를 가지는지 무의미한지 답이 나오지 않을까.

먼저 분명한 사실부터 짚고 넘어가 보자. 우리는 우리가 시각, 청각, 촉각, 미각 그리고 후각이라는 오감을 가졌다는 것을 당연하게 여긴다. 일부 동물들은 인간에겐 없는 다른 감각도 가진다. 그리고 종마다 서로 다르게 탁월하게 발달한 독특한 감각을 자랑하기도 한다. 이게 우리가 감각을 두고 아는 상식이다. 그런데 우리가 다섯 가지 감각만 가졌다고 도대체 누가 말했는가? 대체 〈감각〉이라는 게 뭘까?

앞서도 언급했듯, 우리 감각 기관의 분류는 고대 그리스 철학, 특히 아리스토텔레스의 『영혼에 관하여』까지 거슬러 올라간다. 아리스토텔레스는 생각을 감각과 대립시켰다(아리스토텔레스에 앞서 플라톤 역시 같은 의견을 선보였다). 아리스토텔레스는 생각함이란 다양한 감각들을 조합해 내서 하나의 통일적인 대상을 빚어내는 것이라고 보았다. 내가 막대 아이스크림을 보고, 만지며, 냄새를 맡고, 맛을 보면, 나의 생각은 이게 하나의 동일한 대상, 곧 막대 아이스크림이라고 말해 준다는 게 아리스토텔레스의 설명이다. 그러나 생각이라는 것도 그 자체로 하나의 감각은 아닐까? 왜 생각을 감각과 대립하는 것으로 보아야만 할까?(몸과 생각을 대립시키는 경향도 이해하기 힘들기는 마찬가지다.)

오늘날 우리는 아리스토텔레스가 정리해 낸 자연 과학 지식 가운데 그저 몇몇 가지만 인정하면서, 어째서 영혼을 다룬 이론은 철석같이 믿고 생각과 감각이 서로 대립한다고 여길까? 참 묘한 노릇이 아닐 수 없다. 생각과 감각을 바라보는 다른 대안은 얼마든지 있다. 고대의 인도 철학자들만 하더라도 생각 혹은 정신을 다른 감각들과 어깨를 나란히 하는 하나의 감각으로 해석했다. 그리고 일상에서도 우리는 흔히 저 사람은 음악을 즐길 줄 아는 감각을 지녔네, 훌륭한 요리를 알아보는 감각을 지녔네 하는 표현을 쓴다.

이런 맥락에서 감각은 진리를 말해 주는 동시에 오류에도 빠질 수 있는 현실 접근 방식이라 이해된다. 다시 말해서 우리는 시각이나 후각 역시 하나의 의미로 이해할 수 있다. 우리는 시각을 통해 보는 현실, 곧 시각 세상, 후각을 통해 접하는 현실, 곧 후각 세상을 가지며, 또 얼마든지 착각에 빠질 수 있다. 이를테면 겉보기로는 개 먹이로 보였는데, 알고 보니 형편없이 요리한 〈코코뱅〉*이었다거나, 촉감이 아주 부드러워 진짜 비단인 줄 알았더니 가짜였다는 식이다.

이처럼 감각을 의미로 확장해 이해하면 의미장 존재론은 어떻게 될까? 의미장 존재론은 놀라울 정도로 완전히 새로운 차원으로 올라선다. 우리의 감각은 전혀 주관적인 게 아니다. 감각은 우리 피부 아래 있는 게 아니며, 곧 우리가 발견해야만 하는 객관적 구조이다. 누군가 문을 두드리는 소리를 들으면, 우리는 문 밖에 누가 왔다는 객관적 구조를 이해한다. 문을 두드릴 때 나는 노크 소리는 우리 몸

* 〈와인 속 수탉〉이라는 뜻의 프랑스 요리.

안에서 일어나는 감각 인상이 아니다. 문을 두드리는 사람은 우리 몸 안에 있는 게 아니라 문 밖에 서 있기 때문이다. 인간은 두개골 안에도, 영혼 안에도 갇힌 존재가 아니다. 그러나 유감스럽게도 오늘날까지 우리를 사로잡은 고대의 영혼 이론이나 통상적인 감각 생리학은 마치 우리 모두가 줄리앙 슈나벨의 「잠수종과 나비Le scaphandre et le papillon」 또는 반전 영화의 고전 「자니 총을 얻다Johnny Got His Gun」에 등장하는 주인공처럼 〈락트인 증후군〉** 환자인 양 취급한다. 그러나 감각은, 힐러리 퍼트넘이 언어 표현의 의미를 다룬 책에서 썼듯, 〈우리 머릿속〉에 있는 게 전혀 아니다.[98]

다시 한 번 분명히 짚어 두자. 내가 열차에 올라타는 승객을 본다면, 나는 실제 존재하는 승객을 볼 뿐 내 정신이 그려 내는 무슨 대용물을 보는 게 아니다. 내 시각은 이처럼 틀림없이 사실적이다. 다시 말해서 나의 시각은 무슨 정신적인 구성물이 아닌, 실재하는 대상을 본다. 방향 감각도 마찬가지다. 방향 감각은 현실 또는 무한하게 많은 의미장 한복판에서 그 자체로 하나의 의미장을 만들어 내며, 무한함을 헤쳐 나가는 길을 열어 준다.

그리고 무한함을 다루는 우리의 생각은 그 어떤 시각보

** locked-in syndrome. 환자의 뇌 줄기세포가 파괴되어 목 아래는 마비 상태이지만, 의식은 있고 정신 활동도 정상인 희귀 질환.

다도 더 멀리 나아간다. 텔레비전이 드라마 시리즈를 매개로 우리의 시각과 생각을 결합해 낼 수 있는 이유는 바로 시각이 생각을 자극해 더 멀리 나아가게 만들기 때문이다. 말하자면 시각은 생각에 날개를 달아 주어 무한한 의미를 탐색하게 한다. 물론 바로 그래서 텔레비전은 흔히 〈조작적〉이라는 비판을 듣기도 한다.

우리가 아는 모든 지식은 감각을 통해 얻어 낸 지식이다. 감각은 우리 몸 안에 있는 게 아니라 〈저 바깥〉에, 그러니까 생쥐나 사과나무처럼 〈현실 안〉에 있다. 이처럼 감각은 저 바깥에 존재하기 때문에, 우리는 감각을 특히 비판적으로 다루어야 한다. 감각은 진리를 말해 주기도 하지만 종종 오류를 빚어내기 때문이다. 우리는 전통적으로 우주에서 우리가 차지하는 위치를 무슨 시공간의 거대한 통 안에 있는 것처럼 떠올려 왔다. 그동안 이론 물리학은 육안으로 볼 수 없는 파장을 지닌 빛의 상태와 생각 실험으로 이 통의 크기를 계산해 내는 성과를 올렸다. 아인슈타인의 유명한 생각 실험들은 그저 정신이 이리저리 꾸며낸 재현물로 이뤄지는 게 아니다. 생각 실험은 실제로 통한다. 다시 말해서 실재하는 우주의 현실을 알려 주는 게 생각 실험이다. 이처럼 생각 실험이 복잡한 사실을 알아내게 해주는 것이라면, 모든 다른 감각(진리를 말해 주지만 오류에도 빠질 수 있는)과 마찬가지로 생각 감각을 더욱

갈고 닦으며 비판적으로 키워 나가야 하지 않을까.

우리는 언제나 무한함 속에서 길을 열어 나간다. 우리가 아는 모든 것은 이 무한함의 단면들이다. 그리고 이 무한함은 전체도, 슈퍼 대상도 아니다. 항상 무한한 의미의 폭발이 일어난다. 생각 감각까지 포함한 우리의 모든 감각을 총동원해 우주의 마지막 구석까지, 소우주에서 일어나는 극히 찰나적인 사건에까지 탐색의 노력을 이어갈 때 의미는 무한히 주어진다. 우리가 이런 사실을 깨닫는 순간, 인간은 그저 그 어디도 아닌 곳을 헤매는 개미일 뿐이라는 생각을 단호히 뿌리칠 수 있다.

물론 우리는 언젠가 죽는다. 우리가 죽을 수밖에 없는 존재라는 것은 적어도 이 구절을 쓰는 이 순간에서만큼은 확실하게 말할 수 있는 진리다. 그리고 세상에는 수많은 악과 불가사의함과 불필요한 고통이 있으며, 이 사실을 의심하는 사람은 아무도 없다. 그렇지만 동시에 우리는 모든 게 우리에게 나타나는 것과는 다를 수도 있음을 안다. 존재하는 모든 것은 무한하게 많은 의미장에서 동시에 나타나기 때문이다. 우리가 지금 받아들이는 그런 모습으로만 남는 것은 아무것도 없다. 오히려 모든 것은 무한히 다를 수 있다. 이런 사실은 생각만으로도 위로를 준다.

〈멀리 보기〉를 통해 우리는 모든 것을 포괄하는 단 하나의 세계가 존재한다는 환상을 떨칠 수 있다. 바로 그래서 텔레비전이나 영화는 도움을 준다. 하나의 상황을 바라보는 다양한 관점을 이끌어 내는 것이 바로 〈멀리 보는〉 텔레비전이나 영화이기 때문이다. 연극과 달리 우리는 무대 앞에 앉지 않아도 되며, 무대 위의 인물은 본래 다른 사람(배우)이 연기하는 허구일 뿐이라고 생각하지 않아도 된다. 출연 배우가 이 세상에 있든 없든 영화는 얼마든지 다시 볼 수 있지 않은가. 영화는 궁극적인 의미에서 〈아무것도 아닌 것에 관한 쇼〉이다. 영화는 뭐가 현실이고 무엇이 허구인지 정해 주는 단 하나의 유일한 세계만 존재한다는 고정관념을 넘어 무수한 해석의 가능성을 열어 주기 때문이다. 무한히 많은 관점의 인정은 바로 불필요한 전체주의를 뿌리치려는 현대 자유 이념의 핵심이다(방송 드라마를 보면서도 다르게 볼 줄 아는 훈련은 꼭 필요하다).

세계가 존재하지 않는다는 것은 기쁜 소식이다. 이 소식은 우리의 고찰을 해방의 환한 미소로 마무리 지을 수 있게 허락해 주기 때문이다. 우리가 살아 있는 한, 속절없이 따라야만 하는 슈퍼 대상이라는 것은 없다. 오히려 우리는 무한함에 다가갈 수 있는 무한히 많은 가능성을 가진 존재다. 이렇게 볼 때에만 존재하는 모든 게 다채로운 의미를 자랑한다.

……그리고 인생의 의미는

의미장 존재론은, 하이데거의 유명한 표현을 빌리자면 〈존재의 의미〉가 무엇인지 묻는 물음에 주는 나의 답이다. 존재의 의미, 〈존재〉 또는 〈실존〉이라는 표현이 담은 의미는 의미 그 자체이다. 존재의 의미는 전체로서의 세계가 존재하지 않는다는 점에서 드러난다. 전체라는 세계가 없다는 확인은 의미 폭발을 불러일으킨다. 모든 것은 오로지 의미의 장 안에서 나타나기 때문에 존재한다. 모든 것을 포괄하는 의미장은 있을 수 없기 때문에 무수히 많은 의미장들만 있을 따름이다. 의미장은 그 모든 게 함께 맞물려 통일적인 맥락을 이루지 않는다. 그런 맥락이라는 게 있다면 전체 세계는 존재하기 때문이다. 우리가 관찰하고 가늠해 보는 의미장 사이의 맥락은 언제나 새로운 의미장 안에서만 성립한다. 우리는 의미로부터 도망갈 수 없다. 의미는 말하자면 우리의 운명이다. 그리고 이 운명은 우리 인간뿐만 아니라, 존재하는 모든 것에 적용된다.

인생의 의미를 묻는 질문의 답은 의미 그 자체 안에 있다. 우리가 알아내고 바꿀 수 있는 무한히 많은 의미가 존재한다는 것 자체가 이미 의미다. 핵심만 간단히 정리하자면, 인생의 의미는 인생 그 자체, 곧 무한한 의미와 대결을 벌여 가는 일이며, 우리는 다행스럽게도 여기에 참여할 수 있다. 우리가 항상 운이 좋기만 한 것은 아니다. 불행과 불필요한 아픔이 존재한다는 것 역시 참이며, 이러한 아픔이 인간으로 하여금 고쳐 생각하고 도덕적으로 개선시키는 계기를 마련해 준다. 이런 배경에서 볼 때 우리는 인간이 처한 존재론의 상황을 분명히 해두어야 한다. 우리는 항상 현실의 근본 원리와 같은 것을 알아야만 그에 맞춰 자신을 바꿀 수 있다고 생각한다. 그러나 의미장 존재론은 모든 것을 포괄하는 그런 근본 원리는 없음을 분명히 한다. 그래서 다음 행보는 모든 것을 포괄하는 원리를 찾는 일을 포기하는 것이다. 그 대신 존재하는 수많은 구조들을 편견 없이, 보다 더 창의적으로 이해할 수 있도록 함께 머리를 맞대야 한다. 그래야 우리는 뭐는 그대로 두고 무엇은 바꾸어야 하는지 더 잘 판단할 수 있다. 모든 게 존재하기 때문에 전부 다 좋기만 할 수는 없다. 우리는 모두 함께 일대 탐험에 나서야 한다. 그 어디에도 안주하지 말고 같이 힘을 모아 무한함을 향해 긴 여행을 시작해야 한다.

1 그 자세한 〈역사적 배경〉은 아쉽게도 이탈리아에서만 출간된 마우리초 페라리스의 『새로운 리얼리즘 선언*Manifesto del nuovo realismo*』을 참조하라.

2 이런 맥락을 일목요연하게 살필 수 있는 개론서로는 테리 이글턴이 쓴 『인생의 의미*The Meaning of Life*』(2007)를 추천할 만하다.

3 Heinrich von Kleist, *Sämtliche Briefe*, hrsg. Dieter Heimböckel (Stuttgart, 1999), 213면. 1801년 3월 22일 빌헬미네 폰 쳉에에게 보낸 편지.

4 Slavoj Žižek, *Less Than Nothing: Hegel and the Shadow of Dialectical Materialism*(London, 2012).

5 Ludwig Wittgenstein, *Tractatus logico-philosophicus*, in: Ders., *Werkausgabe*(Frankfurt/Main, 2006), Bd. 1, 9면.

6 Platon, *Apologie des Sokrates*, in: *Sämtlche Werke*, hrsg. von Ursula Wolf(Hamburg, 2004), Bd. 1, 17면 이하 참조.

7 Viktor Pelewin, *Buddhas kleiner Finger*(München, 1999), 179면 이하 참조.

8 Brian Greene, *The Elegant Universe: Superstrings, Hidden Di-*

mensions, and the Quest for the Ultimate Theory(New York, 1999) 참조.

9 Arthur Schopenhauer, *Die Welt als Wille und Vorstellung*, in: Ders., *Werke in fünf Bänden*, hrsg. von Ludger Lütgehaus(Zürich, 1988), Bd. 2, 11면.

10 Friedrich Nietzsche, *Jenseits von Gut und Böse*, in: Ders., *Kritische Studienausgabe in 15 Bänden*, hrsg. von Giorgio Colli und Mazzino Montinari(München, 2009), Bd. 5, 99면.

11 Ludwig Wittgenstein, *Tractatus logico-philosophicus*(Frankfurt/Main, 2003), 9면.

12 Friedrich Nietzsche, *Nachgelassene Fragmente 1885~1887*, in: *Kritische Studienausgabe*, Bd. 12, 7(60), 315면.

13 우리가 어떤 것을 인식함과 동시에 이를 인식하게 해주는 레지스트리를 언제나 함께 아는 것은 아니라는 말은 맞다. 승객이 탑승하는 것을 내가 알았다고 한다면, 내가 보는 것은 승객일 뿐, 내 눈이나 두뇌나 생각을 보는 것이 아니다. 그러나 거울을 보면서 내 눈동자를 관찰하고, 나의 레지스트리 정보를 얻어 내려 할 수는 있다. 나 자신과 더불어 다른 것도 동시에 알게 해주는 레지스트리가 있느냐 하는 것은 대답하기 매우 어려운 문제다. 아마도 우리의 생각과 이성이 이런 능력을 가지리라. 그러나 이 문제가 우리 논의를 펼쳐가는 데 결정적인 장애가 되는 것은 아니다. 이 간단하지 않은 주제에 더 관심을 가지는 독자라면, 나의 책『세계의 인식: 인식 이론 입문*Die Erkenntnis der Welt: Eine Einführung in die Erkenntnistheorie*』(Freiburg/München, 2012)을 참조하기 바란다. 이 책은 물론이고 다른 책에서도 나는 동시에 자기 자신과 다른 대상을 인식하게 해주는 레지스트리는 없음을 보여 주려 시도했다.

14 Martin Heidegger, "Aletheia(Heraklit Fragment 16)", in:

Ders., *Vorträge und Aufsätze*(Stuttgart, 2004), 270면.

15 Stephen Hawking & Leonard Mlodinow, *Der große Entwurf: Eine neue Erklärung des Universums*, deutsche Übersetzung von Hainer Kober(Hamburg, 2010), 11면.

16 Jürgen Habermas, *Wahrheit und Rechtfertigung: Philosophische Aufsätze*(Frankfurt/Main, 1999), 24, 37, 46면 이하.

17 같은 책, 73면.

18 같은 책, 24면.

19 같은 책, 13면. 이외에도 같은 표현이 자주 출현.

20 Timothy Williamson, "Past the Linguistic Turn", in: Brian Leiter(Hrsg.), *The Future for Philosophy*(Oxford, 2004), 106~128면.

21 철학과 과학의 미묘한 연관을 둘러싼 토론의 최신 수준이 어디까지 왔는지 알고 싶은 사람은 위대한 미국 철학자 힐러리 퍼트넘Hilary Putnam의 책을 읽어 보기 바란다. 특히 퍼트넘의 최신작 『과학 시대의 철학: 물리학, 수학 그리고 회의론*Philosophy in an Age of Science: Physics, Mathematics, and Skepticism*』(London, Cambridge, MA., 2012)은 비교적 이해하기 쉽고 인상적인 전망을 제시한다.

22 Terence Horgan, Matjaz Potrc, "Blobjectivism and Indirect Correspondence", in: *Facta Philosophica*, 2/2000, 249~270면.

23 Jacques Derrida, *Grammatologie*(Frankfurt/Main, 1983), 274면.

24 Gottlob Frege, "Über Sinn und Bedeutung", in: Ders., *Kleine Schriften*. Hrsg. von Ignacio Angelleli(Darmstadt, 1967), 143~162면.

25 위의 책, 144면.

26 Johann Wolfgang Goethe, *Faust II*(Stuttgart, 2001), 64면.

27 Jean Paul, *Biographie eines Bonmotisten*, in: Ders., *Historisch-Kritische Gesamtausgabe*, II, Abteilung, Bd. 1(Weimar, 1927), 448면.

28 Rainer Maria Rilke, *Die Gedichte*(Frankfurt/Main, 1998), 659면.

29 Brian Greene, *Der Stoff, aus dem der Kosmos ist: Raum, Zeit und die Beschaffenheit der Wirklichkeit*(München, 2008) 참조.

30 Hans Blumenberg, *Arbeit am Mythos*(Frankfurt/Main, 2001), 33면 참조. 특히 탈레스에 관해서는 같은 저자의 *Das Lachen der Thrakerin. Eine Urgeschichte der Theorie*(Frankfurt/Main, 1987) 참조.

31 Martin Heidegger, *Sein und Zeit*(Tübingen, 1993), § 14.

32 Thomas Nagel, *Der Blick von Nirgendwo*(Frankfurt/Main, 2012).

33 Rainer Maria Rilke, *Die Gedichte*(Frankfurt/Main, 1998), 456면 이하.

34 Max Scheler, *Die Stellung des Menschen im Kosmos*(Bonn, 2007).

35 Wolfram Hogrebe, *Riskante Lebensnähe. Die szenische Existenz des Menschen*(Berlin, 2009), 40면.

36 Immanuel Kant, *Kritik der reinen Vernunft*(Stuttgart, 1975), 90면(A 26/ B 43).

37 Theodor Wiesengrund Adorno, Max Horkheimer, *Dialektik der Aufklärung. Philosophische Fragmente*(Frankfurt/Main, 1988).

38 Eduardo Viveiros de Castro, "Die kosmologischen Pronomina und der indianische Perspektivismus", in: *Schweizerische Amerikanisten-Gesellschaft*, Bulletin 61(1997), 99~114면.

39 Wilfrid Sellars, *Der Empirismus und die Philosophie des*

Geistes(Paderborn, 1999), 72면.

40 Mario De Caro, David Macarthur(Hrsg.), *Naturalism in Question*(Cambridge, MA., 2008).

41 Bobby Henderson, *Das Evangelium des Fliegenden Spagetti-monsters*(München, 2007).

42 Richard Dawkins, *Der Gotteswahn*(Berlin, 2008) 참조.

43 「창세기」 1장 1절.

44 Saul Aaron Kripke, *Name und Notwendigkeit*(Frankfurt/Main, 1981), 107~122면.

45 Willard Van Orman Quine, "Zwei Dogmen des Empiris-mus", in: Ders., *Von einem logischen Standpunkt aus*(Stuttgart, 2011), 123면.

46 Putnam, *Philosophy in an Age of Science*, 41면 이하.

47 이 문제에 관해서는 Edwin Bissell Holt, Walter Taylor Mar-vin, William Pepperrell Montague, Ralph Barton Perry, Walter Boughton Pitkin, Edward Gleason Spaulding, *The New Realism: Cooperative Studies in Philosophy*(New York, 1912) 참조.

48 Theodore Sider, *Writing the Book of the World*(New York, 2011), 18면.

49 이 문제의 배경 역사를 알아보려면 나의 책 『고대와 근대의 회의론 입문*Antike und moderne Skepsis zur Einführung*』(Hamburg, 2008) 및 『고대의 회의주의와 관념론*Skeptizismus und Idealismus in der Antike*』(Frankfurt, Main, 2009)을 보라.

50 Immanuel Kant, *Kritik der reinen Vernunft*, 106면(A 42/B 59).

51 Nelson Goodman, *Tatsache, Fiktion, Voraussage*(Frankfurt, 1988). 굿맨 철학의 전모를 가장 잘 알 수 있는 책은 『세계를 만들

어 내는 방식들*Weisen der Welterzeugung*』(Frankfurt, 1984)이다.

52 Martin Heidegger, "Die Zeit des Weltbildes", in: Ders, *Holzwege*(Frankfurt/Main, 1977), 89~90면.

53 Paul Boghossian, *Aus Angst vor dem Wissen: Gegen Konstruktivismus und Relativismus*(Berlin, 2013)와 Quentin Meillassoux, *Nach der Endlichkeit: Versuch über die Notwendigkeit der Kontingenz*(Zürich/Berlin, 2008) 참조.

54 Sigmund Freud, *Der Witz und seine Beziehung zum Unbewußten*(Frankfurt/Main, 2010), 87면.

55 해석학 철학, 곧 이해 이론에서 비롯된 이 논제를 더욱 깊게 알아보고자 하는 독자는 다음 자료를 참고하라. Georg Bertram, *Kunst: Eine philosophische Einführung*(Stuttgart, 2005). 예술의 일반적인 해석학을 설명해 주는 자료로는 다음과 같은 책이 있다. Günter Figal, *Erscheinungsdinge: Ästhetik als Phänomenologie* (Tübingen, 2010).

56 Jacques Derrida, *Vom Geist. Heidegger und die Frage* (Frankfurt/Main, 1992).

57 Hans-Georg Gadamer, *Wahrheit und Methode. Grundzüge einer philosophischen Hermeneutik,* in: Ders., *Gesammelte Werke,* Bd. 1(Tübingen, 1986), 478면.

58 Werner Heisenberg, *Physik und Philosophie*(Stuttgart, 2007), 157면.

59 Max Weber, *Wissenschaft als Beruf*(Stuttgart, 2006), 18면.

60 같은 책, 18면.

61 같은 책, 44면.

62 Friedrich Schleiermacher, *Über die Religion. Reden an die Gebildeten unter ihren Verächtern*(1799)(Berlin/New York, 2001),

80면.

63 같은 책, 75면.

64 같은 책, 167면.

65 같은 책, 85면.

66 같은 책, 113면.

67 같은 책, 115면.

68 같은 책, 171면.

69 Friedrich Nietzsche, *Also sprach Zarathustra*(München/Berlin/New York, 1980), 35면 이하.

70 Karl Marx, *Das Kapital. Erster Band*(Berlin, 1962), 86면 이하.

71 「로마서」 11장 33절.

72 Martin Heidegger, *Beiträge zur Philosophie*(Frankfurt/Main, 1989), 398면.

73 같은 책, 45면.

74 막스 베버는 1909년 3월 2일에 페르디난드 퇴니스에게 보낸 편지에서 그런 표현을 썼다. *Max Weber-Gesamtausgabe*, Abt. II: Briefe 1909~1910, Bd. 6(Tübingen, 1994), 65면: 〈저는 종교적으로 완전한 《음치》이며 종교적 성격을 가지는 그 어떤 영혼의 구조물을 제 안에 세울 욕구도 능력도 없는 사람입니다. 그냥 안 되더군요. 존중하기는 하지만 저는 종교를 거부합니다. 그러나 정확히 말해서 저는 반종교적이지도 비종교적이지도 않습니다.〉

75 Frege, "Sinn und Bedeutung", 148면 이하.

76 Stanley Cavell, *The World Viewed. Reflections on the Ontology of Film*(Cambridge/Ma., 1979), 85면.

77 Stéphane Mallarmé, *Gedichte*. französisch und Deutsch, übersetzt und kommentiert von Gerhard Goebel(Gerlingen, 1993), 166~171면. 이 작품을 알려 준 볼프람 호그레베에게 감사

의 뜻을 전한다.

78 같은 책, 167면.

79 같은 책, 168면 이하.

80 같은 책, 171면.

81 같은 책, 171면.

82 같은 책, 171면.

83 Wolfram Hogrebe, "Metafisica Povera", in: Tilman Borsche/ Werner Stegmaier(Hrsg.), *Zur Philosophie des Zeichens*(Berlin/New York, 1992), 79~101면.

84 Sellars, *Der Empirismus und die Philosophie des Geistes*, 29면.

85 Mallarmé, *Der Damon der Analogie*, 171면.

86 Freud, *Der Witz und seine Beziehung zum Unbewußten*, 66면.

87 Sigmund Freud, *Briefe an Wilhelm Fliess 1887~1904*, hrsg. von Jeffrey Moussaieff Masson, Brief vom 29. 12. 1897(Frankfurt/Main, 1986), 316~317면.

88 Freud, *Der Witz und seine Beziehung zum Unbewußten*, 183면.

89 같은 책, 140면.

90 Kazimir Malevich, *Suprematismus: Die gegenstandslose Welt* (Schauberg, 1962), 232면

91 Gottfried Wilhelm Leibniz, *Monadologie*(Stuttgart, 1998), § 57.

92 Hans Blumenberg, *Die Legitimat der Neuzeit*(Frankfurt/ Main, 1996)와 아울러 특히 같은 저자의 *Die Lesbarkeit der Welt*(Frankfurt/Main, 1986) 참조.

93 Friedrich Nietzsche, "Über Wahrheit und Lüge im außermoralischen Sinne", in: *Kritische Studienausgabe*, Bd. 1, 873~890면.

94 다음 책을 참조하라. Diedrich Diederichsen, *The Sopranos* (Zürich, 2012).

95 Simon Critchley, *Über Humor*(Wien, 2004).

96 Diederichsen, *The Sopranos*, 52면.

97 Donatien Alphonse François de Sade, *Justine oder das Unglück der Tugend*(Gifkendorf, 1990).

98 Hilary Putnam, *Die Bedeutung von 'Bedeutung'*(Frankfurt/Main, 2004).

개념 설명

과학주의 🇩🇪 Szientismus 🇬🇧 Scientism   자연 과학은 현실의 근본 바탕, 즉 세계 그 자체를 인식하며, 인식의 다른 모든 요구는 자연 과학의 인식으로 줄이거나, 적어도 자연 과학의 인식에 비추어 측정해야 한다는 주장.

과학적 리얼리즘 🇩🇪 Wissenschaftlicher Realismus 🇬🇧 Scientific Realism 우리가 과학 이론과 도구로 단지 구조만 아는 게 아니라 사물 그 자체를 인식한다는 주장.

관점주의 🇩🇪 Perspektivismus 🇬🇧 Perspectivism   현실을 바라보는 무한히 많은 관점이 존재한다는 주장.

구성주의 🇩🇪 Konstruktivismus 🇬🇧 Constructivism   사실 그 자체라는 것은 없으며, 오히려 모든 사실은 우리의 다양한 논의나 학문적 방법으로 구성해 낸 것이라는 모든 이론의 기본 전제.

구조 리얼리즘 🇩🇪 Strukturenrealismus 🇬🇧 Structural Realism   구조가 존재한다는 주장.

긍정적 존재론의 첫 번째 주요 명제 🇩🇪 Hauptsatz der positiven Ontologie, Erster 🇬🇧 Big Thesis of Positive Ontology, First   무한하게 많은 의미장이 존재한다.

긍정적 존재론의 두 번째 주요 명제 🇩🇪 Hauptsatz der positiven Ontologie, Zweiter 🇬🇧 Big Thesis of Positive Ontology, Second   모든 의미장은 하나의 대상이다. 우리가 모든 의미장을 포착할 수는 없다고 할지라도 각각의 의미장을 두고 생각은 해볼 수 있다.

대각선 술어 🇩🇪 Diagonalprädikat 🇬🇧 Diagonal Predicate   사이더 세계를 대각선으로 가로지르는 술어. 곧 부조리한 방법으로 세계를 조직하는 술어.

대상 🇩🇪 Gegenstand 🇬🇧 Object   관계를 두고 진리인지 생각하게 해주는 사물. 시공간적인 사물만이 대상인 것은 아니다. 숫자와 꿈 역시 형식적인 의미에서 대상이다.

대상 영역 🇩🇪 Gegenstandsbereich 🇬🇧 Object Domain   특정한 종류의 대상들을 포함하는 영역. 이 영역은 그 안에서 대상들은 서로 이어주는 공통의 규칙을 가지고 있다

레지스트리 🇩🇪 Registratur 🇬🇧 Registry   정보 처리와 지식 확보를 목적으로 전제와 방법과 물질을 선택해 기록해 두는 것.

리얼리즘 🇩🇪 Realismus 🇬🇧 Realism   우리가 도대체 어떤 것이든 안다면, 사물 그 자체를 인식한다는 주장.

물리주의 🇩🇪 Physikalismus 🇬🇧 Physicalism   존재하는 모든 것은 우주에 등장하며, 바로 그래서 물리학의 연구 대상이라는 주장.

물신 숭배 🇩🇪 Fetischismus 🇬🇧 Fetishism   인간 스스로 만든 물건에 초자연적인 힘을 실어 주는 태도.

물질적 일원론 🇩🇪 Materialistischer Monismus 🇬🇧 Materialistic Monism   우주를 존재하는 단 하나의 대상 영역으로 간주하는 입장. 이 대상 영역이 곧 전체 물질이며, 오로지 자연법칙만 가지고 설명된다고 봄.

반성 🇩🇪 Reflexion 🇬🇧 Reflection   생각을 두고 생각함.

부분론 🇩🇪 Mereologie 🇬🇧 Mereology   부분과 전체의 형식적 관계를 다루는 논리학 분야.

부분론의 총합 🇩🇪 Mereologische Summe 🇬🇧 Mereological Sum 많은 부분들이 결합해 하나의 전체를 이루는 것.

부정적 존재론의 주요 명제 🇩🇪 Hauptsatz der Negativen Ontologie 🇬🇧 Big Thesis of Negative Ontology 세계는 존재하지 않는다.

블로브젝티비즘 🇩🇪 Blobjektivismus 🇬🇧 Blobjectivism 모든 것을 포괄하는 단 하나의 대상 영역이 존재하며, 이 대상 영역 자체가 하나의 대상이라는 이중의 논제.

사실 🇩🇪 Tatsache 🇬🇧 Fact 진위 판별을 할 수 있는 관계를 담아낸 정황.

사실성 🇩🇪 Faktizität 🇬🇧 Factuality 아무튼 무엇인가 존재한다는 정황.

상대적 차이 🇩🇪 Relativer Unterschied 🇬🇧 Relative Difference 하나의 대상과 몇몇 다른 대상의 차이.

새로운 리얼리즘 🇩🇪 Neuer Realismus 🇬🇧 New Realism 사물과 사실 그 자체를 알 수 있으며, 사물과 사실 그 자체는 단 하나의 대상 영역에 속하지 않는다는 이중의 주장.

세계 🇩🇪 Welt 🇬🇧 World 모든 의미 영역의 의미 영역, 다시 말해서 모든 다른 의미 영역이 그 안에 나타나는 의미 영역.

슈퍼 대상 🇩🇪 Supergegenstand 🇬🇧 Super Object 모든 가능한 특성을 가지는 대상.

슈퍼 생각 🇩🇪 Supergedanke 🇬🇧 Super Idea 전체로서의 세계와 자기 자신을 동시에 생각하는 것.

신 🇩🇪 Gott 🇬🇧 God 우리의 이해력을 넘어서지만, 그럼에도 전체가 의미로 충만하다는 생각 그 자체.

실존주의 🇩🇪 Existenzialismus 🇬🇧 Existentialism 인간 실존의 연구.

실체 🇩🇪 Substanz 🇬🇧 Substance 속성의 담지자.

심적 표상주의 🇩🇪 Mentaler Repräsentationalismus 🇬🇧 Mental Representationalism 우리가 사물을 직접 지각하는 게 아니라, 항상 심적 표상으로만 포착한다는 입장. 그러니까 사물 자체를 직접 알 수 없다.

오류 이론 🇩🇪 Irrtumstheorie 🇬🇧 Error Theory 하나의 언어 영역에 숨어 있는 오류를 체계적으로 밝혀내, 이 오류를 빚어낸 잘못된 전제를 무효로 되돌리는 것.

우주 🇩🇪 Universum 🇬🇧 Universe 자연 과학의 연구 방법으로 접근할 수 있는 대상 영역.

유물론 🇩🇪 Materialismus 🇬🇧 Materialism 존재하는 모든 것은 물질일 뿐이라는 주장.

유명론 🇩🇪 Nominalismus 🇬🇧 Nominalism 우리가 쓰는 개념과 범주가 세계의 구조와 질서를 그대로 반영하거나 묘사하는 것이 아니라는 이론. 곧, 인간이 쓰는 개념은 생존 기회를 높이기 위한 편의적인 도구라는 주장.

의미 🇩🇪 Sinn 🇬🇧 Sense 어떤 대상이 나타나는 양식.

의미장 🇩🇪 Sinnfelder 🇬🇧 Fields of Sense 모든 것이 나타나는 장소.

의미장 존재론 🇩🇪 Sinnfeldontologie 🇬🇧 Ontology for Fields of Sense 의미의 장에 나타나는 것만 존재하며, 일단 의미장에 나타난 것은 없는 것이 아니라는 주장. 존재 = 의미장에 나타나는 현상.

이원론 🇩🇪 Dualismu 🇬🇧 Dualism 사유 실체와 물질인 연장 실체, 두 가지가 존재한다는 주장.

일원론 🇩🇪 Monismus 🇬🇧 Monism 오로지 단 하나의 실체, 곧 모든 다른 대상을 포괄하는 하나의 슈퍼 대상만이 존재한다는 주장.

자연주의 🇩🇪 Naturalismus 🇬🇧 Naturalism 오로지 자연만 존재하며, 이 자연은 자연 과학의 대상 영역인 우주와 같다는 주장.

존재 🇩🇪 Existenz 🇬🇧 Existence 의미장의 속성. 곧, 의미장 안에 나타나는 무엇.

존재론 🇩🇪 Ontologie 🇬🇧 Ontology 전통적으로 존재자를 다루는 이론을 말함. 이 책에서는 〈존재〉의 의미 분석이라는 뜻으로 썼음.

존재론적 지역 🇩🇪 Ontologische Provinz 🇬🇧 Ontological Province 전체의

한 지역. 전체 자체와 혼동해서는 안 됨.

존재론적 환원 🇩🇪 Ontologische Reduktion 🇬🇧 Ontological Reduction 겉보기로 대상 영역인 것이 오로지 언어 영역으로 발견되었을 때, 한마디로 실제 대상이 없는 장광설로 확인되었을 때 행하는 것을 말함.

주관적 술어 🇩🇪 Subjektives Prädikat 🇬🇧 Subjective Predicates 특정 사회의 모든 주체를 포괄하는 술어.

절대 이상주의 🇩🇪 Absolute Idealismus 🇬🇧 Absolute Idealism 슈퍼 생각이 존재한다는 이론.

절대적 차이 🇩🇪 Absoluter Unterschied 🇬🇧 Absolute Difference 하나의 대상과 모든 다른 대상의 차이.

프랙털 존재론 🇩🇪 Fraktale Ontologie 🇬🇧 Fractal Ontology 세계의 존재하지 않음이 무수히 많은 작은 세계 복사본의 형태로 고스란히 되풀이된다는 주장. 다른 모든 것과 격리된 대상은 세계와 마찬가지로 존재하지 않음. 바로 그래서 세계가 존재하지 않는다는 문제는 하나하나의 작은 대상에서도 고스란히 나타남.

현대의 허무주의 🇩🇪 Moderner Nihilismus 🇬🇧 Modern Nihilism 궁극적으로 모든 것이 의미 없다는 주장.

현상 🇩🇪 Erscheinung 🇬🇧 Appearance 일반적으로 〈나타남〉 혹은 〈나타난 것〉을 포괄하는 명칭. 현상물은 숫자와 같은 추상적인 실체일 수도 있고, 사물과 같은 물질적 실체일 수도 있다.

형이상학 🇩🇪 Metaphysik 🇬🇧 Metaphysics 세계 전체를 설명하는 하나의 이론을 만들어 보려는 기획.

찾아보기

옮긴이 **김희상** 성균관대학교와 동 대학원에서 철학을 전공했다. 독일 뮌헨의 루트비히막시밀리안 대학교와 베를린 자유 대학교에서 헤겔 이후의 계몽주의 철학을 연구했다. 깊이 있는 인문학 공부와 생생한 유럽 체험을 바탕으로 전문번역가로 활동한다. 『어떻게 살인자를 변호할 수 있을까』, 『모든 범죄는 흔적을 남긴다』, 『연쇄살인범의 고백』, 『살인본능』 등 지금까지 모두 80여 권의 책을 우리말로 옮겼으며, 2008년에는 『생각의 힘을 키우는 주니어 철학』을 썼다. 최근 옮긴 책으로는 『늙어감에 대하여』, 『죽음을 어떻게 말할까』, 『블러프를 벗겨라!』, 『지루하고도 유쾌한 시간의 철학』 등이 있다.

왜 세계는 존재하지 않는가

발행일	2017년 1월 30일 초판 1쇄
	2022년 9월 30일 초판 7쇄

지은이	마르쿠스 가브리엘
옮긴이	김희상
발행인	홍예빈·홍유진
발행처	주식회사 열린책들

경기도 파주시 문발로 253 파주출판도시
전화 031-955-4000 팩스 031-955-4004
www.openbooks.co.kr

Copyright (C) 주식회사 열린책들, 2017, *Printed in Korea.*
ISBN 978-89-329-1818-1 03100

이 도서의 국립중앙도서관 출판예정도서목록(CIP)은 서지정보유통지원시스템 홈페이지(http://seoji.nl.go.kr)와 국가자료공동목록시스템(http://www.nl.go.kr/kolisnet)에서 이용하실 수 있습니다.(CIP제어번호:CIP2017001440)